校长角色把握
与
办学领导力

主编　郭继东

天津教育出版社

图书在版编目（CIP）数据

校长角色把握与办学领导力/郭继东主编. —天津：
天津教育出版社，2009.5
ISBN 978-7-5309-5597-0

Ⅰ. 校… Ⅱ. 郭… Ⅲ. 校长—领导艺术 Ⅳ. G471.2

中国版本图书馆 CIP 数据核字（2009）第 059710 号

校长角色把握与办学领导力

出 版 人	肖占鹏
主　　编	郭继东
责任编辑	李勃洋

出版发行　天津教育出版社
　　　　　　天津市和平区西康路 35 号
　　　　　　邮政编码 300051

经　　销	全国新华书店
印　　刷	北京龙展印刷有限公司
版　　次	2009 年 5 月第 1 版
印　　次	2014 年 6 月第 3 次印刷
规　　格	16 开（787×1092 毫米）
字　　数	332 千字
印　　张	17.75

定　　价 28·00

目　　录

第一章　校长角色的解读 ···································· 1

　　第一节　角色理论与校长 ······························ 2

　　第二节　校长角色的历史变迁 ························· 9

　　第三节　校长在现代学校中的角色 ················· 14

第二章　学校发展的策划力 ···························· 28

　　第一节　校长与学校发展策划 ····················· 29

　　第二节　学校发展的定位 ··························· 34

　　第三节　学校发展规划的编制 ····················· 40

　　第四节　学校发展规划的执行与评估 ··············· 45

第三章　组织变革的推动力 ···························· 52

　　第一节　校长与组织变革 ··························· 53

　　第二节　学校组织变革的任务 ····················· 60

　　第三节　学校组织变革的推进策略 ················· 70

第四章　学校文化的培育力 ···························· 78

　　第一节　校长与学校文化的培育 ··················· 78

　　第二节　学校文化培育力解析 ····················· 86

　　第三节　学校文化培育的实践策略 ················· 95

第五章　人力资源的开发力 ··························· 103

　　第一节　校长与学校人力资源开发 ··············· 104

　　第二节　管理人员的开发 ·························· 109

　　第三节　教师队伍的建设 ·························· 117

第六章　学校品牌的塑造力 ··························· 128

　　第一节　校长与学校品牌塑造 ···················· 129

　　第二节　学校品牌的定位与形象设计 ············· 134

　　第三节　学校品牌的传播、维护与创新 ··········· 143

第七章　学校资产的经营力 ……………………………………… 151

　　第一节　校长与学校资产的经营 ……………………………… 151

　　第二节　学校资产经营的法规政策基础 ……………………… 156

　　第三节　学校资产的内部管理 ………………………………… 163

第八章　校本课程的建设力 ……………………………………… 175

　　第一节　校长与学校的课程管理 ……………………………… 175

　　第二节　校本课程的体系构建与资源开发 …………………… 180

　　第三节　校本课程的建设流程 ………………………………… 191

第九章　教学质量的掌控力 ……………………………………… 201

　　第一节　校长与教学质量的掌控 ……………………………… 202

　　第二节　教学质量标准的设定 ………………………………… 206

　　第三节　教学质量形成过程的控制 …………………………… 210

　　第四节　教学质量的检测、分析与改进 ……………………… 216

第十章　学校德育的引导力 ……………………………………… 225

　　第一节　校长与学校德育管理 ………………………………… 226

　　第二节　打造高素质的德育队伍 ……………………………… 231

　　第三节　拓展德育工作渠道 …………………………………… 240

　　第四节　实践德育新方法 ……………………………………… 247

第十一章　校长办学领导力的修炼 ……………………………… 252

　　第一节　校长领导力的基本理论 ……………………………… 252

　　第二节　校长基本素质的提升 ………………………………… 262

　　第三节　校长领导力的修炼途径 ……………………………… 268

后　记 ……………………………………………………………… 277

第一章　校长角色的解读

校长是一个学校的灵魂。

——陶行知

●引导性案例

蔡林森——洋思奇迹的缔造者①

　　泰兴市洋思中学创办于1980年,创办之初是一所默默无闻、名不见经传的农村联办初中。当时的洋思中学,占地面积仅有7亩,26间平房九个班级,被称为"三流的硬件"、"三流的师资"、"三流的学生"。1986年以后,学校通过改革课堂教学,教学质量不断提高,办学规模逐步扩大,至2004年,占地面积达104亩。2005年8月,学校迁移到泰兴城新区。如今的洋思,现有教学班70个,教职工410名,学生3618名。学校占地207亩,有一流的教学设施。学校先后荣获"江苏省德育先进学校"、"江苏省模范学校"、"江苏省文明单位标兵"、"江苏省先进集体"、"江苏省现代化示范初中"等称号。中共泰州市委、泰州市人民政府、江苏省教育委员会先后作出学习洋思的决定。2002年,学校被评审为中国名校。学校连续十年学生的合格率在100%,创造了洋思的奇迹。

　　在洋思的蜕变过程中,蔡林森成功地扮演了一名校长的角色:教育思想的确立者——1985年,蔡林森就提出了"没有教不好的学生"的思想,并在转化后进生的过程中发挥了很大的作用;课堂教学的改革者——针对学校教学和学生做作业的情况,蔡校长明确要求各科教师做到"当堂教、当堂学、当堂巩固",这就是后来提升为"先学后教、当堂训练"的教改模式;校本课程的开发者——当硬件条件改善后,蔡校长开始进行课程建设,大胆地开设了"生活课程",形成了学生日常的生活习惯;教师队伍的培养者——狠抓教师集体备课,强化教师的责任意识,抓教师的教学常规,做好教师的考核激励,使洋思逐渐拥有了一流的教师队伍;办学经费的筹集者——当学校发展面临资金障碍时,他挑战施教区内计划招生的方法,开始招收市内外一些提供捐资建校费的学生……

---

　　①　摘自方国才.中国著名校长的管理奇迹[M].南京:江苏人民出版社,2007:1~9

不难看出，洋思中学破茧成蝶的奇迹与蔡林森对于校长角色的正确把握是分不开的。从某种意义上说，校长领导的有效性首先来源于其对自己角色的认知。只有具备了清晰的角色意识，形成了相应的内在素养，校长才能自如地扮演好自己的角色，引领着学校不断向前发展。

第一节　角色理论与校长

校长职位自诞生之日起，就承载着人们对他的特定期望与要求。校长必须明确这一角色赋予自己的职责，才能扮演好自身的角色，不辱使命。

一、角色理论述要

"角色"一词，本是戏剧舞台中常用的一个概念，其原意是指演员根据剧本扮演某一特定人物。20 世纪初，美国著名社会学家米德（G. Mead）把"角色"一词引入社会心理学领域，以此来说明人的社会化行为。此后，这一概念被广泛地运用到组织学、社会学、教育学、管理学等领域。关于角色的理论研究甚多，要理解校长的角色，首先需要从这些重要的理论入手。

（一）明兹伯格的管理者角色理论

校长是学校的管理者，而对于管理者的角色问题明兹伯格（Henry Mintzberg）进行了卓有成效的研究。20 世纪 60 年代末期，明兹伯格对多位总经理的工作进行了仔细的分析研究，把管理者所做的工作做了分类，指出管理者扮演着 10 种不同的角色，并将这 10 种角色归并为人际关系方面、信息传递方面和决策制定方面三大类。虽然该理论是针对企业界的管理者提出来的，但对于校长依然具有重要的借鉴价值。如表 1-1 所示。

表 1-1　明兹伯格划分的管理者角色

角　色		描　述	特　征　活　动
人际关系方面	1. 挂名首脑	象征性的首脑，必须履行许多法律性的或社会性的例行义务	迎接来访者，签署法律文件
	2. 领导者	负责激励和动员下属，负责人员配备、培训和交往的职责	实际上从事所有的有下级参与的活动
	3. 联络者	维护自行发展起来的外部接触和联系网络，向人们提供恩惠和信息	发感谢信，从事外部委员会工作，从事其他有外部人员参加的活动

续表

角 色		描 述	特 征 活 动
信息传递方面	4. 监听者	寻求和获取各种特定的信息(其中许多是即时的),以便透彻地了解组织与环境;作为组织内部和外部信息的神经中枢	阅读期刊和报告,保持私人接触
	5. 传播者	将从外部人员和下级那里获得的信息传递给组织的其他成员——有些是关于事实的信息,有些是解释和综合组织的有影响的人物的各种价值观点	举行信息交流会,用打电话的方式传达信息
	6. 发言人	向外界发布有关组织的计划、政策、行动、结果等信息;作为组织所在产业方面的专家	举行董事会议,向媒体发布信息
决策制定方面	7. 企业家	寻求组织和环境中的机会,制定"改进方案"以发起变革,监督某些方案的策划	制定战略,检查会议决议执行情况,开发新项目
	8. 混乱驾驭者	当组织面临重大的、意外的动乱时,负责采取补救行动	制定战略,检查陷入混乱和危机的时期
	9. 资源分配者	负责分配组织的各种资源——事实上是批准所有重要的组织决策	调度、询问、授权,从事涉及预算的各种活动和安排下级的工作
	10. 谈判者	在主要的谈判中作为组织的代表	参与工会进行合同谈判

资料来源:斯蒂芬·P·罗宾斯. 管理学[M]. 北京:中国人民大学出版社,1997:9

(二)盖茨尔斯等人的观点

盖茨尔斯(J. Getzels)和古巴(E. Guba)提出了与社会系统相关的角色观点[1]。他们指出:"社会系统包括两种主要类型的现象,它们在概念上相互独立,在现象上相互影响。首先是有这样一些完成系统目标的角色和预期。其次是系统中具有某些个性特征和需要倾向的成员,他们的相互影响就形成了我们常说的'社会行为'……"

要想理解组织机构中某个具体现任角色,就必须了解角色预期和需要倾向。需要和预期都被认为是行为动机,一个源于个性特征,一个源于组织要求。在盖茨尔斯和古巴看来,社会行为源自两种类型动机之间的相互作用,他们所描述的模式

---

① [美]罗伯特·G·欧文斯. 教育组织行为学[M]. 窦卫霖,温建平译. 北京:中国人民大学出版社,2001:120～126

如图 1－1 所示。

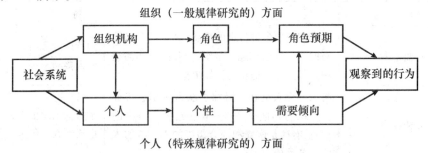

图1－1　盖茨尔斯—古巴模式

资料来源:[美]罗伯特·G·欧文斯.教育组织行为学[M].窦卫霖,温建平译.北京:中国人民大学出版社,2001:120

在图中,研究普遍规律的(组织的)轴线标识在上层,包括组织机构、角色、角色预期,每一术语都是与之相邻的前一术语的分解单元。同样,研究特殊规律的(个人的)轴线标识在下层,包括个人、个性和需要倾向,每一术语也都是与之相邻的前一术语的分解单元。一个行为往往被认为同时源自组织和个人两个方面,盖茨尔斯用下面的方程式来表示:

$$B = f(R \cdot P)$$

二、校长职位的由来

校长,作为独立的职业并不是自古有之,而是社会发展到一定历史阶段的产物。

(一)校长职位的产生

在美国,关于校长职务概念的确切起源并没有清晰的记录。"校长"这一概念的首次出现,是在 1841 年霍瑞斯·曼写给马萨诸塞州校董事会的报告里。无论是早期的研究者(如克伯莱,1916)还是近期的研究者(如墨菲,1993),都认为校长角色形成于教学阶段,并且在成为一个独立角色之前的数十年与教学联系在一起。坎贝尔和他的同事声称,学校的行政几乎不能与教学区别开来。

当学校还处于"独屋"时期,教师在学校简单地承担着与学校教育相关的管理、文书和门卫任务。[①] 然而,当学校的逐渐成长和发展,这些任务的复杂性增强了,需要有一个专门的人来承担这些任务。这个人就被指定为校长式教师(principal teacher)。他要继续承担教学任务,也要发挥校长的作用,承担校长的职责。

---

①　早期的学校规模小,通常只有一间教室,称为 one room school。

1839年,"普通教育学校教师协会"向辛辛那提教育部致辞,希望明确校长式教师的相关职责。委员会罗列出校长式教师的十条责任,这些责任反映了最初校长职务概念萌芽时期的职责,同时也反映了校长式教师的行政工作情况:①

（1）以校长的角色掌管他所关心的事情。

（2）管制所有学生的教育课堂及课程,不管学生是否使用教室。

（3）发现学校里的任何过失,并进行补救。

（4）遇到不能补救的情况,要把过失告知行政区内或当地的访问者、理事。

（5）给予助手以必要的指导。

（6）把学生分类。

（7）保护学校的房子和设备。

（8）保持学校清洁。

（9）避免削弱助手的身份,特别是在学生的眼里。

（10）要求助手的协作。

由此可见,校长的职位是从教师中逐渐分离出来的,其职责由教学逐步向管理转移。对此,美国学者克罗在1926年撰写的《小学校长的地位》中进行了历史线索的梳理,归纳了美国中小学校长地位与职责演变的六个阶段（表1-2）。

表1-2　校长职位的历史演变

阶段	主要职责
（一）单一教师	教学
（二）主任教师	教学兼及训导
（三）部分时间的教学校长	教学以及向上级报告学校情况
（四）全部时间的学舍校长	事务管理
（五）全部时间的视导校长	教学视导
（六）全部时间校长	事务管理与教学视导

资料来源:高洪源,刘淑兰.庙算之道:教育管理的理论与方法［M］.

北京:中国铁道出版社,1997:337

（二）我国校长职业演变

在我国,校长职业的产生、发展同样经历了一个历史的过程。王铁军教授在《校长学》一书中,对我国校长的演进历程做了如下的描述:②

相传夏商时代就产生了学校,当时设国学,分小学和大学。小学在王宫南之

---

①　［美］马修斯,克罗.今天怎样当校长［M］.徐益能等译.北京:中国轻工业出版社,2008:20～22

②　王铁军.校长学［M］.南京:江苏教育出版社,1993:9～11

左,大学在郊。天子之学叫"辟雍",诸侯之学叫"泮宫"。这些都是为王太子和诸侯贵族子弟设立的,教师主要是由师氏、保氏和乐师担任。掌管学校行政的,称"大乐正",以公卿兼管学校之事的,称"大司成"。

春秋后期,孔子首创私人讲学之风,在鲁国曲阜设学舍,招收门徒。荀子不仅总结了孔子以来儒学管理的经验,而且三次担任稷下学宫的祭酒。

秦代推行"以吏为师"、"以法为教"为核心的"吏师制度",其官学称为"学室"。

汉代官学分为中央与地方两种。文翁兴学后,武帝令天下郡国皆立学校,设立"郡文学"、"文学校官"、"五经百石卒史"等职,以管理地方学校。

隋朝以国子寺掌管国子学、太学、四门学、书算学,各学置博士、助教、学生等员。祭酒多任用名儒硕学或其他高级官员,故其位望特重。隋炀帝时改国子寺为国子监,加置副长官司业一人。

唐朝国子监所属六学与弘文、崇文二馆,合称"六学二馆",地方州、府、县各级行政部门均设有学校。中央官学教官有博士、助教、直讲及学士等,他们是教师,也是国家官吏。地方官学有长史、功曹司功参军事等行政长官。

宋代除官学外,还兴办私学,代表私学高峰的是书院,书院主要负责人称洞主、山长或院长,负责书院教师聘请、经费、教学等事宜。较大的书院设副山长、副讲、助教等职,以协助山长工作。

元朝对教官的聘任有较严格的规定,并重视教官的监察。

明清两代教育管理体制大体相同,中央官学及地方官学,皆有官府配置教官。教官的任务主要不是教书,而是管理生员,特别是组织考试。我国古代没有中学,中学及中学校长是在清朝出现的,是近代教育发展的产物。

民国时期,1911 年"教育部"通咨:"从前各项学堂均改称为学校","中学堂"遂改称"中学校"。《钦定学堂章程》称校长为"总理",《奏定学堂章程》颁布之后则称校长为"监督"。民国成立,监督改称"校长",校长名称一直沿用至今。

总之,校长职业是随着人类教育活动的发展而发展的,它与学校教育现象紧密地联系在一起。校长作为一种学校组织的领导力量,是社会职能分工的一种特殊系统,是维护统治阶级利益、执行教育方面的领导管理职能,并具有稳定结构及其运行和管理规律的人员系统。

三、角色理论视野中的校长

角色理论认为,在现实社会中的人如同戏剧舞台上的演员一样,是具有一定社会地位或社会身份的。个人在各自社会位置上履行自己角色职能的过程,也是整体社会发挥其职能的过程。

（一）校长是一种角色

在《中华人民共和国职业分类大典》中，校长被列为一个独立的职业，具体描述为：校长是在学校中担任领导职务并具有决策、管理权的人员。[①]《简明教育大辞典》中对校长的定义则是："国家教育与行政部门或办学机构的管理部门任命的学校主要负责人。校长对外代表学校，对内主持校务"。

从角色理论的视角看，校长是一种角色，是在社会系统水平上的"一个特定团体"或"特殊行为模式"，它是与学校教育机构相适应的具有管理职能的职业角色。[②]在本书中，我们认为校长角色是"一个人被任命为校长之后所具有的社会地位与身份，以及社会、他人和校长本人对校长的行为期待"。[③]也就是说，校长在自己的管理活动中要对自己所扮演的角色行为模式有一个清楚的认识，要按照社会的要求，正确认识角色的自我，明确角色的身份，继而履行角色义务，进行正确的角色扮演，以满足社会和学校的期待。

我们所谈的角色把握，最重要的就是角色扮演。角色扮演中包含三个要素：①角色期待，也就是社会公众对这一角色行为方式的要求和期望。这是角色扮演中首要的因素；②角色认知，也就是个体对这一角色的认识和理解，个体往往根据角色期待不断调整自己的行为，塑造自己；③角色实践，在角色期待和角色领悟的基础上，个体在实际生活中表现其社会角色的过程。

只有当一个校长明白自己所扮演的角色，同时也只有当他明白该角色所承担的社会义务和责任时，才有可能正确扮演好这个角色，并努力掌握理想角色的行为准则，提高角色的认识水平，缩短与理想角色的差距。

（二）美国校长的角色职责

虽然美国各州和各学区的学校校长的职责有很大的不同，但是概括来说，美国学校校长的角色职责包括五个方面[④]：

其一，教学管理。包括课程编制、教学人员的在职训练和教学评估。

其二，学生人事管理。主要包括针对学生的调查统计、心理健康和就业而进行的工作，目的是帮助学生实现自己的需要，保护学生的权利，让学生了解学校的规章制度和政策，控制学生的行为。一般情况下，学校的咨询工作和学生的服务方案由校长负责。有些学校的校长任命一名咨询协调员，负责编制学校内部学生人事

---

① 国家职业分类大典和职业资格工作委员会.中华人民共和国职业分类大典[S].1999；3
② 张济正.学校管理学导论（修订本）[M].上海：华东师范大学出版社，1990；325
③ 王恩服.校长角色谈[J].教育管理，1994（2）
④ 范国睿.学校管理的理论与实务[M].上海：华东师范大学出版社，2003：189－190

服务方案,有些学校则成立学生人事服务委员会,它由咨询会、社会工作人员、健康服务人员、学校心理学家、教师、学校管理人员、家长代表和学生代表组成。校长对学生人事的管理职责,主要体现在对从事学生人事工作的人员进行监督上。学生人事工作似乎是美国学校的独特现象。

其三,教学人员的人事管理。在美国,教师、教学小组长、视导员、顾问员、专科教师、学习资料员、教学助理员和行政人员原则上都属教学人员。校长对教学人员的人事管理拥有相当大的权力,如教学人员的招聘,工作安排和人员开发,以及辞退等,很大程度上都取决于校长的意见。校长的职责是把新雇员分派到适当的工作岗位上,明确被聘人员的职权和责任范围,做好成绩记录,关心所分派的人员是否需要调整,以及他们的进修提高。美国学校校长一般都很重视教学人员的专业发展,鼓励他们参加研讨会、研究班的学习,以增强他们的专业技能和工作能力。

其四,校务管理。包括编制财政计划和学校预算。购买物资设备和教科书;登录校产,保管学校各项设备;调控饮食服务和交通运输;校舍、校产的维护和维修;监督学校后勤人员的工作。

其五,学校—社区关系的管理。校长要促进学校与社区居民之间的有效沟通。

尽管各州、各地地区有较大差异,但总体上看,美国学校校长一般都拥有人事安排、经费支配、教学计划安排、考核和评价教师以及处理公共关系方面的权力。

(三)我国校长的角色职责

在我国,原国家教委于1991年颁发了《全国中小学校长任职条件和岗位要求(试行)》,规定我国中小学校长的主要职责包括以下四个方面:

第一,全面贯彻执行党和国家的教育方针、政策、法规;自觉抵制各种违反教育方针、政策、法规的倾向。坚持社会主义办学方向,努力培养德、智、体全面发展的社会主义事业的建设者和接班人。按教育规律办学,不断提高教育质量。

第二,认真执行党的知识分子政策和干部政策,团结、依靠教职员工。组织教师学习政治与钻研业务,使之不断提高政治思想、职业道德、文化业务水平及教育教学能力,注意培养班主任、中青年教师和业务骨干,努力建设又红又专的教师队伍。依靠党组织,积极做好教师和职工的思想政治工作。自觉接受党组织的监督。充分发扬民主,重视教职工代表大会在学校管理中的重要作用,注意发挥广大教师和职工工作的主动性、积极性和创造性。

第三,全面主持学校工作。包括以下一些具体任务:①领导和组织德育工作。把德育放在首位,坚持教书育人、管理育人、服务育人、环境育人的工作方针,制定德育工作计划,建设德育工作骨干队伍,采取切实措施,坚持不懈地加强对学生的思想、政治、品德教育。②领导和组织教学工作。坚持学校工作以教学为主,按照国家规定的教学计划、教学大纲,开齐各门课程,不偏科。遵循教学规律组织教学,建立和完善教学管理制度,搞好教学常规管理。深入教学第一线,正确指导教师进行教学活动,努力提高教学质量。③领导和组织体育、卫生、美育、劳动教育工作及课外教育活动。确保学校体育、卫生、美育、劳动教育工作及课外教育活动生动活泼、有成效地开展。努力开展勤工俭学活动。建好学生劳动教育及劳动技术教育基地。④领导和组织总务工作。贯彻勤俭办学原则,坚持总务工作为教书育人和教职工服务的方向。严格管理校产和财务。搞好校园建设。关心学生和教职工的生活,保护他们的健康。逐步改善办学条件和群众福利。⑤配合党组织,支持和指导群众组织开展工作。充分发挥工会、共青团、少先队等群众组织在办学育人各项工作中的积极作用。

第四,发挥学校教育的主导作用,努力促进学校教育、家庭教育、社会教育的协调一致、相互配合,形成良好的育人环境。

第二节　校长角色的历史变迁

随着社会、经济、时代、环境等的变化,校长角色也逐渐地发生了变化。由先前的附庸角色走向主体角色,由原来单一的角色发展成为今天多元化的校长角色,由原来关注内部的校长角色转变到关注全域的校长角色。

一、从附庸角色走向主体角色

在现在社会,随着社会、经济的变化,教育环境也发生了很大的变化,学校面临的竞争越来越激烈。这就需要校长审时度势,根据学校的内外部环境,积极主动地谋求学校的发展。

(一)附庸角色的特征

所谓附庸角色,是指校长在管理学校时完全听命于学校的上级行政部门(教育行政部门)的办学状态。校长的这种角色表现为一种依附关系,他对学校的管理只是依照教育行政部门的指令,是教育行政部门的下级执行者,强调的是一种行政关系,他对学校的管理不能采取除上级指令以外的其他办学思路和策略。有一项问卷调查表明:校长中 65.08% 的人认为,校长的办学思想就是党的教育方针;31.75% 的人认为,校长的办学思想就是上级教育行政部门的办学思想。[①] 以下一

---

① 转引自吴秀娟,郭继东,阎德明.学校创建特色研究[M].沈阳:辽宁人民出版社,1997:102

段文字可以充分地体现校长的附庸角色：

校长是教学大纲、教学计划和教科书的忠实执行者。中心任务是抓应试教育，诸如预定的课程目标、既有的课程内容、可控的教学过程、预知的教学结果和统一的评估尺度。工作重心往往是抓纲务本，以教师课程运作的规范性、操作性、有序性与规律性作为教学教研管理的基本目标，以抓质量、抓升学率作为学校办学价值的追求。校长常常以升学考试成绩或期末考试成绩判定某个教师的教学水平，常常以课堂现场的听和看而作出教学临床诊断，其考评效应具有无可争议的权威性，并与教师的晋级擢升息息相关。①

（二）产生附庸角色的原因

在教育管理权力集中于教育行政部门的情况下，校长没有办学自主权，只有执行权；没有自主发展学校的意识，只有执行上级指令的要求；他们的角色仅仅是一种被动消极等待的附庸角色。比如，当学校的发展遇到资金问题时，附庸型校长多半等待上级教育行政部门的划拨和指令要求，一般不会积极主动地去想办法拓宽筹资渠道，解决学校的资金问题。

在计划经济体制下，我国的教育体制是一种与计划经济完全适应的计划体制，基本上是一种集中指令性计划和政府直接管理的体制。学校依附于政府，依附于教育行政部门。那时的学校没有自我管理的自主权，校长更没有管理学校的自主权，校长的管理主要是附属于教育行政部门，只要忠实执行上级的命令就行了。校长可以不问需求，不讲效益，只按计划指令照章办事就可以。在这种体制下，他们的自主性严重缺乏，一切都是靠指令性计划运行。资源配置主体是政府，是一种政府主导的办学模式。校长没有自己的一套办学思想，完全是按照国家规定的政策和要求进行简单的学校管理工作。他（她）的个人意识完全被这些既定的标准和要求所蒙蔽，没有发挥自己才能和施展抱负的机会。

（三）从附庸角色向主体角色的转型

附庸角色已经无法满足学校的生存与发展的需要，校本管理理念的产生、办学自主权的下放，呼唤着校长主体角色的形成。所谓主体角色，是指校长是学校的办学主体，是学校发展的积极主动的谋划者。对校长主体角色的理解，要把握好几点：

其一，校长的主体意识。校长的主体角色首先表现为校长具有主体意识，能够意识到自己是学校的办学主体，是学校发展的负责人。具有了主体意识的校长，会

---

① 张建兵.中小学校长的角色整合[J].教学与管理,2007(11)

具有较高的责任心和事业心,能够积极主动地投入到学校的各项事业中。

其二,校长的主体行为。当具有了主体意识以后,校长就需要积极主动地谋划学校的发展,并将自己对学校的办学理念和发展思路落实到具体的办学的行为中。比如,以往校长不必为学校的发展规划而操心,但现在校长必须是学校发展规划的策划者、制定者和执行者。

其三,校长的自主发展。校长的主体角色会激发校长的学习热情,促进校长的自主发展。社会的日新月异、学校的日益复杂、竞争的不断加剧,要求校长们必须提高自己的理论修养和办学的实践能力,以便办好学校。

二、从单一角色走向多元角色

不管是国外的校长角色还是国内的校长角色演变,都表现出多元化的趋势。我国的校长角色历经了由单一角色向多元角色转化的过程。

(一)单一角色的特征

所谓的单一角色,是指校长在学校的发展过程中只承担一种角色。需要指出的是,校长的单一角色和校长的整合角色是不一样的,单一角色指的是一种角色,而整合角色则是多种角色融合的结果。

在计划经济体制下,单一角色主要表现为:校长仅仅是学校工作的执行者,即承担了学校简单的管理工作。在现代社会,校长的单一角色主要表现为校长角色意识淡薄,不能意识到自己所承担的多种角色,或者能够意识到但不能自如地扮演各种角色,从而出现矛盾而不能带领学校更好地发展。比如,有学者提出教育产业化后,有些校长错误地将学校管理仅仅理解为一种理财工作,以为只要成为理财"专家"就行。结果因为忽视了学校的其他工作,而导致学校办学质量的下降。

(二)产生单一角色的原因

在计划经济体制下,教育体制基本呈现出集中指令性和政府直接管理的特点。社会环境没有现在那么复杂,学校的各项工作只需照章办事,即可维持学校的正常运转。在这种情况下,校长仅仅是执行上级命令的简单管理者,而不需要对学校的其他方面进行管理和领导。这种单一的执行者角色对于维持在简单环境下学校的发展是有用的,但是它导致的直接后果就是压抑个性和千篇一律。

压抑个性,不仅仅压抑了校长发挥的个性,也制约了一个学校向独特方面发展的空间,限制了校长的自主性、创造性和积极性,使得学校像成批生产的"产品",规格相同、型号一样、功能一致,严重影响了学校、教师和学生的可持续发展。产生单一角色既有社会背景因素,也有校长自身原因。一些校长的个人素质与专业技能欠缺,只能承担执行者的单一角色。因此,校长需要潜心学习和研究,认清自己的多种角色,在教育实践中不断进步和得到发展。

(三)从单一角色到多元角色的转型

随着社会的转型和发展,社会经济由计划经济和高度集权化管理转向市场经济和民主化管理。同时,知识经济时代的到来,使得学校的竞争日益激烈,教育需求日益呈现多样化和个性化,校长的职能也逐渐变得多样化。如果校长仍然扮演单一的执行者角色,那么势必影响学校的发展,甚至难以维持一所学校的生存。在学校的发展过程中,会出现很多新问题、新情况,包括学校的发展环境、学校的各项资源、教师、学生、管理等等各方面,这些都需要校长审时度势,重新认识自己的角色,重新找到自己的合适定位,承担起多种角色,协调各方面的和谐发展。

所谓多元化角色,指的是校长在学校发展过程中所承担的两个或两个以上的角色。校长的角色丛则很好地说明了校长角色的多元化,而校长课程领导角色的出现非常典型地说明了校长角色由单一向多元变化的趋势。在以往课程管理体制高度集权的情况下,校长在课程管理方面几乎无事可干,至多充当一名安排课程表的"教务员"角色。但随着课程改革的展开,校长被赋予了课程领导的角色。

三、内部角色走向全域角色

在现代社会,学校不是"孤岛",需要方方面面的支持和认同。这就要求校长不仅要处理好学校内部的各项事务,还要充分开发和利用外部的资源,协调好学校内外部的各种关系,校长必须从内部角色走向全域角色。

(一)内部角色的特征

所谓内部角色,是指校长只关注学校内部的事务,只对内部各项工作负责,而没有注意到或者没有开发学校外部的各项资源。这包括两方面的意思:一方面是指校长自我没有意识到学校的发展和外部的环境紧密相关,进而未能将学校周边的资源进行整合,以促进学校的发展;另一方面是指校长虽然注意到学校外部的环境和资源对学校的发展有制约影响作用,但却未能充分开发利用。

引入市场经济以前,学校的管理是封闭的,校长工作的中心是管理学校内部的各项事务。校长的角色定位于学校内部的管理者,趋向于闭门办学。这就意味着校长不关注或者很少关注外部环境的变化,主要关注点就落在了学校内部的事务上。如上世纪八九十年代,有些学校校长所提倡的全封闭式学校管理,就是这种角色意识的体现。

(二)产生内部角色的原因

校长长期扮演着内部角色,其原因既有外部因素,还有内部因素。从外部看,社会历史因素和体制因素是两大原因。当社会环境比较简单、对学校的发展影响不大时,校长往往将目光落到学校的内部,无须顾及校外的情况。在体制方面,我国长期实行的是计划经济体制,这种体制实质上是一种高度集中的体制,反映到教育上就是一种集中的教育管理体制。在一切都由政府(教育行政部门)决定的情况下,校长只须负责学校的正常运转即可,这样校长也就只关心校内的事情了。

从内部看,校长的角色意识和能力是导致角色内部化的重要原因。一些校长没有充分意识到学校是社会大系统的一个子系统,也没有认识到学校的发展离不开社区、家庭、社会等外部环境的支持。另一方面,一些校长的个人素质和能力不足,缺乏审时度势、整合外部资源的能力。虽然他们注意到了外部环境与学校发展的关系,但是缺乏利用外部力量、协调校内外关系的能力。

(三)从内部角色向全域角色的转型

传统的学校制度缺少一种开放机制,学校基本上处于闭门办学状态,很大程度上将社区和家庭隔离在外,家庭和社区的知情权、参与权和选择权严重缺位。现代社会则强调学校组织的开放性,强调学校与外部环境的沟通与互动。学校的发展不仅仅依靠学校的自身管理,更需要学校保持与社区家庭的密切联系,有效地调动社会资源,多元主体参与管理促进学校发展。

之所以会产生上述变化,是因为教育质量和办学水平要受到许多社会和家庭因素的影响。因此,必须充分发挥学生家长和社会各界的作用,建立起以学校为中心,学校、社会、家庭共同构建的一体化的教育网络。有研究人员指出,借助家长和社会的力量,能够给学校带来多方面的好处:①有助于听取各方的意见,减少决策的随意性,提高决策的科学性与民主化。②能够改变封闭化的办学格局,促使学校教育适应社会的实际需要。③可以打破单一的教育资源获取途径,扩大教育经费的来源。④有利于改革应试教育模式,为素质教育的实施创设适宜的外部环境。[①]

学校教育要打破闭锁性,主动适应外部环境的转变,就必然要求校长的视角从学校内部转向同时关注学校内部和学校外部,即校长从内部角色走向全域角色。校长除了要关心学校日常工作的管理、教职工等人事管理、学生管理、教学管理、校园环境卫生管理等等校内事务以外,还必须关心政治经济等宏观形势、社区环境和学生家庭状况等校外信息。美国州际学校领导者认证提出的学校领导的第四条标准指出:学校管理者是通过与家庭和社区成员的合作,对社区多样化利益和需要做出有效反应,调动社区资源促使所有学生成功的教育领导者。

---

① 郭继东.学校管理的社会参与研究[D].华东师范大学,1998

传说古罗马神话中的两面神,向外的面孔能观察外部环境,向内的面孔能观察内部的秩序。现代校长就需要做这样的一个两面神。一方面关注本校的实际,做好学校的内部管理,安排好学校内部各层次各方面的工作。能够果断、迅速、科学规划,正确决策,并且能实时地、高效地组织实施,把学校办得富有活力而又有特色。另一方面要有广阔的办学视野,放眼世界,把握国际上教育变革的动向,而且能深刻认识本国的国情与国家的教育发展战略,能以多角度的思维方式观察和思考周围世界中巨大的和微小的、显现的和隐蔽的、理性的和情感的种种变化,并对此保持一种见微知著的敏锐反应。①

第三节　校长在现代学校中的角色

"一个好校长就是一所好学校"的说法虽然有争议,但是,校长对于现代学校的作用越来越重要却是确凿的。没有一个好校长,是肯定办不好一所学校的。本节在分析了校长对现代学校的作用后,呈现了目前国内外的各种校长角色观点,在此基础上,提出了本书的角色观点。

一、现代学校与校长

社会的变化,知识经济时代的到来,学校组织的日益复杂,学校环境的多元化,使得学校竞争日益激烈。现代学校在发展中也呈现出了很多特征:开放办学、以人为本、个性鲜明、管理规范、绿色生态等。而校长在现代学校中的角色也越来越重要,现代学校呼唤新型的校长。

(一)现代学校所处的时代背景

1.社会环境

知识经济作为一个全新的经济形态正席卷全球。它的兴起可以说是一场无声的革命,对我们现有的生产方式、生活方式、思维方式,包括教育、经营管理乃至领导决策等活动都将产生重大影响。面对知识经济时代的到来,我们会遇到很多新情况、新问题、新挑战,需要加以认真研究。知识经济是以知识为基础的经济,以现代科学技术为核心,建立知识的生产、存储、使用和分配的经济。知识经济与以往的经济形态相比,它依赖知识和有效信息的积累和利用。在知识经济时代,知识成为最重要的生产要素和经济因素,带动社会生产中各种劳动形式向以脑力劳动为

---

① 　中国教育报校长周刊部.校长叙事[M].北京:开明出版社,2005:225

主和开发知识资源为主的方向发展。也就意味着人才和知识将成为一个国家、一个民族的关键竞争力,而人才的培养、知识的生产,主要依靠教育。在知识经济时代,现代学校要发挥以往学校所没有的关键性作用。

我国社会正在经历一个转型时期,这种转型表现在政治、经济、文化、价值观念等多方面,是一次结构性的转换,是系统性的改变,而不是局部的变化。社会转型也影响到了教育的转型与变化。随着教育的转型,教育界展开了新一轮教育改革,尤其是基础教育领域。这场改革不仅从宏观上全面展开,而且涉及到学校教育的各个方面。学校内部管理制度改革、学习型学校的创建、课堂教学改革、课程改革、学校文化改革、教育科研改革、学校后勤改革等,这些都考验着当代校长的能力。

2. 教育理念

俗话说:"活到老,学到老。"随着时代的发展,终身教育的思想逐渐深入人心。终身教育,顾名思义就是贯穿人一生的教育,就是人从一出生就接受教育直到终老的教育。《学会生存——教育世界的今天与明天》一书中明确指出:"惟有全面的终身教育才能培养完善的人……我们再也不能刻苦地一劳永逸地获取知识了,而需要终身学习如何建立一个不断演进的知识体系——'学会生存'。"《教育——财富蕴藏其中》这部联合国教科文组织的重要教育文献也强调:"终身教育有助于安排教育的各个阶段之间的过渡,使途径多样化,同时提高每种途径的价值。"又指出:"基础教育自然是所有国家,自该教育阶段起,教育内容应培养学习兴趣、求知的欲望与乐趣以及不久以后接受终身教育的愿望与能力。"当今世界,终身教育已被誉为"打开 21 世纪的光明钥匙"。

可持续发展的概念是在第 42 届联合国大会提出来的,即"既满足当代人的需要,又不致损害子孙后代满足其需要之能力的发展"。1996 年,国际 21 世纪教育委员会向联合国教科文组织提交的报告中强调指出:"教育在人和社会的持续发展中起着重要作用",并将教育作为"人的持续协调发展"的条件。这就是说,教育是促进人和社会的可持续发展的重要力量。当然,教育本身也应该是可持续发展的。

3. 学校生存现状

"竞争激烈"四个字可以概括现代学校的生存状态。由于社会的转型,教育界的改革,现代学校在面临着发展机遇的同时,也面临着严峻的挑战和考验,学校之间的竞争也越来越激烈。就拿刮起的"择校风"来说,家长和学生为了能够进一所好学校,不惜重金和长途跋涉择校,这无疑加剧了学校之间的竞争。学校之间以及校长之间争抢生源的事情也时有发生。在社会竞争日益激烈的同时,学校教育的竞争也呈现出时代性的特点。

(二)现代学校的特征

1. 开放办学

我国的传统学校教育一直是封闭式的教育。教育以课堂教学为中心,忽视社会教育、家庭教育、生活教育;学校教育以教师为中心,忽视作为主体的学生;课堂教育以课本为中心,忽视生动活泼的现实、实践、生活的教育。[①] 而现代学校则要求开放性,这种开放性包括横向和纵向两个方面。横向开放,即学校要注意与家长及社区互动、互利、互赢,形成一个社区资源为学校服务、学校向社区开放并深入社区开展服务的和谐发展局面;纵向开放,即学前教育、基础教育、高等教育和毕业教育的互通。

2. 以人为本

在学校教育中,以人为本就是要探求人的幸福、人的自由、人的尊严和人的终极价值等。"人"指的不仅是学生,还包括教师。在上海市中小学青年校长论坛上,无不彰显了人文关怀的主题。比如,"用心点燃孩子个性的火花"、"让每个学生在全面发展过程中快乐成长"、"培养有理想、学做人、有能力、勤探究、有个性、能发展、有情趣、会生活的新时代学生"等。现在人文关怀已不同程度地渗进办学理念,并且从原先的关注学生发展面向同时关注学生和教师的生存状态转变,面向关注师生的共同发展。

3. 个性鲜明

学校要追寻自己的个性,这是这个时代对学校的要求。在这样一个竞争激烈的环境中,如果一所学校没有自己的个性,将很难可持续地发展下去。学校的个性表现为:校长先进的教育思想、独特的办学理念、具有特色的学校文化、良好的学校形象、别具一格的学校品牌等。考察一下现在的名校,也不难发现它们都是因为有着鲜明的个性和独特的办学特色而享誉全国的。

4. 管理规范

受管理界和教育理论的影响,现代学校的管理日益规范化。规范体现为民主、法治和科学。现代学校的校长摆脱了原来一人拍板做决定的管理方法,更多地吸纳教师参与到学校的管理工作中,发挥教师管理方面的能力;依法治校在绝大多数的学校中应用,有些学校专门进行依法治校的课题研究,再加以推广应用;科学指

---

① 周鸿敏,彭小明.试论现代教育的五大特征[J].扬州大学学报(高教研究版),2005(4)

的是学校管理的决策越来越科学,伴随着各种决策技术和决策方式,学校的决策趋向科学化。

5. 绿色生态

绿色是生命力的象征,是希望的代表,是活力的代名词。现在很多学校已经开始建设绿色化的校园、绿色化的课堂等,并且也开始了绿色生态的科研探索。在我国建设和谐社会背景下,和谐的校园也成为我们当前学校追求的目标。

(三)现代学校呼唤新型的校长

现代学校要靠新型的校长去引领,那种只知照章办事、忙于事务、思想陈旧、理论修养不高的传统型校长,是无法适应现代学校的发展需要的。那么,新型的校长是怎么样的校长呢? 我们认为,新型校长应当具有以下一些特征:

要能够系统地战略性地规划学校的未来发展,作出科学决策,尤其是确立学校的办学思想、办学理念、办学目标和办学特色,创设学校发展的共同愿景,并能制定出一系列实现目标的途径和措施;

构建并完善学习型组织,创造良好的学习型氛围,倡导学习文化,在学习中促进教师的专业成长和提升教师的生命质量,并且在学习中善于不断地提升自己和他人的理论文化修养;

采取必要的改革措施,改进课堂教学模式,提高课堂教学的效率,以促进学生学业上的进步;

致力于课程资源的研究,尤其是课程校本化和校本课程特色化;

培育一个民主、宽松、和谐的学校文化,以潜在的力量推进学校的教育教学工作;

合理配置、利用学校资源,采取有效的措施经营学校的资产,使得学校资产保值、增值;

加强学校安全卫生管理,为师生提供生态放心的学习生活环境;

加强学校的开放性办学,改善学校的外部环境,引导家长和社会确立起对学校教育的合理期待,充分挖掘社会和家庭的教育资源;

注重自我人格魅力的修炼和自我领导力的提升,能够发挥人格魅力,促进学校的发展等。

成为新型的校长,并能更好地管理学校,为学校的师生服务,是现代学校对校长的要求。我们知道,校长是一个体面的、受人敬仰的重要的社会角色。校长要正确及时地把握学校所面临的形势与政策、挑战与机遇、竞争与合作、改革与发展、继承与创新,切实做好学校管理中的各项工作。

温总理说:"有一流的教育,才能有一流的人才,才能建设一流的国家。"教育在我国的地位和作用已大不同于以前,校长对学校的责任也随着教育地位的提高而加重。一位好校长,就是一所好学校。校长要充分地挖掘自身的优势,准确把握社会各方的期望,扮演好"校长"这个至关重要的角色。

朱永新有一段话,专门描述了"理想的校长"是什么样子的。细细品味,字里行间蕴含着我们所倡导的新型校长的内涵。他认为,理想的校长,应该是一个能够清晰认识到自己的价值与使命,具有奉献精神和人文关怀的校长;理想的校长,应该是一个珍惜学校的名誉胜过爱护自己的眼睛和自己生命的校长;理想的校长,应该是一个不断追求自己人生理想和办学理念,具有独特办学风格的校长;理想的校长,应该是一个具有海纳百川的宽广胸怀,具有极强的感召力和凝聚力的校长;理想的校长,应该是一个十分重视教育科学研究,并能成为学校教育科研工作出色的组织者和身体力行者的校长;理想的校长,应该是一个能够给教师创造一个辉煌的舞台,善于让每一位教师走向成功的校长;理想的校长,应该是一个能够使学校具有优美的自然环境和浓厚的文化氛围的校长。

——《朱永新教育文集》(卷一)

二、校长角色面面观

莎士比亚在他的《皆大欢喜》剧本中说过这样一段话:"全世界是一个舞台,所有的男人和女人都是演员,他们有各自的进口和出口,一个人在一生中扮演许多角色。"如今,研究者的共识是——校长角色是多元化的,这也促使人们从不同的视角去审视这一角色。

(一)校长角色的呈现

1.美国校长角色的表述

在美国,有许多关于校长角色的研究。对这些研究成果进行梳理,我们可以看到,研究人员往往是从三个维度来探讨校长的角色问题的。

(1)"责任"维度

美国学者马扎诺(R. J. Marzano)和沃特斯(T. Waters)等提出了校长的21种责任,并且说明责任比角色更加包含了校长行为的伦理向度和使命感。角色是一种身份取向,指向"我是谁";而责任则是目标取向的,指向"我要做什么"。21种责任可以用表1-3表示:

表1-3 21种责任及程度表

责任	校长需达到的程度
肯定	赏识、表扬成绩,承认不足
变革推动者	乐于挑战并积极挑战现状
后效奖赏	赏识并奖赏个人的成绩
沟通	同师生并在师生之间建立强有力的沟通渠道
文化	培育共同的信念、共同体意识与合作意识
规训	保护教师远离减损他们教学时间或注意力的问题和影响
灵活性	使他或她的领导行为适应当前情境的需要,并轻松应对异议
聚焦	建立明确的目标并使这些目标处在学校注意力的中心
理想/信念	用有力的学校教育理想和信念进行沟通与办学
参与	让教师参与重要的决定和政策的设计与实施
激发智力	确保全体教职员工知道最新的理论和实践,并就学校文化的公认观点展开讨论
参与课程、教学和评定	直接参与课程、教学和评定实践的设计和实施
课程、教学和评定知识	通晓新的课程、教学和评定实践的知识
监控/评价	监控学校实践的有效性及对学生学习的影响
乐观	激发和领导新的、富于挑战性的革新
秩序	建立一套标准的操作程序与常规
延伸	对学校的所有利益相关者而言是倡导者和代言人
关系	表明知道教师和员工的自然状况
资源	为教师顺利完成工作提供必要的设备和专业发展
情境意识	知道学校进行中的细节和潜在倾向,能运用这些信息提出当前的和可能的问题
可见性	同师生有高质量的联系和互动

资料来源:[美]马扎诺,沃特斯,麦克那提.学校领导与学生成就:从研究到效果[M].

邬志辉等译.北京:中国轻工业出版社,2007:45~46

(2)"特质"维度

美国学者麦克依万(E. K. McEwan)提出了高绩效校长的十大特质,包括:善于沟通者、教育者、愿景制造者、促进者、改革者、文化构建者、活跃分子、生产者、人格树立者以及贡献者。①

(3)"习惯"维度

在研究了校长的教学领导后,麦克依万提出了卓越校长的7个习惯,它们分别是:做一名果断的管理者、做一名个性的示范者、做一名有效的沟通者、培养积极的校园文化、做一名突出的贡献者、开展果断的干预以及从今天就开始做。②

2.我国校长角色的归纳

在我国,对校长角色的表述非常多,综合诸多研究者的提法,可以发现它们主要是从以下五个视角来谈论校长角色的:③

(1)"者"的视角

这是学者用来表述校长角色用的最多的角色后缀词,借以表达对校长角色的观点。"者"用在形容词、动词或形容词性词组、动词性词组后面,表示有此属性或做此动作的人或事物。在这里,指的是校长"是……的人"。

持这种观点的研究者中,有人采取了比较笼统的表述方式,有人则描述得比较具体。

比较笼统的表述,如:管理者、教育者、领导者、经营者、服务者、组织者、实践者、学习者、思想者、设计者、决策者、学者等。

比较具体的说法,如:学校文化的构建者、校园精神的培育者、学校发展的规划者、学校发展愿景的设计者、学校工作的决策者、师生员工的服务者、学校与社会的协调者、学校教育的研究者、课程的建设者、教学活动的组织者、信息的加工者、伦理的倡导者、学习型学校的创建者、教育反思的实践者、先进办学理念的接纳者、现代管理制度的构建者、教师专业成长的引领者、教育品牌的打造者、政治方向的把握者、改革创新的推动者、学校资产的经营者、教育思想的领导者、一代名师的塑造者等等。

---

① [美]麦克依万.高绩效校长的十大特质:从优秀走向卓越[M].吴岩等译.重庆:重庆大学出版社,2006:13~14

② [美]麦克依万.卓越校长的7个习惯:如何应对教师的愤怒、苦恼、倦怠和困惑[M].吴艳艳,陈伟嘉译.上海:华东师范大学出版社,2007:4~17

③ 主要参考了中国教育报校长周刊部.校长叙事[M].北京:开明出版社,2005:249~250;林兴国.学好"五门"功课,做好"五型"校长[J].中小学校长,2008(11);傅延安.论新时代的校长角色[J].新课程(教师版),2007(6);黄解放.现代校长的职业能力与专业智慧[J].中国教育学刊,2008(6)

（2）"家"的视角

这是从校长专业的角度来说的，"家"是指掌握某种专门学识或从事某种专门活动的人，强调的是校长对这一领域的精通和在行，是"行家里手"。比较典型的说法如下：

教育家 要求校长要精通教育教学理论，并且要能引领组织教学，成为教学现象、活动、问题的诊断与处理专家。具有独特的系统的教育思想观点、有比较完整的办学思路和个性鲜明的办学特色等。

经营家，有些人叫"企业家" 要求校长能经营学校资产，使学校各方的投入能有最大效益。强调校长不仅要有内在适应性，而且还要有应对环境变化的外部适应性，善于在复杂多变的情况下为学校发展确定方向。

北京市十一学校校长李金初就是一个典型的经营家。十一学校在全国率先进行了以"学校国有、校长承办、经费自筹、办学自主"为基本特征的办学体制改革，经过8年的奋斗和实验，使十一学校由一个既非市重点又非区重点的普通学校脱颖而出，成为家长满意、学生喜欢的特色学校。

实践家 要求校长具有务实的工作作风，能够脚踏实地地进行教育教学，不仅是站在教学第一线的人，也是学校改革实践的践行者。

政治家 要求校长不但要坚定地贯彻党和国家的教育方针政策，还要有较高的政治觉悟和思想觉悟，引领学校师生员工的思想政治道德工作。

外交家 要求校长善于处理学校的内外部公共关系，尤其处理好学校与家庭、社区、社会和其他学校的关系。

（3）"型"的视角

型，指的就是类型，是从校长的形象角度来谈校长角色的。比较典型的有：

学者型 这是对校长的内涵要求，管理一所学校，校长首先要是一个善于学习的人，能够接受先进的教育教学理念、能够将这些理念转化成学校独特的办学特色。其次，作为学者型校长，要具有教育家的头脑，有一套比较完整系统的办学思想。第三，作为学者型校长要善于引领学校的教师开展科研工作，以科研促学校的发展。

榜样型 以身作则，心底无私，自律，洁身自爱，带头奉献，人品好、道德高，是党员、模范干部的形象。

创新型 有改革创新意识，懂策略，善规划，具有创造性工作能力。

慈母型 关心学生和教职工，宽以待人，与人为善。

另有研究者指出，校长要学好"五门功课"，做好"五型"校长。其中除了创新型之外，还有勤学细研，做学习型校长；敬业务实，做实干型校长；牢记宗旨，做服务型校长;淡泊名利,做廉洁型校长。

(4)"个性品质"的视角

作为一个优秀的校长,要具备的个性特质,可以归纳为以下几个方面:

领导意识,这是中小学校长特质的关键。主要包括:战略意识;忧患意识;改革意识;竞争意识;协调意识。

领导形象,这是校长特质的基础。如"以身作则"、"言传身教"等。

敬业精神,乃校长特质的灵魂。如:脚踏实地的"老黄牛"精神;"捧着一颗心来,不带半根草去"的精神等。

笃学多思,构成校长特质的最深层涵义。体现为校长的学识渊博和卓著的思辨能力。

用人之道,也是校长特质的核心。量才录用,使人尽其用,用尽其才,才尽其力,即知人善任。

(5)"能力"的视角

能力,是指顺利完成某一活动所必需的主观条件,它是直接影响活动效率并使活动顺利完成的个性心理特征。有很多学者从能力的角度来定位校长的角色。如:做好知识分子思想工作的能力;学校发展长远规划的能力;有效组织指挥教育工作的能力;勤俭理财的能力;和谐交往的能力。

(二)校长角色的整合

从上文中不难看出,人们对于校长的角色期望是全方位的、高标准的。在这种情况下,校长必须注意:第一,要认知正确,把握准确,扮演好每一个角色,避免工作疏漏。第二,不能用"万能者"和"事无巨细者"来要求自己,否则前者将导致专权和独裁,后者将导致身陷日常琐碎事务。第三,要有清晰的角色区分,不能让自己头上的角色泛滥。总之,校长要做好角色的整合。对于如何整合,许多研究人员提出了各自的见解:①

有人指出,"校长就是教育工作者和管理者的结合,就是教育管理者"。这种观点认为,校长就是要做好教育的管理工作。

有人认为,校长的角色应该整合为服务者。这种观点认为:服务是一种理念,校长的工作无不体现着为学校的发展、为学校的师生员工服务的要义。校长角色的服务按照不同维度、不同层面和不同向度可以有不同的划分:功能性服务和理性

---

① 姚家群.校长的角色定位就是管理者[N].教育时报,2006 - 8 - 7;苏令.校长角色服务的多维分析[J].小学教学参考,2005(5);李瑾瑜.基于"学习"看校长角色[N].中国教育报,2007 - 6 - 16;张建兵.中小学校长的角色整合[J].教学与管理,2007(11)

服务;有偿服务和无偿服务;内隐化服务和外显化服务;深层次服务和浅表性服务;共性服务和个性服务。江苏溧阳市实验小学校长芮火才的教育信条即"教育就是服务"。

也有人提出,校长理应定位为学习者。这种观点认为,将学校建设成为"专业学习共同体",既是学校变革的新目标,也是校长面临的最为紧迫的任务。它要求校长必须基于新的学校"学习"观,重新审视和确认自己的角色作用,并在学习的行动中体现对学校变革的领导责任。作为一校之长,应是"首席学习者",应是"学习的领导者",也应是"学习的参与者"。

还有人将校长界定为经营者。这种观点认为,随着社会体制的转型,教育体制改革的不断深入,校长由单纯的行政管理转为经营管理。校长要学会经营,就是要借鉴市场营销、成本效益、资本运营等企业运作的理念和策略来办好学校,特别要经营办学思想、人才队伍、教学改革和学校品牌。

由于校长的工作涉及学校的各个方面,因此,校长必然需要承担多样化的角色。但是,校长不可能是"十全十美"的人。因此,只有定位好、把握住校长的核心角色,才能妥善地处理好各方面的事情,而不至于忙得"脱不开身",也不至于产生角色冲突。校长应当以何种角色为核心来进行整合,这需要根据学校的发展阶段、师资队伍的水平、校长自身的特点等情况来确定。

三、现代校长角色解析

校长角色的扮演,决不是一件轻松容易的事情。对现代校长的角色进行解析,就是为了减少角色冲突的发生,帮助校长明晰自己的职责,从而优化角色扮演。

(一)研究校长角色的意义

1.减少角色冲突的发生

校长一人承担着很多角色,这就容易出现角色冲突。角色内和角色间冲突是角色冲突的两种表现形式,但具体而言,包括以下四种:①同一社会角色的内心冲突,如校长对自己所扮演的角色的理解和期待不一致;②新旧社会角色之间的冲突,当角色发生变化时,所扮演的新角色往往与旧角色发生矛盾;③几个社会角色之间的冲突,如校长身兼行政管理者、教学领导者、课程开发者、文化构建者等多种角色时,无法同时完成这些角色期待和要求;④社会角色的规定人格与真实人格的冲突,如当要求校长坚定果断地做出决定时,而校长却优柔寡断。

进行校长角色研究,可以帮助校长认清自己的角色以及角色丛,恰当地处理角色间和角色内的矛盾,从而减少角色冲突的发生,更好地指导工作。

2. 优化角色扮演

进行校长角色研究,就是要对校长角色的内涵、校长角色的素质、校长角色的能力、校长角色的行为等展开分析。在分析整理以往研究的基础上,明确校长角色在道德、学识、能力等方面的理想状态。校长在理想状态的指导下,可以比较自己所扮演角色的现实状况,找出差距和不足,并分析原因,进而改善和提高自己的素质和能力等,使自己不断地减少差距,逐渐达到校长角色的理想状态,这个过程也是校长成长和发展的过程。

21 世纪是一个个性的时代,学校的发展也需要走个性化、特色化的道路。校长的个性又是办学个性化的重要来源。原来"千人一面"的学校形象已经不再适合学校的可持续发展了,进行校长角色研究,对以前的校长角色进行梳理和再认识,可以帮助校长的角色学习。对比以往,批判地继承以往校长角色的合理内涵,能够帮助校长准确把握现代校长应该具有的权利、职责和义务等,在反思的基础上,寻找自我的个性化角色,以校长的个性发展带动学校的个性化发展。

(二)现代校长的角色

根据现代社会的发展需求,结合现代学校的特征依据,依据学校管理的主要环节,我们认为,现代校长的角色可以概括为以下九个方面:

1. 学校发展的策划者

学校的发展离不开策划,校长应该承担起学校发展策划师的角色。学校发展策划是指为了实现学校发展的某种目的,审时度势,提出新颖的学校发展策略(或创意),并制定具体的实施方案的创造性活动。

校长作为学校的一把手,是学校发展策划的主体,是学校发展策划的主导者。校长要了解学校发展策划的基本步骤,准确把握策划力的构成,要善于利用各方条件提升自己的策划力,尤其是创新力。校长要善于运用教育规律,借鉴策划学理论,通过对学校发展内外部环境的调查与分析,根据学校发展的"时"、"势",恰当运用学校发展定位策略,提出学校发展的创意或策略,制定可行的策划方案,根据一定的步骤编制学校发展规划,并进行实施、监控、评估和改进调整,从而使学校发展始终保持优势。

2. 组织变革的推动者

学校的存在与发展都必须借助一定的组织依托,但学校的组织不应该、也不可能是一成不变的,尤其是在变革的时代背景和转型的中国情境中。因此,校长注定要承担起推动学校组织变革的重任。

在学校组织变革中,校长需要扮演好变革的发起者、促进者和阻力的克服者等角色。校长在内心必须明了变革的价值取向,据此指导变革的进行,从学校的组织机构再造入手,重构学校的管理机制,创建学习型的学校。在具体的实施过程中,校长应该根据实际情况灵活选用教师认同、领导转换、组织创新等策略。

3. 学校文化的培育者

学校是一个充满文化气息的场所,学校文化具有不可低估的力量。为此,校长要做学校文化的培育者。校长应该学会运用文化的力量来感染师生员工,在潜移默化中引导学校向前发展。

作为学校文化的培育者,校长要具备敏锐的觉察力,能够把握学校现有文化的特征;校长要有出色的构想力,能够在基于现实的前提下,为学校勾画出未来的文化远景;校长要拥有强大的执行力,能够将美好的蓝图转变为现实。因此,校长应循序渐进地开展学校文化建设,将文化建设渗透于学校工作的方方面面和各个环节,不断地引领着师生员工改进细节,提升学校的文化品位。

4. 人力资源的开发者

在今天,人力资源是第一资源的理念逐渐为人们所接受。学校的一切工作得靠教职员工去做,而他们身上所蕴涵着的人力资源如同深埋于地下的矿藏,需要校长去挖掘、培育和激发。为此,校长必须成为学校人力资源的开发者。

在开发学校的人力资源时,校长要着重关注管理人员和教师两支队伍。对于管理人员,可以通过竞聘、轮岗、团队建设等办法,提升他们的管理能力;对于教师,应该注意盘活校内外资源,建立阶梯式的教师培训体系。此外,校长必须高度关注工作生活质量,让教职员工在宽松和谐的氛围中工作,享受教育带来的乐趣,产生成就感和满足感。

5. 学校品牌的塑造者

所谓学校品牌,是指学校在创建、发展过程中逐步积淀下来的,凝聚在学校名称、校徽、标志、教学等中的,体现学校教育服务水平的社会认可度、忠诚度与美誉度。学校品牌体现在学校的各要素中,如学校名称、校徽、教学、科研、管理、代表性建筑、教师、学生、课程等要素。

学校品牌不会自动形成,需要采用一定的策略进行精心设计和塑造。而校长则是学校品牌塑造的第一人,他是品牌塑造的利益相关人、学校品牌的首席设计师、学校品牌的代言人、学校品牌的维护者、学校品牌的推广者。可见,校长对学校品牌塑造的作用举足轻重。因此,校长要认真做好学校品牌的定位、形象设计、宣传推广、维护管理以及创新。只有把每一个环节都做到完美,才能塑造出优质的学校品牌。

6. 学校资产的经营者

学校资产是指学校拥有或者控制的能以货币计量的经济资源,包括各种财产、债权和其他权利。学校资产包括流动资产、固定资产、无形资产和对外投资,对于学校的发展有着不可低估的作用。比如,流动资产可以维持学校的日常运转,固定资产能够保障学校的物质基础,无形资产可以打造学校的品牌,对外投资能够开辟学校新财源。

在市场经济环境下,学校的发展面临着日益激烈的竞争,客观上要求校长成为一个经营家,来经营学校的资产。因此,校长应该具有资产经营力,能够实现学校资产的保值与增值。由于学校的资产经营是一种政策性很强的活动,必须在相关法律、政策和规章制度的限定范围内进行,因此,校长必须了解这方面的相关规定,并且做好内部管理,通过管理来盘活学校的资产。只有建立完善的管理制度、健全监督机制、强化日常管理,才能使学校的资产管理井然有序。

7. 校本课程的建设者

在课程改革的背景下,随着国家、地方、学校三级课程管理体系的实施,校长已经摆脱了原来的课程执行者的角色,在学校课程体系的构建中正发挥着越来越大的作用。尤其是校本课程的开发进展与成效,与校长能否成功地扮演自己在课程管理中的新角色关系密切。

在校本课程的开发中,校长扮演着理念的领航者、组织的管理者和人力资源的开发者等角色。校本课程的开发和实施,需要充足的资源。学校中的课程资源是客观存在的,重要的是校长能否敏锐地发现并充分开发利用,而这取决于作为课程建设者的校长的眼力和能力。校长要善于使用交互分析法,构建校本课程体系,并且科学地编制校本课程的文件,以明确校本课程开发的方向。同时,校本课程的建设应遵循一定的流程,包括环境分析、课程目标设置、课程组织、课程实施和课程评价。通过循环往复的过程,不断改进校本课程的质量。

8. 教学质量的掌控者

教学是学校的核心任务,教学质量是学校的生命线。作为学校的法人代表和行政主管,校长无疑是学校教学质量的第一责任人,他必须当好学校教学质量方针的创设者、教学质量管理组织的构建者和质量管理文化的打造者,从而有效地掌控学校的教学质量。

校长要倡导正确的质量观,以此为基础编制科学的教学质量标准,动态地检测教学情况,对质量进行深入细致的分析。教学质量的提高要依靠制度来保障,校长应建立教学质量的诊断制度,加强对教学的流程管理,细化各种规范与要求。当然,教学质量的提高最终是要靠人去实现的。为此,校长应该深入教学第一线,了解教师的工作状态,发现教学过程中的问题,与教师共同研讨解决方案,将教学质量维持在较高的水准上。

9. 学校德育的引导者

学校不仅是一个传授知识的地方,更是一个育人的场所。学校的重要职责是促进学生在思想道德、行为习惯、人格修养等方面的发展,把他们培养成人。这就意味着校长必须扮演德育引导者的角色,引领学校德育工作的开展,为学生的幸福人生导航。

为此,校长要抓好学校管理人员、班主任和学科教师等三支德育队伍的建设,要善于利用家长和社区的资源。校长要努力开拓德育的途径,重视学科德育,抓好环境德育,关注网络德育,建设好德育课程。另外,校长应当不断探索德育的新方法,尤其要发挥学生社团、学生自律委员会等学生自治组织的作用。

训练项目

江苏省天一中学校长沈茂德在一篇文章中提出了现代学校管理中的两个"校长悖论"现象,内容如下:

其一,教育在社会中的地位越来越重要,学校教育改革与发展在不断深入,需要校长与时俱进,不断研究面对的新问题、新课题,但是,校长由于行政工作越来越频繁、难、杂,用以研究教育规律的时间和精力却越来越少。

其二,社会对优质教育资源的需求越来越大,对学校的品位要求越来越高,但是,不少校长传统管理理念根深蒂固,功利倾向明显,有的校长仅仅像"一个理财专家和能手",有的则像"应试教育的统帅与专家",校长缺少文化内涵和品位。

思考的问题

1. 作为学校的校长您是否面临这两个"悖论"呢?
2. 为什么是悖论呢? 作为校长,您怎样协调?
3. 结合前面讨论的校长角色,想一下自己属于哪一类校长。
4. 您觉得自己需要改善自己的角色吗?
5. 怎样来改善自己的角色定位?

行动计划

1. 如果您觉得自己需要完善自我定位,请首先思考上面的问题。
2. 两个悖论的实质是校长到底应该是管理者还是领导者。
3. 花点时间了解一下管理和领导的区别。
4. 将自己定位于一个教育思想的领导者。
5. 重新审视自己学校的工作。
6. 制定改进计划。
7. 执行自己的角色定位。
8. 诊断自己的角色扮演。
9. 完善调整自己的角色。

第二章　学校发展的策划力

古人云:凡事预则立,不预则废。

●引导性案例

蓝继红校长的诗意策划①

2004 年,青羊区教育局的一纸调令,让蓝继红成为成都市草堂小学的校长。诗意的蓝继红怎么也没想到,草堂小学竟然与自己心目中所想完全不同。草堂小学是一所城乡结合的薄弱学校——一所破旧的村小:校舍陈旧,教学设备简陋,黄土操场一下雨就泥泞不堪,附近的学生宁愿舍近求远,也不愿来。

看着眼前的景象,蓝继红下定决心一定要改造草堂小学,建设出"诗歌校园"。经过蓝继红的策划和努力,她提出了依托草堂和杜甫的优势文化资源,进行文化治校。她认为学校文化的灵魂是心灵关怀,她倡导的校园文化精神价值是:朴素而不粉饰、自然而不雕琢、真实而不虚伪、亲切而不刻薄、诗意而不媚俗、平等而不专行。蓝继红认为:学校与文化天然结缘,学校的发展必然是一部积淀各时期文化,记载、传承和延续传统与现代文化的历史,校园文化的建设必然成为学校发展的主题。草堂小学的班级文化建设以"习惯连锁店"、"草堂诗社"、"班级读书会"、"班级漂流书栈"为核心展开。校园景区设计力图使学校文化建设和社区文化水乳交融——"诗路花语"旁的"茅亭展板"以隽永精练的文字集纳草堂小学的诗意生活;走廊、楼道内的"校园物语"系列充满诗的韵味,有提醒孩子们从容缓行的诗句,有包含"亲、轻、净、静"好习惯的提示语的诗句,润物无声般地增强了文化修养。所到之处,草堂小学浓厚的文化氛围,别出心裁的教育设计令人大开眼界。

如今的草堂小学已经脱胎换骨:一所流淌诗歌、飘逸书香、倡导活动、崇尚锻炼的学校;一所以"植养人文气韵、奠基诗化人生"为特色,以"诗歌教育"为教育品牌的学校。

在现代社会中,若不对学校的未来进行科学的预测和有效的规划,学校的发展就会陷入盲目的状态,难以在激烈的办学竞争中立足。从上述案例中我们看到,蓝继红校长成功地扮演了一名策划师的角色,她通过深入了解草堂小学,为其设计策划了独特的发展特色——"植养人文气韵、奠基诗化人生",使学校摆脱了落后状

---

① 摘自方国才.中国著名校长的管理奇迹[M].南京:江苏人民出版社,2007:74~81

态,在众多的小学中脱颖而出。那么,校长策划力在学校发展中是怎样发挥作用的? 它又包括哪些内容? 校长应该如何提高和运用自己的策划力来促进学校的发展呢?

第一节　校长与学校发展策划

策划,在企业的经营与管理活动中得到了广泛地运用之后,也被引进了教育管理领域。校长在学校发展策划中扮演着不可替代的重要角色,需要不断锤炼自身的策划力。

一、现代学校发展需要策划

一说起"策划",人们首先会想到的就是企业。的确,企业与策划之间存在着密不可分的联系。

(一)企业管理与策划

1.策划的涵义

"策划"一词,最早出现在《后汉书·隗器传》中"是以功名终申,策画复得"之句。其中"画"与"划"相通互代,"策画"即"策划",意思是计划、打算、谋略。[①] 此后,国内外许多学者都对"策划"提出了自己的见解,我们将其中具有代表性的观点归纳如下:

表 2 - 1　部分策划定义汇总表

学　者	策划的定义
美国哈佛企业管理丛书(1997)	策划是一种程序,在本质上是一种运用脑力的理性行为
陈放(1998)	策划是如何在全面谋略上指导操纵者去圆满地实施对策、计策或计谋,从而达到办事的目的
胡屹(1999)	策划就是筹划或谋划
朱浩(1995)	策划简而言之是创意、谋划、打算
王续琨(2001)	策划就是社会组织在实施重要行动计划之前的预想、预谋,就是拟方案、想主意、找办法,琢磨招数的过程
陈丽(2005)	策划是指为了实现某种目的,审时度势,提出新颖的策略(或创意),并制定具体的实施方案的创造性活动

---

① 汪风雄.教育策划研究[M].重庆:西南师范大学出版社,2007:1

综上所述,策划是一种行为;策划也是一种程序;策划更是一种思想。

2. 策划在企业经营管理活动中的作用

企业策划作为一门科学,起源于20世纪60年代,日本人首先提出了"企划"这一概念。企业策划在80年代中期被引进我国,90年代随着我国市场经济的确立,策划在企业中逐渐受到了重视。以下这则案例很好地诠释了"策划"的作用。

为了提高产品竞争能力,法国芝利亚兄弟化妆品公司推出了策划师们精心策划的奇异广告——《征寻丑女》。广告说,凡是自信长得很丑的少女,如能到本公司长谈一小时,本公司愿付20法朗作为报酬,经谈话及考察,凡本公司满意者,本公司将以重金聘用。广告刊出后,在社会上引起了极大轰动,人们议论纷纷,都觉得事出蹊跷,只见征寻美女,何时见过广觅丑女?但议论归议论,仍然有一些自信长得很丑的人跃跃欲试。没过几天,就有十几名丑女前来应征,公司经过筛选,从中挑选了两名少女,然后大登广告:丑女已选定,并将于某星期六晚上与公众见面。

此消息传开后,许多人怀着好奇的心理奔走相告,相约一起去看看芝利亚兄弟化妆品公司葫芦里到底卖的是什么药。星期六晚上终于到了,人们纷纷涌向会场。当大幕拉开后,两位丑女登台,人们一见,果然奇丑无比。两位丑女作了简单的自我介绍后走了下去,这时芝利亚兄弟化妆品公司总经理上台亮相。他说,此次征寻丑女,目的就是让大家了解一下本公司生产的化妆品的功效,请大家稍等片刻,我们下去为两位丑女化妆,然后再与大家见面。果然,没过一会儿,在舞乐的伴奏下,两位刚才亮相的女子又重新登台,不过此时她们已漂亮了许多,再不是刚才那种丑模样了。不比不知道,一比吓一跳,活生生的事实使观众大为叹服。从此,芝利亚兄弟化妆品公司名声鹊起,销售量日增。

上述案例告诉我们,良好的策划可以提高产品的竞争力和增加产品的销售量。除此之外,成功的策划可以使企业的经营活动避免盲目性,充分发挥企业的创造性和主动性,开辟新市场;成功的策划可以使企业适应市场变化的需要,增强企业的应变能力,使经营活动富有弹性;成功的策划可以使企业在未来的竞争中抓住机遇;成功的策划,尤其是成功的战略策划,决定着企业的生存发展,关系到企业的兴衰和成败。

(二)学校发展策划

1. 学校发展策划的涵义

学校发展策划是指为了实现学校发展的某种目的,审时度势,提出新颖的学校发展策略(或创意),并制定具体的实施方案的创造性活动。它要运用教育规律,借鉴策划学理论,通过对学校发展内外部环境的调查与分析,根据学校发展的

"时"、"势",提出学校发展的创意或策略,制定可行的策划方案,从而使学校发展保持优势。①

2.学校策划和企业策划的比较

我们在进行学校发展策划时要借鉴企业的合理做法,但是不能照抄照搬,要能区分学校策划和企业策划的区别和联系。

(1)学校策划和企业策划的相同点

学校策划与企业策划具有相同之处,主要表现在以下几个方面:①都具有预见性,都是对未来进行的谋划和打算。②都强调策划的策略性或创意。不管是学校发展策划还是企业策划,都必须出奇制胜和别出新意。③都强调策划的可操作性,不能仅仅停留在理念,策划方案必须要能付诸实施。④都强调动态性,策划方案不是一成不变的,它根据实践和实施情况而变化。⑤都强调风险性,学校发展策划和企业策划都是针对现实、面向未来的预谋活动,这种预测和谋划带有一定的风险,有可能实现目标,获得成功,也可能失败。

(2)学校发展策划和企业策划的不同点

尽管存在着相似性,但学校策划与企业策划的不同之处也是显而易见的,我们可以通过下表来加以归纳:

表2-2　学校策划和企业策划的不同点

不同点	学校策划	企业策划
"产品"不同	培育人	生产物品
策划主体不同	校长、领导团体、管理者、教师和学生等校内人士和校外专家等	管理者、中介机构
策划目的不同	提供优质服务,促使学生全面发展	构造富有创新意义的企业理念和设计各种构思奇特的行为方案
策划环境不同	教育环境	更为广阔的市场环境

学校发展策划除了具有上述策划的一般特点——预见性、策略性、可操作性、动态性和风险性之外,还具有策划主体的广泛性、策划目的的服务性等特点。学校发展策划是为了实现学校的发展目的,审时度势,提出新颖的发展策略,并制定具体实施方案的创造性活动。目的是为了提供优质服务,促进学生全面的发展和学

---

① 陈丽等.学校发展策划:理论、方法与实践[M].重庆:重庆大学出版社,2005:7

校的可持续发展。它可以是校长等领导人的自策划,也可以是借助校外专家的他策划,更可以是考虑吸收校内外人士广泛参与的混合策划。学校发展策划的核心和灵魂是创新,是独具的办学理念、别致的办学思想、新颖的行动方案的体现,并且校长是自始至终参与策划和实施的主导者、引导者和执行者。

二、校长在学校发展策划中的作用

校长在学校发展策划中起着非常重要的作用。在所有策划主体当中,校长担当着策划主导者的角色,这是由校长的职位、地位以及作为所决定的。

1. 职位赋予校长开展策划的责任

校长作为一校之长,是学校发展的责任人,他必须对学校的发展负全责,这是他的职位赋予他的责任。校长角色,不仅表明了校长的地位和身份,不仅为其指明了努力的方向,同时赋予了他带有伦理色彩的责任。

在社会环境、教育体制改革的背景下,在学校之间竞争日益激烈的情况下,学校要获得生存与发展,校长就必须根据学校发展的内外部环境,寻找到学校发展的路子,对学校的未来进行谋划和设计。

2. 地位给予校长协调各方意见的条件

学校内部包括管理者和教师的关系、教师和教师之间的关系、师生之间的关系、各职能部门的关系等;学校外部包括学校与社区、教育行政部门、家长和社会其他团体人员的关系等。这些关系都需要校长进行沟通和协调。校长对内管理学校事务,对外代表学校,是内外公共关系的协调者。校长处在学校公共关系的核心地位,起着主导作用。正是这种行政的核心地位,使得校长具备协调、汇聚、整理各方意见的条件。

校长的自策划有其局限性,必要时校长要借助"外脑"(教育专家、教育管理人员等)的参与,争取全校师生的意见,共同为学校的发展策划。当校内或者校外专家等人对学校的发展进行策划时,校长承担着整合校内外资源和协调各方意见的角色,他要根据学校的内外部环境,审时度势,采取先进合理的策划方案和行动,并动员全体成员实施。

3. 作为决定了校长谋划未来的需要

"有所为,有所不为"是我们经常说的一句话,意思是说在需要作为的地方,要敢于采取行动,在不需要插手的地方,要采取"无为而治"的策略。作为学校的校长,也要有所为有所不为。对于学校发展过程中的琐事则可以交给他人去负责,即"不为"。当涉及决定学校发展的战略性环节时,校长就要有所作为。学校管理从经验管理发展到科学管理,再发展到现今的知识管理,这就要求校长角色的转变——由过去的职务型校长转变为职业型校长。做一名"懒校长",不必事必躬亲,要扮演好学校发展的战略家。策划乃是学校发展战略层面的创意活动,是关乎学校生存与发展的大事,校长必须有所作为。

根据马斯洛的需要层次理论,校长也有实现自我价值的需要。而有所作为则是校长实现学校发展,进而达到自我实现的外在表现。教育理念是校长所追求的教育理想的反映,它往往带有对未来的期待和向往,表现为学校发展的蓝图和愿景。而校长要想构思出学校发展的蓝图和愿景,实现学校个性化的发展,就必须进行策划。权力不等于影响力,作为校长,必须具有先进的办学理念和科学的判断力,才能引领全校教师共同去策划学校的办学方向、办学目标,才能以校长的深邃思想和深远的影响力,形成强大的"思想磁场"。

三、校长策划力的锤炼

1. 影响校长策划力的因素

学校发展是校长追求的永恒主题。影响校长发挥策划力的因素很多,但最为关键的是校长个人的素质和能力。

（1）知识功底

校长知识功底的深厚与否,会直接影响到其策划力的发挥。知识功底包括管理知识、学科知识、教育知识、专业知识和策划学方面的知识,以及办学思想、教育理念方面的知识等。

（2）办学经验

校长办学和管理学校的经验,也是影响其策划力发挥的一个重要因素。经验是一笔财富,校长的办学经验代表了其实践的积累。丰富的办学经验,可以促进校长策划力的发挥。

（3）信息素养

现今是知识社会,信息是非常重要的资源。一个好的策划,要求策划者必须充分地掌握有效的信息。信息爆炸,是我们听到的最多的一个词语。可见,校长收集、把握学校发展的各方面信息也不是一件简单的事情。怎样分辨信息、提取有用的信息并充分地利用信息,是校长做好学校发展策划的基础和前提。

（4）能力和思维方法

这是校长发挥策划力的最重要的因素,尤其是创意思维和创新能力。创新,是学校发展策划的本质和核心要求。因此,校长要具有创新意识和创新能力。校长的思维要活、思想要开放,同时也要具有综合分析能力、观察和预见能力、协调能力和决策能力,还要具有策划推行的执行能力等。

2.校长策划力的锤炼

（1）增强策划学习力

校长要着力构建学习型校园,并开展积极的策划学习。第一,校长要意识到策划对学校发展的作用。第二,校长要充分利用校园网络、图书馆等现代教育设施,广泛学习企业、文化、广告、金融等其他行业的策划知识和经验;开展形式多样的学校发展策划研讨活动,与校外专家以及校内广大教职工等广泛交流,提高学校发展策划的理论探究和实践操作能力。第三,在本章第一节"策划热的表现"中,我们列举了一些教育策划的研究文章和专著,校长要潜心学习和研究,以便形成比较系统地理论认知,再结合自己的实践不断提升自己的理论和实践策划能力。第四,不仅自己要自觉自律地学习,还要发动全体教职工参与策划学习和策划实践活动,要营造浓厚的策划氛围,激发广大教职工的策划兴趣,引导教师特别是中层干部积极思考学校发展策划,广泛参与策划活动。

（2）强化创新意识

策略性或创意性是学校发展策划的核心,一个没有创新性的策划方案,无法带领学校走出一条个性化的发展道路,必然不能将学校建成特色优质学校。创意是可以学习和训练的。要想增强学校发展策划的创新元素,必须不断更新自己的教育理念,克服因循守旧,有意识地运用学校策划新思维来思考工作,用学校策划的理论指导实际工作,自觉地在工作中锻炼自己的策划能力。

校长要训练自己的创新思维,可以在工作中有意识地利用一些创新的策略,提炼新颖别致的思路。或者在大量信息资料中,经过整理、判断、分析、综合等,提炼有创意的想法等。

（3）历练"三商"

有学者指出,校长要想发挥好学校发展策划力的作用,就要"情商、智商、胆商"三商并举。智商指的是人的智力指数;情商指的是心态积极、情绪稳定,能识人,看准人的非智力因素;胆商则指人的魄力,能果断地做出判断。校长在进行策划时,需要在纷繁复杂的环境中抓住关键因素,需要调动各方人员的积极性,需要闯出一条新路,这就对其智商、情商和胆商提出了很高的要求。因此,校长要不断地在学习中、实践中潜心历练。

第二节　学校发展的定位

学校发展定位是学校发展策划的第一步,也是非常重要的一步。如果不能准确而富有创意地定位学校发展的理念、方向、特色、途径,那么学校的发展将会受到很大的制约。

一、学校发展中的SWOT分析

SWOT分析法又称为态势分析法,是将与研究对象密切相关的主要内部优势、劣势、机会、威胁等,通过调查列举出来,并依照矩阵形式排列,然后用系统分析的思想,把各种因素互相匹配起来加以分析,从中得出一系列相应的结论。

SWOT四个字母分别代表:优势(Strength)、劣势(Weakness)、机会(Opportunity)和威胁(Threat)。从整体上看,可以分为两部分:SW是内部条件分析,OT是外部条件分析。在学校发展中运用这种方法,可以帮助校长认清对学校有利的、值得发扬的因素,对学校不利的、需要解决的因素,从而为学校进一步发展指明方向。

1. 优势分析

主要是总结学校已经取得的成绩、经验和形成的办学特色等。要列出的是促进和制约学校发展本质的、起决定性作用的因素,呈现的是本校的个性特色(你无我有,你有我优)。通过分析,认识到学校在地理位置、课程建设、教学质量、师资、生源和资源方面的优势和长处。以下是某学校的优势分析,可供参考。

我校经过几十年的发展,已经逐步成熟,创造和积累了很多经验,具备了很多发展优势,集中体现在:

(1)我们具备了较宽敞和优美的校园;较完备、崭新和先进的教育教学设施;较现代化、信息化的教育教学设备。这是我们快速和可持续发展的物质基础。

(2)我们具有几十年积累的成功和丰富的学校管理、教育教学经验;有较先进的办学理念和淳朴、扎实、高尚,且始终激励我们前进的校园精神。这是我们快速和可持续发展的思想基础。

(3)我们具有一个年富力强、团结奋进的领导集体;具有一支年轻化的、兢兢业业、忠诚于人民教育事业的教师队伍。这是我们快速和可持续发展的支柱和生命线。

(4)我们有较充裕的生源,这是我们发展的动力和源泉。

(5)我们有各级政府、教育行政部门及其各级领导的关心、支持和帮助,有教育改革的良好机遇。这是我们发展的有利外部条件。

(6)我们具有不断的创新精神,从教育观念、课程、平台、技术、方法、管理制度、办学资源和办学模式等方面全面创新,这是学校进步的灵魂。[①]

① 案例原载于陈丽等.学校发展策划:理论、方法与实践[M].重庆:重庆大学出版社,2005:40~42,以下劣势分析、机遇分析和威胁分析均来自该案例。

在进行优势分析中,要避免下列问题的出现:

其一,发展优势部分不够突出。如:有的学校所列举的优势并不是学校所具备的,而是过高估计了自己的优势;有的学校并没有正确认识到自己的优势,低估了自己的能力;还有的学校为了穷尽自己学校的优势,方方面面介绍了一大堆,但是到底哪些是学校最核心的优势又没有说清楚。

其二,缺乏优势归因分析。一些学校在进行优势分析时,准确地分析了学校的优势,但却只是讲述了学校取得的成绩,并没有分析为什么取得这样的成绩,是什么因素导致了这些成果的取得。而实际上,成果取得的原因正是校长办学经验的体现,这恰恰是需要进一步发扬的。如果缺乏归因分析,仅仅说某校形成了什么、达到了什么程度等,并不能看出学校真正的优势所在,这样的优势也往往难以持续发展。

2. 劣势分析

主要通过办学历程,对自己的办学经验进行总结,分析当前已经存在或者可能存在的欠缺和不足。分析时,应考虑的因素有:现有办学体系导致的办学质量降低;学校的办学特色不突出,校长的办学理念和教育思想比较落后;学校组织机构问题;学校文化建设不力,对学校发展没有促进作用;学校各类资源的利用率不高,主要是物质资源和人力资源未得到有效使用;校本课程开发不足,或者没有本校的特色;教学质量一直没有改善;和同一类型、同一层次的学校之间失去关键的竞争力等等。

在分析劣势时,要注意避免两方面的问题:一是分析学校不足和问题不突出,把学校方方面面的问题都列举出来,没有重点;二是对学校不足和问题的分析不具体,对问题只是粗略地列举出来,并没有进行细致地分析,很笼统。这两方面的问题要尽量避免,做到抓问题和不足要重点突出而深入细致。

3. 机遇分析

学校发展机遇分析,也称社会背景分析,就是要从国家以及地区政治、经济、文化、教育政策发展的走向来把握学校的未来发展趋势。前提是要对学校所处的地理环境、社会环境,与其他学校发展相比。即建立在前两个分析的基础之上,有一个清晰、明了的认识,在此基础上能够敏锐地发现并及时把握学校发展的契机,促使学校的发展再上一个台阶。发展机遇总是存在的,即便是在困难的形势中也会有希望。

4. 威胁分析

主要考虑国内外学校发展的环境,从中找出学校目前以及将要面临的主要威胁。比如我国加入 WTO 后,对我国基础教育和中等教育发展的制约和不利因素;我国正处在由计划经济向市场经济的转型期,给教育的发展带来很多转型期的问题,如教育转型的缓慢和滞后等;现今的社会,学校之间的竞争越来越激烈,这无疑给各个学校的发展带来了很多挑战和威胁等等。这就需要校长和学校的领导者具

有敏锐的洞察力,及时发现和捕捉,及时解决和转化。某校很好地分析了其存在的危机与挑战,如下:

(1)近年来初中毕业生高峰期的出现,给高中教育带来了巨大压力。

(2)由于经济的区域性差距,市区与远郊区县教师待遇差距很大,优秀教师外流进市区较多,远郊区县优质高中师资出现危机局面。

(3)网吧(尤其是黑网吧)"禁止学生入内"名不副实,一些学生迷恋网吧走上犯罪道路的事例屡见不鲜。夸张点说,网吧毒害了一大批青少年,给家庭和社会都造成巨大损失。

(4)高职教育重视程度不够,社会就业保护力不足,大家共挤普通高校"独木桥"现象加剧,可持续发展战略的实施受到严重制约。

(5)社会上的一些不健康宣传,家庭教育的单一性(重智轻德)与学校德育的不协调。5(周一至周五)比2(周六、周日)德育严重缺失。

(6)新课改方案的实施,需要教师的教育观念、教学思想、教学方法、教学手段等重新调整。

(7)以人性化为特征的校园文化建设显得薄弱。

作为校长,需要非常仔细地梳理自己学校的发展历史,通过资料整理、讨论、调查研究等方式,明确自己学校的发展优势,明确自身发展的关键性问题,深入分析其背后的影响因素,认识自己在改变现状方面所具有的基础和内外条件。并且要审时度势,认真研究和分析学校发展的外部环境和条件,分辨机会和威胁,及时抓住学校发展的机遇,并且勇敢地迎接各方面的挑战。

二、学校发展的理性定位

在策划学校的发展时需要有激情和胆略,但不能冲动和凭感觉做事。理性就是不能单单"拍脑袋",不能想当然,要将学校的发展定位建立在对学校外部环境、内部基础深刻认识和反思的基础之上。

(一)特色定位策略

一些经过规范化发展阶段的学校,为了寻求新的突破,在进行学校发展定位策划时可采取特色定位策略,如将本校定位于绘画特色校、体育特色校、英语特色校、科技特色校等。学校采取特色发展定位策略,特点鲜明,优势集中,容易吸引大批有此需求的学生。一些新建校、合并校在进行学校发展定位策划时,也可以运用这种策略。

北京市宣武区外语实验学校原为南菜园中学,属于发展水平不高的学校,前几年与一所职业学校合并,学校发展举步维艰。后来,该校通过充分地调研分析,发现北京对人才的外语素养要求越来越高,家长与学生也特别重视外语学习。虽然周边有的学校外语教学水平较高,但整个宣武区并没有专门的外语特色校。就本校的情况而言,合并过来的职业学校原有涉外教育专业,外语师资力量较强。于是,该校运用特色定位策略,把外语教学作为自己的核心竞争优势,将学校定位于外语特色校,并将校名改为外语实验学校。同时,该校还在教育教学等方面采取了一系列的改革措施,来凸显、扩大这种核心竞争优势。目前该校发展势头良好。

(二) 空档定位策略

空档定位策略是指学校寻找为许多家长与学生所重视的,但尚未被占领的教育细分市场的策略。学校在自身发展的重要时期(如新建立时、合并时、寻求新的发展时机时),在进行发展定位策划或再定位策划时,都可以采用该策略。

四川成都棕北中学在创建之初,就成功运用了该策略。一方面,成都市棕北小区周边没有一所单设的初中校,附近的几所重点中学均为完中,为了争夺非义务教育的市场份额,这几所学校大都表现出淡化初中教育的倾向,故初中教育是该地区教育市场中的薄弱环节。另一方面,据有关资料显示,1996 年,该区小学中高段的学生人数占整个基础教育阶段人数的50% 左右,未来几年,群众对高质量的初中教育的需求将越来越迫切。据此,棕北中学准确地将本校的发展目标锁定为一所高质量的初中校。该校选择空档定位策略,一方面巧妙避免了与周边重点中学(完中)的正面竞争,另一方面,又通过提出"省重点高中的生源基地"的诉求语,把本校提升到与重点中学并列的地位。此可谓是非常高明的学校发展定位策划。

此外,一些合并校在进行学校发展再定位策划时,可从上文列举的南菜园中学的例子中受到启发。实际上,该校除运用了特色定位策略外,还运用了空档定位策略。

(三) 首席定位策略

首席定位策略,是指追求学校在同类学校中具有领导者地位的发展定位策略。这种策略在具体运用过程中可以根据具体情况来操作。如发展特别好的品牌学校,可追求成为全国领先校,乃至世界一流名校;发展非常好的品牌学校,可追求成为全省、全市同类学校中的首席;次之者,可追求成为本地区、本县同类学校中的首席;再次之者,可追求成为本学片同类学校中的首席。这种定位策略,一般适用于寻求新的发展机会、具有相当实力的学校。一般的中小学在运用此定位策略时,可以采取凸显某种核心竞争优势的办法,争取在某一方面(如德育方面、数学教育方面、寄宿教育方面)成为同类学校中的首席,占据某一方面的领先位置,从而占领某一方面的教育市场。

中国人民大学附属中学是教育部直属重点学校,北京市首批示范高中校。创办于1950 年,位于北京市中关村高科技园区的中心地带,与北京大学、清华大学、中国人民大学和中国科学院相邻,具有良好的人文地理优势。在近60年的办学历程中,特别是改革开放以来,人大附中在校长刘彭芝的领导下,与时俱进、开拓创新,创造了辉煌的成绩。人大附中的超常教育在全国处于领先地位,培养了许多品学兼优、特长突出、全面发展、富有创新精神和实践能力的学生。可以看出,这是一所发展特别好的品牌名校。

(四)高级俱乐部定位策略

高级俱乐部定位策略即强调学校是某个具有良好声誉的小团体成员之一的定位策略。学校如果不能成为同类学校中的首席或难有某种明显的特色,那么采取这种策略不失为一种良策。如有的学校将自己定位于一类学校或二类学校等,就采取了这种策略。

黔东南州三穗县第二中学成立于1979年,是一所初级中学。自1991年以来,坚持以"德育为主,教学为中心,促进学生全面发展"的办学思路,以"团结、开拓、改革"为动力,促进学校全面发展。趁着学校良好的发展势头,学校将申报州级二类示范性初级中学列为2007年工作重点,并且申报成功。三穗二中就是采用了高级俱乐部的发展定位战略。

(五)战略同心圆定位策略

战略同心圆策略是指以学校管理中一个方面为突破口,作为圆心,重点发展,进而辐射四周,带动其他工作的发展。这种策略要求能够找准学校战略发展的"圆心",进而通过圆心的研究和发展,来统领全校各方面的发展。

无锡市南长街小学就采取了战略同心圆定位策略,确立了"向科研要质量"的办学理念。陆菊芬校长说:"现在是改革碰撞时期,办学要坚持战略同心圆策略,要将学校的工作紧紧盯住圆心——教育科研。"陆校长确定自己学校的发展圆心后,就亲历亲为,始终坚持抓科研,从1995年开始启动教学科研课题,就以教学科研作为学校发展的突破口。她不但自己主持课题,而且还写了很多有影响的高质量论文,她还要求教师在日常教学中渗透科研,自觉在工作中总结教学特色,并上升为理论。她还开展了以科研促管理,从四个方面保证:制定了科学的年度发展目标,以教学质量来确定工作任务和目标的方针;加强了教学常规管理;组建了"专家委员会"和"家长顾问委员会";建设教师科研队伍。陆校长的"向科研要质量"的办学理念,让南长街小学在科研、教学、管理和人才培养上取得了丰硕的成果,并为学校博得了一个又一个荣誉。[①]

---

① 杨永昌.名校长的高绩效领导力[M].北京:九州出版社,2005:167～170

一所学校在进行发展定位策划时,可能同时采用多种定位策略,如特色定位策略、空档定位策略、首席定位策略等。这样,可使学校发展定位更饱满,更立体,更能全面展现学校的核心竞争优势。但是,在运用多种定位策略进行学校发展定位策划时,切忌定位繁杂,因为过多过繁的定位难以使家长与学生很快、很准地识别学校,且容易给人留下核心竞争优势不突出的印象。

第三节　学校发展规划的编制

学校发展规划兴起于20世纪80年代的英国,它强调通过制定和实施学校发展规划以实现学校教育的发展与提高,它为学校转变管理思想、凝聚各方共识、分析诊断学校存在问题、帮助学校理清思路、实现可持续发展提供了一个有效的平台。近年来,我国有越来越多的学校也加入了编制和实施学校发展规划的行列。

一、学校发展规划的编制步骤

由于学校发展规划产生的时间不长,因而其编制并不存在固定不变的程式,在此就编制的一般步骤和关键环节作一些说明。

(一)学校发展规划编制的一般步骤

根据学者们的研究,学校发展规划编制的操作流程如下图所示,从中可以看出其步骤主要包括八个环节。

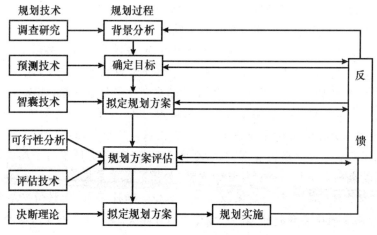

图2-2　规划编制程序图

资料来源:黄兆龙.现代学校发展规划研究[J].中小学管理,2005(11)

第一步,确定参与制定学校发展规划的人员。不仅应包括有影响力的人群,如上级主管领导、社区的成功人士、学校管理人员等,也应包括处境不利人群,如教学效果差的教师、家庭经济困难的学生家长、成绩不好的学生等等,这是制定能够被广泛认同的发展规划的基本点。

第二步,通过有关的活动,动员相关人员在制定发展规划的过程中充分发挥主体性、自主性,采用"头脑风暴法",鼓励畅所欲言。

第三步,将多种方式收集来的对学校存在的问题、发展的意见和建议,进行必要的梳理,在制定学校发展规划的前期进行系统分析,分门别类地加以概括,并呈现给参与学校发展规划制定的每一个成员。

第四步,明确制定学校发展规划会议的目标和活动程序。即确定会议安排、活动程序、基本要求等。

第五步,在上述步骤的基础上,描画学校发展远景。建立共同愿景、确定目标、任务陈述、行动计划、评价方案等等。

第六步,撰写、讨论并报批学校发展规划。

第七步,学校发展规划的评估和调整。

第八步,学校发展规划的实施和反馈。

(二)学校发展规划的关键环节解析

制定现代学校发展规划的过程一般包括5个主要的关键环节。

1. 背景分析

学校在制定发展规划时,一般都会成立一个临时工作机构。临时工作机构需要在明确任务与时限要求的基础上,进行调查研究,对影响学校发展的各种外部环境进行分析,从中找出影响力和制约力最大的因素。同时要对学校自身发展现状进行剖析,既要分析自身优势,把握发展机遇,更要从学校发展中存在的问题入手,寻找差距和不足,突出重点和急需解决的问题,以此作为学校发展的着力点和突破口。

2. 确定目标

目标直接影响着现代学校发展规划的拟定、选择和实施。因此,学校发展目标必须具有战略性和明确性,不能含糊不清、抽象空洞。学校发展战略目标必须是单义的,必须有检测标准和约束条件。整体目标与部门目标必须统一,并形成互相支撑的战略目标体系。此外,确定学校发展目标一定要根据需要与可能,既需量力而行,又要尽力而为,切忌凭主观愿望,提出不切学校实际的过高或过低的目标。

3. 拟定规划方案

学校发展战略目标确定后,需要研究实现战略目标的途径和办法,即拟定学校发展规划方案。规划方案的内容将在下文阐述。

4. 规划方案评估

对拟定的各种备选的学校发展规划方案,需要从理论上进行综合分析,然后,对其进行评估。在评估论证阶段,学校需要邀请专家学者与有关人员,组织评估会议,广泛听取各方面的意见,对各种备选规划方案进行经济效益、社会效益、教育效益、科学效益、环境效益以及社会心理效应的分析与评估,找出它们之间的差异,并寻找各自的特点、长处和短处,改进或修订原有的某个规划方案。

5. 规划方案选优

在对各个规划方案进行分析评估的基础上,可依据既定选优标准,从中选取一个比较令人满意的规划方案,或是在听取专家学者与有关人员的意见和建议后,进行综合分析,对某个规划方案进行修改,使其成为一个较完善的方案。规划方案选定并修正完善成文后,需报请教育行政部门审议,审议通过后,要制定学校发展规划的具体实施计划,以保证学校发展规划的有效实施。在实施现代学校发展规划的过程中,随着各方面的制约因素不断发生变化,原规划不可避免地会出现许多问题,因此,学校管理者要认清发展规划的可变性、渐进性,并不失时机地依据多方反馈对规划进行补充和修正。①

三、学校发展规划的文本撰写

学校发展规划应形成文本材料,以便对学校成员进行宣传教育,提高他们执行规划的自觉性,并在规划的实施过程中通过与文本的对照发现存在的问题,及时予以解决,保障规划的顺利推行。

(一)学校发展规划的基本内容

学校发展规划的文本内容从整体和部分的角度分为:学校整体发展规划和学校专项发展规划。学校的整体发展规划包括了学校发展的各个部分,而学校的专项发展规划仅仅指的是学校发展的某一部分,比如教学发展规划、学校管理发展规划、科研发展规划等。一般地,发展规划的文本内容应该包括以下几方面的内容:

1. 发展现状

编制学校发展规划的第一部分是学校的现状介绍,也是对学校的现状基础有一个清楚的把握,这是编制规划的基础。学校的发展现状,也有整体现状和部分现状。就整体现状而言,主要包括学校发展的历史、学校发展的现实情况、教育发展的形势、教育政策和理论、学校发展的内外部环境、学校面临的主要挑战和机遇等。

---

① 黄兆龙. 现代学校发展规划研究[J]. 中小学管理,2005(11)

在这一部分,尤其要突出学校的主要问题、主要优势、主要挑战和主要机遇等四个方面。

2. 指导思想

一般是指校长要结合党和国家有关的教育方针政策,以及先进的教育理念等,确立本校的指导思想。目的是明确学校教育的发展方向,使学校的发展与国家教育的发展基本保持一致。

3. 核心理念

核心理念指的是在指导思想下确立的办学理念,它是学校发展规划的核心所在。学校发展规划的编制,实际上就是对学校办学理念的科学解读和智慧转化。办学理念对办学起着定向的作用,对学校的发展至关重要。办学理念的核心是教育目的观和教育价值观,学校的办学理念一方面要与国家的教育方针政策保持一致,另一方面又要凸显学校自身的特色。

4. 发展目标

发展目标是学校发展规划的重要组成部分,它是在指导思想和核心理念指导下所确立的。发展目标可以说是对核心理念的诠释和分解。学校发展规划的目标是一个体系,由许许多多不同种类、不同层次的目标所组成。从时间上来看,有最终目标、阶段性目标、近期目标。从性质上看,有实质性目标和工具性目标,实质性目标主要指办学目标、培养目标;工具性目标包括事务工作目标(德育工作目标、课程教学目标、管理工作目标、科研工作目标等)和具体项目目标。从人数上看,有团体目标和个人目标。

5. 实施项目

实施项目指的是学校的发展要素,有的学校叫作发展措施,其实都是一个意思,即指在哪些具体方面进行规划。这一部分是规划中最为具体、操作性最强的部分,它们的制定是各项目标和任务明确化的过程。

发展要素必须能够体现发展目标所涉及的各个方面,包括学校德育、课程、教学、科研、文化、内外部行政管理、党团建设及后勤服务等。在保证全面的同时,更应注重突出重点。同一领域的不同阶段,或同一阶段的不同领域,在发展的侧重点上都会有所差异,要结合学校的独特情况,安排好先后顺序,处理好主次关系。

6. 保障体系

保障体系是指为服务于发展目标和发展要素而需要提供的人、财、物等必要资源及其相关的学校制度等。保障体系是学校发展规划能够顺利开展和进行的保障机制,主要包括:

(1)组织机构和制度体系

在进行规划之前,要认真审视学校的组织机构和制度体系,尽可能去完善和规范。在规划之后,更要完善和改革内部管理机制等,实现管理制度的创新,以便能切实地实现规划。

(2)人力资源

包括学校的师资队伍、管理者队伍、领导班子以及生源,尤其是教师队伍。要做到以人为本,合理配置,培训有力。

(3)物质资源

主要包括学校的办学经费、财务管理、课程资源、硬件设施等,要特别注意课程资源。要做到物质资源配备齐全、充足。

(4)学校教育科研

学校发展规划是对以往优良传统的继承,更是对未来的开创,往往缺乏现成的经验可资借鉴,因此需要借助教育科研来加以引领。推进教育科研工作,首先要营造科研氛围,其次要加强对科研工作的管理,同时要做好科研成果的推广工作。

(5)学校信息平台

随着人类进入信息化时代,以网络、多媒体等为载体的信息技术冲击着传统的教育。因此,学校要将信息技术运用于学校的教学中,用先进的信息技术为学校发展规划服务,为学校教育服务。

(二)学校发展规划文本内容的规范

1.用确切凝炼的文字表达

确切和凝炼的语言是规划最基本的要求,但是有些发展规划文本在写作过程中,经常出现含糊不清和冗长的毛病。作为校长,不管是对已有的规划还是正在编制的规划,一定要检查是否也存在类似的问题。

一般地,要求用语准确、到位、突出特色,尤其是学校发展目标的确立上。发展目标指学校经过若干年努力希望达到什么状态、达到什么标准。一所学校发展目标要与自身定位相吻合,要用确切的文字来表达。在表达时不能"空洞"、"空泛",要充分显现本校的特色、特性,也就是说要用确定性语言来表达,具有不可替代性。

2.正确地把握规划的基本内容

学校发展规划的一般内容包括学校现状、指导思想、核心理念、发展目标、实施项目和保障体系。每一部分包括什么,要写什么,要怎么写,校长都要明了于心。比如对实施项目和保障体系的理解和把握,如果区分不清,势必在编制规划的时候造成混乱。所以,作为引导规划写作的校长,必须首先清楚每一部分及其内涵。

关于实施措施,有些规划只是一些"想法",而不是"做法"。甚至有些实施措施和目标混淆在一起,不能体现出目标引导下的配套措施。这些问题,都是需要避免的。

3. 系统地整合

在编制学校发展规划时,一定要用系统论的观点进行整合。规划的每一个部分和整体之间都是互相联系的,不是孤立的。每一部分都要体现学校的指导思想和发展目标,都要紧紧围绕发展目标展开。不能脱离指导思想和目标,而空谈一些措施,也不能离开学校的现状而"指点江山"。

系统的内涵还强调要突出重点,抓关键,不求面面俱到。在整体规划的基础上,学校选择优先发展项目也相当重要。学校是一个社会组织系统,系统内的事情千头万绪,学校不可能一下子完成所有事情。如果不确定优先发展项目,校长和学校教职员就会忙于各种繁杂事务,找不到方向,学校工作则会处于应付和低水平重复状态,这显然会降低学校管理的效率。

第四节　学校发展规划的执行与评估

学校发展规划从编制、方案的选定到实施和评估是一个系统的工程,一个完美的规划要有一个完美的执行,否则再好的规划也只是纸上谈兵。校长在实施和反馈阶段,要做好学校发展规划的执行和评估,以便于在进一步地工作中进行调整和修改完善。

一、规划执行的重要性及执行中的校长角色

有的校长十分重视规划的编制,当文本撰写完成后就以为可以高枕无忧了。其实,这样的想法是错误的。规划的文本只是提供了一个好的开端,后续还是有许多工作等着校长去做。

(一)规划执行的重要性

学校发展规划是一个包括规划的编制、组织实施、评估与反馈的动态过程。它不仅是要让教职工认识和理解,更重要的是要其执行。先来看两个案例[1]:

学校 A:作为一所具有七十多年办学历史的省级示范性中学,学校已经是当地的一所名校,学校的管理较为规范,在制定学校的发展规划时提出学校的目标是——"更上一层楼,成为国内名校"。相应地,他们还对学校各项主要工作进行了分块规划。应该说,规划做得很不错,文字表述严谨、内容充实。但由于学校的

---

① 刘海波.学校规划执行中的困惑与解决策略[J].人民教育,2007(5)

发展已经到了一定的水平,各个部门都在规范地运行,反而使得规划的文本对于学校改进的作用并不明显。学校按照校领导的管理思想在发展,校长的思路变化比规划更重要,因此,规划往往成为了被遗忘的东西。在政府进行学校评估时,因为上级要求对照学校发展规划进行阶段性检查,学校领导匆忙布置有关部门将工作成绩与规划文本建立"联系"。由于学校的基础较好,最后也总结出了一大堆成绩,顺利地通过了上级评估。

学校B:作为一所区级普通中学,办学条件较差,学校面临着生源困难、师资队伍不够理想和人心涣散的局面,上级从某示范性学校调来一位校长。临危受命,新校长一心想改变学校的落后面貌,但如何才能促进学校发展呢?校长想到,应从学校的规划做起。因为规划涉及到学校的各个方面,校长带领一批骨干确定了学校的主抓方面,建设两个特色学科,制定了第一个三年规划。经过艰苦的努力,三年后,学校的面貌发生了较大变化,取得了令人瞩目的成绩,成为当地一所质量较好的学校。在新的形势下,校长又适时地组织了第二个三年发展规划的制定和实施。

从这两个案例的对比中,我们不难发现,第一所学校的规划虽然做得很好,但却成了一种"形式"和"工作需要完成的任务",对学校的发展没有起到应有的作用;第二所学校的规划成了工作纲领和抓手,校长带领大家执行规划,最终规划得以实施,且效果显著。第二所学校之所以办学成功,就是因为学校发展规划真正发挥了作用。他们不但做到了"制定",而且做到了"落实"。

(二)规划执行的校长角色

为了避免学校发展规划在拟定之后束之高阁,校长要在规划的执行和实施中扮演好四方面角色:第一执行者、实时的监控者、全员的发动者、坚定的保障者。

1.第一执行者

执行是一个过程,它根据规划所确定的任务,将学校的工作按照一定的时间顺序进行连接,伴随着学校发展的整个过程。"一把手"的重视和亲身力行,往往能使事情顺利地进行。校长作为学校的一把手,对学校的各项工作负主要责任,是第一责任人。对于学校规划的落实和执行,校长当然要坚决地维护和执行。不但要思想上重视,更要行动上实践。

校长需要高度重视发展规划的执行,学习有关执行的管理理论和方法,及时研究执行中出现的问题,分析影响规划执行的原因,调整执行策略和改进工作方法,促进发展规划的顺利实施。

校长要做好指导工作。这就要求校长能够站在整体的角度,统揽全局,进而指导协调各方面的工作。校长毕竟不是学校的主宰,不能对所有事情都亲自过问。

对发展规划的执行,同样如此。校长应学会授权,分层管理;强化层级责任制,大权独揽,小权分散;各司其职、各尽其责,权力级级有,责任层层负。校长不要对执行的每一个细节都过问,要抓大放小,把自己有限的精力和时间放在最应该做的事情上,从而使工作能够事半功倍。

2.实时的监控者

校长要能在规划执行的过程中,适时地进行监控。要不断地观察和思考规划的可操作性和可行性,监控各项工作的开展和进行,关注各项任务的目标达成情况。同时,校长要积累经验,加强应对变化的能力。校长和学校管理者要认清学校环境的可变性和实施的渐进性,并不失时机地依据多方反馈对规划进行补充和修正。

3.全员的发动者

规划的执行需要有一个好的团队,学校的各级组织、全体教职工都是落实规划的主人。这要求校长能够立足于规划,充分挖掘学校的人力资源。学校发展规划从研制到实施,都不能是校长一个人的事情。尤其在规划的实施阶段,校长要做好发动者的角色。在规划的实施上,要积极发动全员参与。只有全员参与,全程监控,才能防止规划文本成为抽屉文件,避免规划工作仅仅停留于制定阶段。其中,校长尤其要重视发挥教师的积极性。因为广大教师是各项工作展开的一线人员,发动教师在日常教育教学工作中践行,可以保证规划的有力执行。需要注意的是,要达到人人参与、时时监控,学校及校长就必须制定合理的激励和督导制度,并竭力使制度深化为人们的自觉意识和行动。

4.坚定的保障者

这主要是指校长和学校的管理者能够为规划的落实,配备完备的人力资源、物质资源、财力资源等,要合理使用,使其发挥最大的作用。同时,在准备各方资源时,要留有余地,不能把全部的资源都使用上。留有余地,是一种应对危机的预警机制,是为了防止规划进行中突发变化的发生。

二、发展规划的评估与调整

任何一个学校发展规划,在执行中都可能遇到变化的情况,特别是资源和政策的变化。因此,需要进行适时的评估,通过评估来调整规划和年度工作计划。

(一)评估组织

学校发展规划的评估组织包括内部组织和外部组织,具体的评估组织形式主要有四种,采用何种方式进行评估,应根据学校的具体情况来确定。

1. 内部组织

内部组织是指由学校内部人员组成的评价小组,对学校的规划进行评价。主要有两种:

第一种是由学校规划系统内部人员组成规划评估论证小组。负责对规划制定及规划执行进行评价。这种形式容易组织,但由于规划的制定者与评价者比较熟悉,很难保证规划评价的客观性。

第二种是由学校规划部门与其他部门人员共同组成规划评价小组,合作对规划制定及执行进行评价。这种形式没有第一种形式那样容易组织,但规划评价的客观性要强于前者。

2. 外部组织

外部组织是指由学校以外的人员组成评价小组,对学校发展规划的制定实施进行评价。主要包括两种:

第一种是聘请学校规划系统外部的专家组成评价小组,独立对规划草案进行评价,采用这种形式的评价客观性最强,效果最好。

第二种是将规划面向社会公布,广泛征求社会各界对规划的不同意见,在此基础上组成专家评价小组,对规划作出集中评价。这种形式能够获得关于规划的大量意见,促使对规划的评价更加客观和严谨。

(二)评估原则

学校发展规划的评估应遵循目的性、过程性、参与性、连续性、开放性的原则。

1. 目的性

评估要有目的性,每一次的考核评价都应该针对各项任务和行动计划的实施状况和目标的达成状况进行。

2. 过程性

使评价活动与学校的发展规划的实施进程相结合,做到形成性评价和终结性评价结合,以形成性评价为主。

3. 参与性

学校自我评价仅仅依靠学校领导是不够的,还要靠全校教职工和学生,尤其要调动广大教师的积极性,让评价对象以一种积极公正的心态开展自主评价活动。这样不仅有助于增强学校成员作为发展主体的意识,而且由于学校成员对学校状况最了解、最清晰,他们积极参与反思、讨论和评价,将有利于评估工作的科学性、可行性。

4. 连续性

学校管理过程是计划、组织实施、评价这一循环的完整运作过程。从整体上看,一次评价并不意味着学校管理活动的完成,而意味着下一个管理过程的开始,因而学校的可持续发展需要有可持续的评价活动作保证。

5. 开放性

在学校发展规划执行过程中,学校应当安排时间,让学校共同体有关人士(教育行政部门、教育督导部门、社区、家长代表)参与监控和评价规划实施的效果。以一种开放的心态,迎接广泛监督和评价,做到集思广益,积累工作的经验。

(三)评估内容

规划执行的评估可以重点考察下面一些内容[①]:

1. 发展目标

学校的发展现状与发展规划目标有哪些差异? 存在差异的原因是什么? 哪些影响因素是学校可以控制或不可以控制的? 发展目标是不是需要进行修正?

2. 学校资源

学校发展规划中确定的任务所需要的资源能否充分、及时地得到满足? 资源的使用效率和效益如何? 资源配置是否公平、合适? 特别是学校的人力资源、财力资源、信息资源等,占有情况如何?

3. 内部协调

学校规划的执行任务是否得到了有效分解和整合? 各部门的工作是否按照发展规划进行了更为细致的项目管理和时间安排? 各个部门之间的关系是否协调? 特别是,对规划任务的理解是否有共识? 沟通是否及时和通畅? 部门之间的利益是否建立在学校的发展基础之上? 部门之间的摩擦是否影响到了学校规划的整体执行? 哪些人是学校规划的主要执行者? 应该参与的人是否都参与了? 他们在参与过程中的态度和积极性如何?

4. 未来部署

下一阶段主要解决哪些问题? 是否已经做好了准备?

(四)改进调整

学校发展规划执行的监控和评估,都是为了改进和调整规划,使规划更加完善和符合学校的发展需要。要重视结果所揭示的新情况、新问题,加强研究,真正体

---

① 刘海波.学校规划执行中的困惑与解决策略[J].人民教育,2007(5)

现评估促进学校发展规划改善的作用。

制订学校发展规划，其重要性并不在于拿出一个学校"文本"，关键在于实施。因此，规划执行过程中实施自我监控非常重要，尤其是全员监控，全过程监控，它有助于学校进一步完善和修订规划。校长及学校行政部门要充分利用评估这一管理手段，组织学校成员对学校发展状况进行自我监控、调整、改进。需要根据学校自身的实际，建立必要的评估制度，确保评估活动规范、有序地运作。

从学校发展规划的整体评估上来说，自我评价、自我监控的策略、方法、标准和过程应该是当今学校规划重点要思考的内容。譬如，如何增强学校内部全体员工的自我评价意识；如何在时间上、空间上保证自我监控机制的运行；如何形成和完善自我评价的指标体系或目标的达成度，等等。对于校外人士的评价，也要虚心接受和充分利用，做到以自我评价为主，以外部评价为辅。

训练项目

假设你是下面这所县级中学的校长，你该怎么策划和制定规划让学校走出困境，能再展现昔日的风采？

A中学是某县的一中，也是该县唯一一所县属重点中学。学校建立于1951年，最初是一所完中，到了1995年变成只有高中的中学。20世纪90年代以前，这所中学在省中很有名气，为各方培养了很多优秀的人才。但是，奇怪的是到了20世纪90年代初，这所学校的发展势头急转直下，尤其是学校的生源开始不稳定，并且生源流失严重，以至到了现在，学校的生源很差，学校发展举步维艰。

究其原因，有很多方面。90年代以后，邻县一中越办越好，一些民办中学异军突起，学校之间开始出现了招揽优质学生的现象；人们的观念发生变化，但是让孩子上好学校的观念却越来越强，对优质教育的需求越来越大，以前不愿让孩子离开家，但是现在宁愿送到远地方，也要为孩子选一个好学校；该县一中也逐渐留不住优秀的师资，师资队伍的水平明显下降；学校之间的竞争越来越激烈，有些学校的校长甚至直接去"买"学生，即直接给提供优质生源的学校钱等等。该县一中的发展可以说已经没有什么竞争力了，现在的发展也毫无生机可言。

思考的问题

1. 制约学校发展的最主要的问题是什么？真的是生源差吗？
2. 分析学校生源差的原因是什么？
3. 校长在改善学校发展方面发挥了什么作用？
4. 校长应该采取什么方法来突破发展的瓶颈？

5.假如您是这所学校的校长您会怎么做?

行动计划

1.对学校进行 SWOT 分析,找准学校发展的优势和劣势、机遇和威胁。

2.准确定位。当全面了解学校后,就需要校长将自己的教育思想转化成办学理念,确定学校发展的中心。如,可树立"教好每一个孩子,对每一个家庭负责"的办学理念。

3.制定学校发展规划。最好能制定出详细的学校发展规划,可以比较系统地把握学校整体的改革与发展。

4.坚定地落实。当规划制定出后,校长就要抓好执行和落实,切实将办学理念落到实处。

5.反馈调节。根据学校的办学实际和实行情况,不断调整规划中不合理的成分,使其完善。

第三章　组织变革的推动力

> 每件事必须在某个时间段或另一个时间段发生变化,否则一个稳定的社会就不会得到发展。
>
> ——[加]迈克尔·富兰

●引导性案例

S中学的扁平化管理改革①

S中学是一所具有百年文化底蕴的老校,在新的历史时期,结合学校实际和三年规划,学校从2005年8月实行扁平化管理。

改革以后,S中学建立的是校长负责、党组织保证、工会教代会民主参与和监督的管理体制。管理中坚持"一个重心、两个并重"——"一个重心"就是将管理下沉到年级组,以年级组为重心;"两个并重"就是既重视教研组的教学管理功能,又重视年级组的教育教学综合管理的功能。中层机构承担管理工作的主要职责调整为"参谋与服务"的作用,而主要功能不再是落实校长室决策并实施管理的作用。其中,"参谋"是指中层部门上为校长室的决策和评价提供信息,"服务"只指为年级组、教研组和教师的教育教学活动提供条件和保障。另外,学校将校长室、年级组、教务处、政教处方面的职能也进行了调整。

扁平化改革提高了决策效能,调动了教师的积极性,提升了教育质量。但改革进行得并非一帆风顺,遭到了一些人的反对和抵触,出现了校长室后续管理缺失、中层角色转换不到位、年级组管理跟不上改革要求等问题。

面对存在的问题,S校认真总结经验教训,寻找产生问题的根源,积极思考改进策略。目前,新一轮的改革已经启动。

在教育改革风起云涌的今天,墨守成规是没有出路的。然而,S校的改革之路告诫我们,学校的组织变革不能仅凭管理者的一腔热血和一厢情愿。作为学校的最高行政负责人,校长必须思考组织变革的原由、目标和方向,在推进改革时做到慎重、坚定,并且讲究策略。

---

① 改编自邓志文.中学的扁平化管理改革的案例研究——基于上海市S中学的调查与分析[D].华东师范大学,2008

第一节　校长与组织变革

学校所处的内外环境始终是在变动之中的,只有随之作出相应的调整,学校才能适应环境的变化,赢得生存的机会和发展的空间。在学校的组织变革中,校长扮演着一个不可替代的角色。

一、组织变革理论概览

对于组织变革,研究人员给予了极大的关注,形成了丰富多彩的理论成果。在此,仅就其中比较重要的一些理论观点做一梳理。

(一)变革维度理论

利维特(H. Leavitt)指出,在组织变革中有四个相互作用、相互依赖的因素,即任务(组织的目标,如提供服务,生产产品等),人员(执行任务的人)、技术(工具、计算机等)以及结构(工作流程、制定决策的权力、沟通等)[①]。据此,我们可以将学校组织变革的维度划分为学校组织任务变革、学校组织人员变革、学校组织技术变革和学校组织结构变革。

除了上述四个方面以外,张水玲在《社会转型时期公立中小学组织变革》一文中还提到了学校组织文化、学校组织形态和学校组织功能等变革维度,这些方面在变革中也是需要加以关注的。

(二)变革过程理论

1.勒温等人的见解

组织变革不可能一步到位,通常需要经历一个过程,勒温(K. Lewin)将这一过程划分为:①"解冻"。这一步骤的焦点在于创设变革的动机。鼓励员工改变原有的行为模式和工作态度,采取新的适应组织战略发展的行为与态度。②"变革"。变革是一个学习过程,需要给干部员工提供新的信息、新的行为模式和新的视角,指明变革方向,实施变革,进而形成新的行为和态度。③"再冻结"。该阶段要利用必要的强化手段使新的态度与行为固定下来,使组织变革处于稳定状态。

继勒温之后,许多学者也提出了各自的见解,如比尔将变革分为"不满意——过程——模式"三阶段,坎特提出了"从传统和危机出发——战略决定和首要行动者——行动工具和制度化"的观点,贝克哈德和哈里斯认为变革包括"目前状

---

① W·沃纳·伯克.组织变革——理论与实践［M］.燕清联合译.北京:中国劳动社会保障出版社,2005:157

态——转型状态——未来状态"的三个环节。虽然学者的表述方式有所不同,但组织的变革过程一般都包含三个部分:发现组织的缺陷;带领组织经历一个艰难的过渡阶段;最后到达理想的状态。

2. 学校的变革过程

我国香港学者郑燕祥参考勒温的理论,把校本改革过程分为三个阶段:准备、改革及再稳定阶段。

表 3 - 1 学校组织变革的阶段划分

准备阶段	改革阶段	再稳定阶段
●辨认、建立及宣传改革的需要	●在管理/教学/学习上实施科技改革	●辨认改革的外显及内在优点
●通过校本机制,计划改革目标及政策	●实施在管理/教育/道德公民方面,有关价值信念之文化改革	●找出并除去不利的效应
●分析力场及发展策略		●估计改革之各类代价
●增强推动力	●对有关成员个人/小组/学校层面的情意、行为及认知方面,作出改变行动	●评估改革效能
●减弱抗阻力		●推荐做以后改革参考
●借教职员发展让有关成员作好心理(即认知及情意)及技术上的准备	●监察改革过程及确保向目标进展	●修正有关的科技改革
●准备改革所需的资源	●澄清焦虑的心理及技术不明朗因素,减低对改革的潜在损害	●将成功的科技改革制度化
	●学习新理念及技术,发展目标	●将成功的文化改革内化
		●澄清因失败经验而生的不明朗
		●情况及困惑,鼓励持续学习

资料来源:郑燕祥.学校效能与校本管理:一种发展的机制[M].
上海:上海教育出版社,2002:210

除了上述理论以外,还有变革型领导理论等重要的学说,我们将在第十一章详细阐述,此处不再赘言。

二、学校组织变革的价值取向

在学校管理中,机构重叠、人浮于事、过分强调统一性和服从性的现象并不鲜见。这些现象的存在已经严重阻碍了学校的发展,因此,学校进行组织变革势在必行,而且迫在眉睫。

(一)学校"组织病"的表现与危害

在学校中,离不开统一要求、行政命令、集权统治等方式,但当这些手段被不加节制地滥用时,学校便患上了过度科层化的"组织病",突出地反映在以下一些方面：

1. 森严的等级体系人为地造成了管理阶层与被管理阶层的对立

教师是学校的主体力量，多数管理者都是由讲台走上行政管理岗位的，他们往往仍然保留着教师的身份。按理说，教师本是一个"平坦"的职业，它并没有多少级职业阶梯。但在科层化管理中，必须突出行政领导的权威，于是等级观念被不恰当地强化了，等级差异被不合理地夸大了。当学校在组织结构上构建起森严的等级体系之时，管理者便从教师队伍中剥离出来，他们的地位得到了抬升，成为凌驾于教师之上的统治者。本是一家的管理者和教师分别被划分到管理阶层与被管理阶层中去，由此两大阵营的矛盾与冲突便在所难免。

2. 单向的"命令—服从"关系妨碍了学校成员主体精神的发挥

传统的管理以自上而下的权力等级链为载体，通过上级的命令指挥、下级的服从执行来实现。为了保障学校组织的平稳运行，学校领导的行政命令被赋予了不容置疑的权威，下属人员的任务就是忠实地执行上级的各种指令。在这样的运作中，上级习惯了发号施令，下级也习惯了对上级的等待与依赖。久而久之，学校成员就会在单向的"命令—服从"关系中迷失"自我"，丧失作为独立个体的主体精神，一切等待上级的工作部署。他们把自己的工作大脑交给了学校领导，变得只会为上级办事，而不会主动地开展工作了。

3. 隐含的"秩序至上"的行为准则严重抑制了教师劳动的创造性

在科层化管理中，衡量工作好坏的首要标准是秩序。这种价值取向虽未明示，但却是置身于其中的每一个人都能真切地感受到的。一切管理手段都是指向秩序的稳定，学校管理的理想境界就是各项工作井然有序，学校总体"平安无事"。这种对秩序的过度关注必然导致管理上的守旧，在管理职能上只求维持与稳定、不讲创新与改革。因为任何创新都必然打破旧有的秩序，一切改革都要以暂时的不稳定为代价。所以，创新之举往往遭遇压制，改革措施常常受到排斥。任何一本教育方面的著作都明白无误地告诉我们，教师从事的是一种创造性的劳动。然而，在规范与稳定的旗号下，教师的工作被限定为一种近乎机械、刻板、程式化的活动，创造性被无情地扼杀了。[①]

(二)学校"组织病"的原因诊断

学校管理陷入科层化的误区，其根源在于人们对学校组织特性的把握上发生了偏差。采用科层化管理方式，其前提是学校必须是一个科层制组织。那么，这一

---

① 郭继东.走出学校管理科层化的误区[J].江苏教育学院学报(社会科学版),2002(3)

个假设是否成立呢?

韦伯(M. Weber)认为,科层制组织应当具备分工和专业化、非个人取向、权力等级体系、规章制度、职业导向等特征。不可否认,上述特征在学校组织中均能找到,但我们并不能因此就认定学校是一个科层制组织,因为正如波拉德(A. Pollard)所指出的那样,在学校中还有着非科层制特征的存在:①学校组织并不像工商企业组织或行政组织那样具有明确一致的目标以及清晰可分的工艺过程,因而不可能对教师的工作业绩进行完全客观的评价;②学校组织中的主要角色是教师,而不是科层制组织中的行政人员;③教育工作所关注的是以人的变化为标志的教育目的的实现,所以师生互动关系必然广泛地涉及知、情、意、行等各个方面,难以做到科层制组织所要求的纯粹的非个人取向;④在规模较小的学校中,组织结构十分简单,几乎看不到任何科层制的痕迹;⑤过度的科层化必然会增加对教学人员的困扰,降低学校组织的教育效果。这就意味着学校并非典型意义上的科层制组织,它至多只能说是一个半科层制组织。

既然学校只是一个半科层制组织,那么其组织特性的另一半是什么呢?埃齐奥尼(A. Etzioni)根据组织的专业性程度,将中小学校定性为半专业组织。作为一个半专业组织,在这样的组织中,专业人员所占的比例较大,他们具有专业技能,坚守专业伦理,比较关注同行的意见,反对行政干预专业性的事务,主张以学识和各种标准为基础的自我管理。这就意味着对于学校这种组织,不能完全套用科层化管理模式,传统的学校组织恰恰是在这一点上犯了致命的错误。学校管理者没有清醒地意识到学校是一个半科层化、半专业化组织,想靠严密的机构来维持纪律,用命令的方式来树立领导者的权威,借强迫的手段来加强外在的控制。结果背离了学校组织的本性,在科层化的误区里越陷越深。

(三)学校组织变革的价值诉求

1. 简约化

不断变化的环境因素对学校的要求越来越高、越来越多、越来越多样化,为此,不少学校采用增设组织机构的方式来应对,致使学校部门林立。有传统的德育、教学、后勤之分,也有年级、教学部、信息中心之别,还有因事业发展而设国际部、服务公司等。整个管理组织貌似严密,实际上反应迟缓,协调困难,效率难以提高。

近年来,不少学校在组织机构的调整方面进行了有益的尝试。比如,有些学校在横向上将机构进行归并,把分设的政教处、教务处合并为教导处,这样既减少了机构的数量,又防止了教育教学"两张皮"的现象;撤销总务处,实行后勤服务社会化,将后勤保障方面的协调性工作交给校长办公室兼管。有些学校则是在纵向上减少管理层次,建立以年级组为主的组织结构,或将职能处室改为与年级组平行的单位,变以往的"指挥—执行"为彼此的配合、协调与服务;或取消政教处、教导处等中层机构,将其职能移交给年级组,变三级管理为二级管理。凡此种种,都大大地简化了学校的行政管理。

2. 民主化

从组织变革的角度看,学校的民主化进程能够在政治上保证教师主人翁的地位;在制度上,落实教职工民主管理和民主监督的权利;在利益上,维护了教职工的合法权益。在现实中,有的学校管理者缺乏民主意识,独断专行;有的把民主作为贯彻领导意图的工具,挫伤了教职工参政议政的积极性。久而久之,会使得教职工在思想上产生雇佣观念,削弱当家作主的意识和参与管理的主动性。

要实现民主化,可以从以下几方面入手:①加大信息开放度。学校要形成通畅的信息渠道,让教职工及时地了解学校的重大事件,逐步提高各项工作的透明度,尤其是在关乎学校发展的重大问题、涉及教职工切身利益的敏感问题上,不能搞"暗箱操作"。②建立平等对话的制度。在管理措施出台之前,应多方征询教职工的意见,真诚地倾听来自基层的"声音",力求达成共识。对于不同的意见,不能简单粗暴地依仗行政权威进行压制,而要认真对待、仔细研究,吸收其中的合理成分。③树立学术权威,加强教师的自我管理。管理者可采用"首席教师制"等方式在学校中培植学术权威,对于学科发展、梯队建设等专业性问题交给学术权威去处理,让他们作出更符合科学规律的决策,并带领其他教师去贯彻落实。

3. 开放化

曾经有一度学校与社会、社区甚至学生家长之间壁垒森严,但在今天自主经营的学校改革中,学校、家庭和社会在学校中的角色及其互动关系都产生了新的变化。三方面必须彼此合作,结成教育伙伴,分享决策权利,分担教育责任。这就意味着学校不仅具有向社区和家长说明学校办学的教育目标、教育计划、教学评价等的责任,而且还要把握和反映社会和家长对学校办学的意见和要求,使其转化为学校办学的实际行为。而对于社会公众和学生家长来讲,他们作为学校办学的重要影响力量,不仅具有服务的义务和权利,而且还有管理学校的知情权和参与权。社会各界和学生家长可以通过家长委员会等,列席学校各项会议,参与学校决策和活动,为学校的发展建言献策。

开放性的经营管理需要完善和变革组织机构,这是发挥校内外管理资源的有力保障。因此,从校内管理组织机构来讲,要建立和健全工会和教代会、少先队组织,以充分发挥教师、学生办学主体的作用;从校内外一体化管理组织机构来讲,要完善家长委员会,建立咨询委员会,保障家长和社区人员参与学校的管理;从设施环境资源来讲,学校在不影响教学活动开展的前提下,向社区中的居民以及企业开放,学校同样也可以有效开发与利用社区的教育资源,倡导师生利用高校和社区的图书馆、体育馆、少年宫等;从人力资源上来讲,要有效开发与利用社会的人力资源,聘请专家学者、客座教授、兼职教师、社会人士到校讲学、上课,补充和提高学校教育教学力量;从信息文化资源上来讲,要有效开发与利用学校的校园网、现代技术等资源,并无条件向师生开放,为师生的学习提供设施保障。①

三、校长在组织变革中的角色

组织变革是一项艰难的工作,学校的成员在变革的过程中会扮演不同的角色,而校长无疑是其中至关重要的一员。

(一)组织变革的参与各方

学校的组织变革会涉及学校工作的方方面面,甚至影响到每一个成员。在变革的过程中,教师、学生、管理者、家长等各方会或早或晚、或深或浅、或主动或被动地卷入其中。当然,各方所扮演的角色有所差异,发挥的作用各不相同。有研究人员将变革的参与者划分为三个群体:变革战略家、变革执行者和变革接受者,并分析了他们各自的任务。

表 3-3　变革的参与者及其任务

	角色与同向	对变革的定位 (意向种类)	行动焦点	代表的组织 层次	涉及的主要 阶段
变革战略家	想象者 煽动者 全局观点	外部环境	结果 组织价值育人 结果	上层	解冻
变革执行者	"项目构想" 承上启下 分支或部分	内部协调	方式 克服抵制 "项目构想"	中层	变革
变革接受者	使用者和适应者 制度化者 个人观点 操作者	权力和利益的分配	方法—结果的一致 个人利益	下层	重新固化

资料来源:[美]安可纳等.组织行为与过程:企业永续经营的管理法则[M].

李梦学等译.北京:中信出版社,2003:357.引用时,稍有改动。

---

① 缴润凯.试论21世纪开放式学校的教育理念与时代特征[J].教育发展研究,2002(12)

（二）校长的角色定位

在学校组织变革中，校长需要扮演好变革发起者、变革促进者和变革阻力的克服者的角色。

1. 发起者

霍尔（Eric Hall）等人的研究归纳了校长处理变革中 3 种不同类型的领导风格：响应者、管理者和发动者。可以看出，前两种角色是较为被动的，而作为发动者的校长是具有创新精神的，他们致力于对学校各种资源和条件的改善，激发教师和学生的革新思想，提出具体的革新思路，并敢于承担风险和责任。这样的校长能够让学校进入变革状态，并最终能取得成功。在我国教育处于转型的重要关头，校长应当洞悉教育的未来趋势，勇敢而坚定地推动学校的组织变革，而不能安于现状，对存在的问题熟视无睹。在今天，我们认为校长仅仅扮演响应者和管理者的角色是远远不够的，他理应带领着教职员工进行深刻的变革。

2. 促进者

领导变革是一个团队共同努力、协作完成的过程，霍尔等在研究校长的变革促进者风格时发现：不管校长的变革促进者风格是什么，在他们的学校都另有其人在计划和实施大量与变革相关的干预行动。他们进一步指出，典型的变革促进者团队一般包括：作为第一类变革促进者的校长；作为第二类变革促进者的副校长、教务主任、年级（学科）组长等；作为第三类变革促进者的受人尊重的教师；一个完整的变革促进者团队，应该还包括一位或更多的外部变革促进者。

在现实中，我们看到有的校长在改革时基本上处于"单兵作战"的状态，他没有一个强有力的支持者群体，而试图靠一己之力去改变全体教师工作行为的努力显然注定失败的。因此，校长在进行变革时应当注意团结一批人，形成变革促进者团队，依托团队的力量去完成实现变革的目标。

3. 阻力的克服者

勒温曾经提出"力–场分析"概念，他认为，组织中的一系列行为都不是静态的，而是各种相反的因素相互作用而达成的一种动态平衡。当压力和阻力失去平衡时，变革就会发生。这样的不平衡会使现有的状态发生改变，形成一个新的、较理想的状态。一旦新的、理想的状态形成，两种力量就重新达成一种平衡。两种力量大小的变化、方向的变化或者一种新的力量的介入，都会导致力量之间的失衡。

必须承认，任何一项组织变革的推行都会遭到不同程度的抵制，校长要做的就是采取积极的措施来克服阻力。为此，校长应该先做一个有心人，对师生员工的工作状态、学习情况、精神追求等进行观察、分析，多深入教育教学和管理的第一线，了解改革中存在的问题、遇到的困惑,设身处地地理解师生员工的种种不满、庸懒、倦怠甚至愤慨,思考教育事件背后隐藏的复杂关系,找准阻力的来源。在此基础上,采取有针对性的措施,及时沟通与引导,使学校成员理解改革、支持改革、投入改革,变阻力为助力。

第二节　学校组织变革的任务

学校组织变革面临着诸多任务,其中,至关重要的是组织机构的再造、管理机制的重构和学习型学校的创建。机构再造是其他各种变革的根基,它需要与之相适应的管理机制,并藉学习型学校的建设,营造出适宜的组织氛围。

一、学校的组织机构再造

根据外部环境和内部环境的变化,学校应当有目的、有计划地改变其内在结构,从而适应客观发展的需要,以促成学校组织形成新的平衡状态,更好地实现学校组织的目标。

(一)二级化组织再造模式

传统的学校三级管理存在弊端:一是教育、教学为中心突出不够,事事围绕行政事务转,容易忽视第一线的教师;二是学校管理结构"小而全",中间环节多,导致决策下达和信息反馈慢,易失真;三是政出多门,协调不力,内部干扰大。由于学校属于基层组织,规模不大,任务单纯,人员素质较高,因此,可以考虑走向二级管理的模式。

二级管理模式的特点是结构扁平,扩大了跨度,信息流通自由,下属参与决策程度较高,体现以教育、教学工作为中心,充分发挥教研组、年级组的职能以保持最大的适应性。北京119中学就进行了二级化的组织再造,校长是学校的第一级,各处室主任和教研组组长并行为学校管理的第二级。其中,教研组是学校教育、教学管理的实体,各处室为学校的行政职能机构。

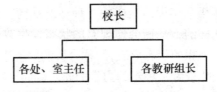

图3-1　二级管理模式组织图

资料来源:夏晋祥.严师成.一所"三办合一"的新型学校[J].中小学管理,1998(3)

校长是学校管理的中心,领导学校的全面工作,他通过行政会、两大例会(即每周二上午的教研组例会、每周三下午的班主任例会)直接管理"三处一室"和各教研组的工作。为突出做好学校以教育、教学为中心,实行校长现场办公制度,听取意见,解决问题,指导工作。

各职能处室和各教研组在业务工作中是平行单位,是配合、协调、服务的关系。各职能处室是校长的助手,协助校长组织各种教育、教学工作,负责学校日常行政工作,如传达上级指示、贯彻各种条例、安排课表等,密切配合教研组的工作,努力为教研组的教育、教学服务。原来一些属于职能部门的权力,诸如教学管理、人事调动、职称职务评聘等权力放在教研组,这不是削弱职能部门的权力而是使之转变职能,更好地为教育、教学工作全面负责,实行全过程管理。教研组长直接对校长负责,他不仅具有本学科的教育、教学、科研的行政管理权,还在本教研组内拥有人、材、物三权。

(二)网络化组织再造模式

学校组织机构的网络化有两层含义:第一层是技术层面的网络化,即运用现代化的网络技术,实现学校组织的网络化、信息化;第二层是机构设置的网络化,即借鉴网络思想,对学校组织机构进行网络化设计。

用计算机和互联网构建起来的网络化的学校组织,可以增进学校教师之间的相互联系,交流信息。在这样的学校中,校长一打开电脑就可以知道学校里每个老师的教学进度、每个学生的发展情况,并可以通过网络向全体师生发出信息,而师生也可以从这个组织网络中获取相关信息。在"校校通"工程的推进下,学校实现网络化已经不存在技术障碍,信息正从独占走向共享,从封闭走向开放。美国学者奈斯比特(John Naisbitt)说过:"就组织结构而言,一个网络组织最重要的是每一个人都是中心。"而要建设学校组织结构的网络化,则需要将学校组织变成一个由许多知识结点所组织成的动态网络。这些知识结点可能是许多单个的成员,也可能是一个个专业团队,或是一个为解决特定问题而存在的组织。

当前,外部对中小学校的要求日益增加,既要"德育为首",又要成为"教学中心";既要"科研兴校",又要"校本课程开发";既要"等级评估",又要"创建特色"等等。学校职能的增多,必然要求有相应的机构来完成,于是一些学校不断地增加机构的数量。有的学校把教务处一分为三甚至一分为四,分为教务处、政教处、教育科学研究室(教科室)、体卫处。但是,中层机构设置太多太细,容易导致相互之间推诿扯皮,权责不清,经常出现"管理盲点",只局限于小圈子思考问题,难以从宏观的、整体的角度处理问题。学校职能的改变要求机构的分化与综合,如何平衡?依照传统的直线式设计的思路是无法实现的,只能构建纵横交错的网络型机构。为此,深圳实验学校打破传统的"两处一室"直线式模式,将管理系统分为:三个行政的管理系统、专业的管理系统、网络化的管理系统,形成纵横交错的"一体化"和"紧密型"组织机构。

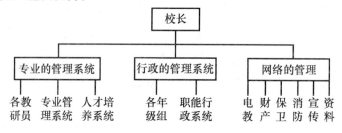

图3-2 深圳实验学校组织结构图

资料来源:吴志宏等.新编教育管理学.上海:华东师范大学出版社,2008:88

(三)开放化组织再造模式

一个合理的组织机构,应是由决策指挥、执行运转、参谋咨询和监督反馈等四个分系统构成的有机整体。但是,传统的学校组织结构不尽合理,主要表现在:执行系统过于庞大,咨询参谋和监督反馈系统过于薄弱,与外界的联系不够紧密,沟通不畅。因此,要调整组织结构,精简臃肿庞大的执行系统,明确责权,健全和强化咨询参谋和监督反馈系统。很多学校设立社区教育委员会、家长委员会、校友联谊会、专家顾问委员会等机构,充分发挥教职工代表大会、校务委员会以及民主党派和群团组织的作用,正是基于上述考虑。

广州南洋英文中学暨附属小学就设立了"顾问委员会"、"校外专家联谊会"、"家长联谊会"和"校务委员会",作为校长的参谋与监督机构。其中,顾问委员会的成员主要是聘请国内外教育界权威组成,特别是定期邀请高等师范院校的教授来给学校的教师做讲座以及指导课题;校外专家联谊会主要是由广州中小学的特级校长、特级教师以及区县教研员组成的,这些学者具有一定的教学与科研实践能力,特别是从实践角度对学校的教学、德育和科研等给予建议;家长联谊会是由各班的家长代表组成的,在每学期开始以及期中定期召开会议,从家长的角度了解教师的教学,让家长参与学校重大项目的决策;校务委员会则主要是由学校中的主要领导和各学科的首席教师组成的,它是最重要的参谋与监督机构,负责对学校的发展提出具体意见。

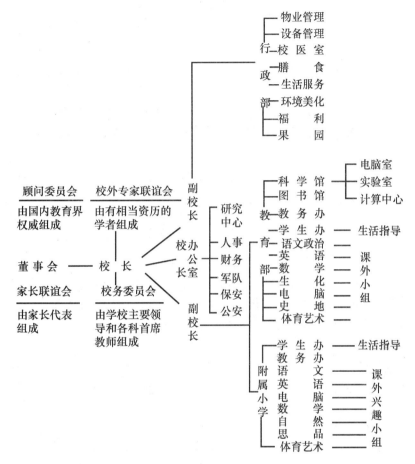

图3－3 广州南洋英文中学暨附属小学组织图

资料来源:阎德明.现代学校管理学[M].北京:人民教育出版社,1999:71

二、学校的管理机制重构

传统的学校管理机制存在着以下一些弊端:①非为人化,即管理机制旨在约束人,而不是为了发展人。②缺乏情感性,即习惯于用行政手段来推动工作,忽视对教师情感、价值目标等柔性要素的培育。③缺乏灵活性,即过于强调标准化而导致环境适应性的衰退。① 因此,进行学校管理机制的重构是一项紧迫的任务,其中,

① 田文娟.文化管理视野下学校管理机制的研究[D].天津师范大学,2008

导向机制、竞争机制和调控机制更是重中之重。

（一）导向机制

在管理中，不仅要"把事情做正确"，更重要的是要"做正确的事情"。这就需要建立导向机制，促使学校组织和教职员工向着一个正确的方向发展。

1. 目标导向机制

这一机制是指通过组织目标的设定来确定组织文化的定位、结构的塑造、思维的构造和运行的程序，并将这一目标传达给员工，形成共同目标，进而激发员工的动力，集中力量向目标前进，形成强烈的组织向心力。

对于发展目标的确定，可以采用"滚动计划法"和"目标树法"。滚动计划法是一种定期修订未来计划的方法，学校可以先行编制一个为期三年（或五年）的完整规划，规划的第一个年度目标要具体、详细、可测，此后几年的目标可以粗略一些。当第一年规划完成后，根据实施的情况修订下一年度的计划，并将计划进一步向后延伸一年。这样的方法便于协调规划的连续性和变动性，使长远目标和近期目标有效结合。目标树法是一种将目标层层分解的方法，学校在设定未来发展的总目标后，要将它分解为分项目标，如教学目标、科研目标、个人进修目标等，并进一步将这些分项目标分解出下一层次的子目标。这样，便可以构建起一个层层相连、环环相扣的目标体系。

理想的目标导向机制应该将学校目标与个人目标有效地联结起来，为此，学校管理者除了设定好学校的组织目标以外，还应鼓励教师设计个人目标。在设计个人目标时，教师必须考虑自身的特点与需求，同时也要兼顾学校的目标，在学校的目标中找寻自己的定位。这样，校长通过学校目标的设定来引领教师的个人目标的设定，使得教师的个人目标与学校的整体目标保持一致，从而发挥了目标的导向作用。

2. 价值观导向机制

所谓价值观，是指主体对客体的兴趣、需要，以及客体对主体需要满足的肯定或者否定的关系。在学校中，价值观是人们对于办学水平、育人成果的抽象概括，它不像目标那样具体、可测，但却是指导人们行为的深层次因素。价值观导向机制就是要让师生员工了解学校的价值追求，认可和内化这种价值取向，并最终外化为积极的工作与学习行为。

上海市南汇二中基于对农村教育的认识，提出学校发展要适应三个转变，即：从农村生活方式向现代城市生活方式的转变；从传统教育向现代教育的转变；从经验管理向科学管理的转变。规划实施要实现四个转化，即：使义务教育从满足群众教育需求转向满足群众对优质教育的需求;使学校办学从被动执行外部指示转向主动追求自主创新;使教师队伍从勤劳苦干的工作现状转向幸福愉快的职业追求;使学生发展从勤学、苦学向善学、乐学转变。① 学校通过会议、个别交流等载体使教职员工在工作和生活中潜移默化地接受学校的价值观念和精神,并内化为自身的意识和行为。在价值认同的过程中,学校教职员工将这种学校精神内化成为自身的理想追求和精神境界,从而达成全员价值心理和价值意识的一致,为学校的生存和发展提供基本的方向和行动指导,为学校教职员工形成共同的行为准则奠定了基础,具有极强的凝聚力、感召力和约束力。

(二)竞争机制

公平合理的竞争给人以奋发图强的动力,它是调动个人、组织积极性的有效手段,有助于学校多出成果、出好人才。为此,一些学校探索建立了岗位竞聘机制、错位发展机制和自我挑战机制。

1. 岗位竞聘机制

在学校管理的过程中,许多业务岗位都可以通过竞聘的方式去落实。竞争上岗有助于做到适人适岗,并且能够调动教职员工的积极性。健全的岗位竞聘机制必须建立在科学的设岗基础之上,校方事先要公布竞岗的条件、岗位职责和竞聘的流程,通过规范、透明的方式完成竞聘工作。这样,可以让教职员工得到自主选择的权利,帮助他们在教育教学与管理工作中获得更大的解放,从而让他们感受到自我实现的价值和幸福感。

上海市进才中学按照"全体卧倒,重新应聘,定岗定人,全新推进"的十六字方针,从2001年9月起,对全校原155名教职员工实施了双向聘任工作。在全员聘任中,三名有管理能力的教师进入管理岗位,五名原教学业务水平高的中层管理者充实了专任教师队伍,主动调离或落聘流动21人,待聘试用2人,职员转岗10人,剥离后勤人员14人,较大地优化了队伍结构,调动了员工的工作热情与积极性。部分员工在双向聘任、岗位竞聘的过程中,对上岗任职有了新的体会,深刻认识到在新的历史时期,不断进取奉献,不断提升自身的人力资本,不断创造业绩对个人发展的重要性,从而以全新的姿态在新的岗位上工作。

2. 错位发展机制

单纯采用岗位竞聘机制容易导致恶性竞争,并且不利于发挥每个人各不相同的优势。引入"错位发展"的理念,在教师的专业发展过程中可以避开教师之间的

---

① 郑杰.改造学校待何时[M].上海:华东师范大学出版社,2006:175

恶性竞争,创设一个"你走东我奔西,你上山我下海"的良性发展环境,在竞争中体验成功,追求发展。在构建这一机制方面,上海市瞿溪路幼儿园为教师设计了错位发展结构图,纵向分为四个平台:基础性发展平台、个性化发展平台、综合性发展平台和挑战性发展平台。它是根据教师专业成长轨迹而设置的发展平台,引导教师一步一个台阶走向成熟,逐渐成为一名具有挑战能力的研究型教师。横向是一个多元开放的竞争点,每一个平台上都有多个竞争点,并处在一种开放的结构中,可以根据团队中个体不同的智能亮点不断拓展,满足管理者对不同教师的发展需要。

挑战性发展平台

> **人才输出**
> 本岗位综合考评优秀或单项成绩优秀,希望获得新的挑战。

综合性发展平台

> **考核优秀**
> 期末考总评分名列前茅。学年中取得市级成果。

> **指导带教**
> 考评过程中单项或多项成绩突出。
> 双向选择成功。

个性化发展平台

> **特色教师**
> 下半学期自报特色考评获得成功
> 正式申报,评审通过。

> **承担兼职**
> 根据自己的兴趣、特长提出申请。幼儿园根据根据需要聘任。

> **项目组长**
> 上报研究课题或任务。根据确立的"菜单"自主"点"项目,签订项目组长责任书。

基础性发展平台

> **亮点加分**
> 接受承担任务。取得成绩。
> 月常规检查成绩突出。

> **常规免检**
> 月常规检查中某项内容或总成绩连续一学期名列前茅。

> **推荐展示**
> 在月常规考评和学期、学年考评中成绩突出的内容。

> **人才输出**
> 希望自己的兴趣、亮点、特色、特长能有与之相适应的发展平台。

图 3-5 错位发展结构图

资料来源:张民生,朱怡华. 现代学校发展创意设计[M].
上海:上海远东出版社,2006:462

(三)调控机制

如果说导向机制的作用是给学校设定方向,竞争机制的功能在于为师生员工提供动力,那么,调控机制的价值就是在运行过程中及时发现偏差、做出必要的调整。一个健全的调控机制应当由以下几个要素构成:

1. 信息披露机制

只有当各方相关人员了解学校的运行情况,才有可能监督和保障学校的工作。

因此,信息披露机制是开展调控的基本前提。近年来,许多学校都在积极探索校务公开制度,通过教代会、公告栏、校园网等途径,让学校成员乃至社会公众获知学校的信息。

在信息披露的内容和程度方面,要根据不同的对象来确定。有的学校经过摸索,明确了对内公开和对外公开的具体内容。

对内公开的信息包括:①学校的发展规划、学期工作计划和学校整体改革方案;②学校章程、内部管理的各项制度;③财务收支情况,包括上级拨款、社会捐资、杂费等项收入,办公费支出、福利性支出等情况;④学校基建、教学设备添置的计划及实施方案;⑤教职工年度考核、职称评定、评选先进等有关政策规定和操作程序;⑥教职工聘任条例、结构工资及奖金分配方案等;⑦校长的任期目标、年度述职,各类人员岗位职责及实施情况;⑧领导干部党风廉政制度及执行情况。

对外公开的内容主要是:①学校发展规划、学校章程及办学成果等;②政府对办学的各种制度规定,学校对家长和社会的承诺等;③招生任务、招生办法及有关规定等;④收费项目的依据及收费标准等。

2. 检查评估机制

学校组织变革本身是一个组织震荡的过程,学校处于不稳定的状态,如果缺乏检查评估机制,变革过程中就会出现许多波折,甚至有脱轨的危险。因此,校长需要进行检查评估,以便发现问题、及时纠正。检查评估可以定期开展,比如在学校组织变革的启动阶段和完成之际一般都要做相应的检查和评估;检查评估也可以随机进行,如在变革过程中通过随访可以获得真实的情况。

3. 调整纠偏机制

在检查评估中发现的任何问题,都不能轻易放过。校长应当组织人员分析产生问题的根源,寻求解决问题的对策。

各项纠偏措施必须落实到人,以免出现责任不清的现象。对于涉及学校发展的重大事项,应该建立"问责制"。在纠偏过程中,也要随时进行检查,并将纠偏的进展与成效通报师生员工。在各项措施完成之后,要注意总结经验教训。对于其中行之有效的一些措施,可以考虑用制度的形式将其固定下来,以后参照执行,避免再次出现偏差。

三、学习型学校的创建

传统学校转变为学习型学校的过程,犹如由蛹化蝶的历程,是一个自我否定、自我超越、相当痛苦的过程。建构学习型学校没有固定的模式,但不妨从以下方面尝试:

（一）开展自我评估，实施自我诊断

自我评估着重要解决的是学校发展的三个核心问题：①我们现在的情况怎样（学校表现如何？在与同类学校竞争中处于什么位置？是否能达到目标？自我评估如何协助我们进步？）②我们怎样可以知道？（我们应用什么指标度量学校各方面的表现？我们应用什么原则来评估表现是否良好？）③我们将会做什么？（怎样报告评估结果？如何跟进以改进学校的管理、改变学校的现状？）这三个问题实质上是学校再认识、深入认识自我的具体描述。

学校管理自我诊断是学校管理者，即校长和其他管理干部，针对学校中出现的某种现象或面对的某种挑战提出诊断要求，依照正确的教育思想，采用科学方法，按照科学的操作程序进行诊断，并领导学校改革和促进学校发展的工作过程。

它可以按如下步骤进行操作：①校长自己整理自己的办学思想和办学成绩；②通过听课、观察、访谈和学生有关作品的研究，了解学生状况；③通过听课、观察、访谈和教师有关作品的研究，了解教师教学、生活中与主观认识相对应的方面的基本状况；④观察校园和社区，包括教室、图书馆、食堂、教师教研室、卫生间、校长办公室等校园环境以及学校所在社区；⑤寻找"客观真实状态"与"主观认识状态"的学校管理之间的差异；⑥诊断差异形成的原因；⑦提出改进学校管理工作的意见或指出学校管理的新的发展方向和目标。

（二）构筑共同愿景，形成价值追求

作为学校全体人员共同持有的一种愿望和期望达到的未来景象，"共同愿景"具有使成员产生众人一体的感觉的功效，但必须打破传统学校目标"领导下达目标——教职工接受目标——领导督促教师执行目标——教师被动接受督促和检查"的惯用程序。

共同愿景的构筑，首先，要鼓励个人和组织建立个人愿景和团队愿景。校长要善于激发、学习与聆听教职工的个人愿景和组织的团队愿景，经常与教师分享自己的愿景，并通过愿景的分享、反思、聆听、讨论，逐步找出教师个人愿景中的共性部分，发展成更好的设想，进而形成集体的共同愿景。其次，要加强个人愿景与团队愿景的整合。每个基层单位和教师提出"团队愿景"和"个人愿景"后，学校应安排专门的责任人与其一起分析、讨论并加以适当的修正，以提高个人愿景与共同愿景的融合度。在整合两种愿景的基础上，学校可以提炼出共同愿景，并将共同愿景形成文本，印发到每个教职工和部门，请他们提出修改意见。学校应根据反馈意见认真加以修改，并达成最终的共同愿景文本。我们认为，一所学习型学校的共同愿景应至少涵盖：

战略目标——把学校建设成一所什么样的学校,有规划;

办学理念——怎样办学,学生培养目标是什么,有特色;

形象口号——怎样提高办学社会影响力,有地位;

学校精神——在校园文化建设中不断提炼,体现层级性,有追求;

核心价值——什么是办学的价值追求,团队和个人价值观的统一,有激励;

职业道德——制定统一的行为规范,有标准;

学习制度——制定学习、培训计划,要体现针对性,有目标。

(三)工作学习一体,实现真正学习

学习型学校的根本标志在于组织中真正"学习"的发生,要通过"真正"的学习来保证师生和学校组织中有持续的发展动力。

1. 推动以"自我超越"为目标的个人学习活动

没有个人的学习,组织学习就无从谈起。从学习型组织的构建来说,教师个体的学习是一个树立个人愿景、自我发展、自我超越的长期活动过程,是一个将个人提升与组织发展逐步结合的过程。个人学习主要有:

第一,自我规划。学校应鼓励教师用发展的观点规划自己的未来,确立生动真实的个人愿景,并按既定的步骤逐步实现自己内心的愿景。

第二,自我完善。每位教师应根据自我规划,建立一套适合自己的学习方法,不断提高学习质量和效果,以达到自我培养的目的。

第三,自我超越。这是教师个人学习的目的所在。要达到自我超越的目标。应鼓励教师写教育叙事,经常记录自己认为对自己专业发展影响较大的关键事件,并对这些事件加以反思、归纳、概括、评价和提炼;应鼓励教师开通个人博客,以博客为平台展示教师自己独特的教育故事及内隐的教育理念。

2. 发展以"协作共享"为特征的团队学习活动

学校应采取积极的措施,鼓励教师个体学习逐步上升为学校的团队学习。在团队学习过程中,发展和提高团队成员的整体学习能力,达到实现共同愿景的目的。团队学习的主要模式可以是以下形式:

第一种,专题化的教学研究。即根据教学进度,有计划、集体化、专题化地开展备课、听课、评课、理论研讨等活动,使自主与协作相结合,充分利用集体的智慧,实现共同学习、共同进步。

第二种,过程化的课题研究。对于学习型学校而言,课题研究的过程,实际上就是课题组成员的团队学习过程。学校可发动教师提出自己在教学中感到最困惑的问题,然后经过集体筛选形成可研究的重点问题,再确立课题。在课题研究过程中,应建立并

坚持课题组成员定期交流制度、课题阶段成果展示制度,以此来落实研究过程。

第三种,多样化的经验共享。思想需要交换才能得到共享,学校应为教师的思想交流与碰撞提供平台。学校可开辟一系列的教师论坛,由不同层次、不同风格的教师围绕不同主题,结合自身的教育教学实践,为全体教师作学术报告。学校还可以印制论文集、教育叙事集、教研简报,以扩大教师经验分享的渠道。

第三节　学校组织变革的推进策略

无论对于个人还是学校而言,变革的过程往往是一段痛苦的经历,哪怕已经意识到了变革的必要性。因此,学校组织变革需要注意方式方法,否则,再好的变革方案也难以在现实中施行。

一、组织变革策略述要

关于组织变革的策略,不少学者都进行过研究,并且提出了众多的理论。在此,就其中较为重要的观点进行概要性的说明。

(一)波·达林的理论

在《理论与战略:国际视野中的学校发展》一书中,波·达林提出了变革的三类策略:个体策略、组织策略和系统策略。[①]

个体策略是通过个体代理者(通常指教师,但是这种发起人也应包括学校行政人员、家长、学生等),发动改革来促进学校革新。在这种策略中,个体是变革的单位,管理者试图影响单个的个人来引起学校变革,具体的措施主要是对学校教师和学校领导人进行有计划的培训。

组织策略是以单个学校为单位推进学校改进,重点是组织发展和教师的角色发展。达林认为,如果仅仅停留在教师个体层面,那么,学校将无法解决一些难以对付的综合性问题。为此,必须将学校作为变革的单元,从内部推动学校的发展。有人提了以下几条具体的建议:①在组织发展战略的帮助下,集中于校本评价或优质学校计划。②提供协商战略和解决冲突方面的培训。③要求参与者将未来视为既成事实以进行"回顾"。④在团队建设、团队内的问题解决以及决策过程方面花些时间。⑤使工作程序化:运用头脑风暴法等创造性技巧,然后再做决策。

系统策略以学校系统为单位的变革,是用于推进学校改进的"工具",与整个

---

① [挪]波·达林. 理论与战略:国际视野中的学校发展[M]. 范国睿译. 北京:教育科学出版社,2002:145

学校系统或者系统的某些部分相联系。

(二)钦和贝恩曾的建议

钦和贝恩曾(Chin & Benne)提出过一种比较流行的变革策略分类体系,划分出经验—理性策略、规范—再教育策略和能力—强制策略。①

经验－理性策略与古典组织理论有密切的关系。它假定人是能够被"客观性知识"说服的,个体和群体都是有理性的,因此,当资料显示一项变革是合情合理的,并有充分证据证明这一变革会取得预期成就时,人们便会行动起来。这是一种有计划、有管理的普及策略,旨在迅速普及新思想和新做法。

规范－再教育策略所探讨的内容不仅仅是目标因素,而且重视情感因素。它假定人是有理性和智慧的,组织的相互作用－影响系统的规范,可以通过组织中人们的合作活动有意识地转变为更有效的规范。这是一种自下而上的方法,该策略带来的变革是组织成员态度、信仰和价值观的转化和人际关系、忠诚观念和技术特征的调整。

权力－强制策略强调把政治或经济制裁作为变革的手段。它假设人总是回避变革的,因此强制或诱导战略是必需的。在政治或经济上使用制裁手段,或许可迫使他人屈服,然而,在执行过程中,会产生抵抗力,策略的效果可能持续时间短、效果差。

郑燕祥在《学校效能与校本管理:一种发展的机能》一书中,从力量基础、人性假设、变革焦点、管理行为和改革产出五个角度对这三种策略进行了比较。

表3-5　三种变革策略的比较

改革策略	力量基础	人性假设	变革焦点	管理行为	改革产出	优/劣
力量－强制	·奖赏 ·惩罚 ·法理	·经济人	·外在 ·行为	·命令 ·由上而下	·暂时性 ·服从	·快 ·不太昂贵
实证－理性	·专家	·理性人	·内在 ·认知	·理性说服 ·专家验证 ·示范	·长期 内化	·缓慢 ·昂贵 ·费时 ·长期效果
规范－再教育	·参考	·合作者	·内在 ·情意	·合作 ·伙伴 ·小组过程	·长期 内化	·缓慢 ·费时 ·长期效果

资料来源:郑燕祥.学校效能与校本管理:一种发展的机能[M].

上海:上海教育出版社,2002:213

---

① [美]马克.汉森.教育管理与组织行为[M].冯大鸣译.上海:上海教育出版社,2005:430.

(三)邓纳姆和皮尔斯的主张

不少学者曾探讨过实施组织变革所需的技巧,其中,比较全面的归纳当属邓纳姆和皮尔斯(Dunham & Pierce)的观点。1989 年,他们提出了组织变革的七种技巧。

表 3 - 6　各种变革技巧的优点、缺点及使用

技巧	优点	缺点	适用的情境
教育及沟通	员工经说服后往往能支持改革的执行	需要较长时间及较高成本	有关改革的资料能除去因资料不足和误解所引致的恐惧和不安
参与及投入	员工提供的资料很有价值;得到员工的支持	时间长;若员工只能提供较差的提议或不被接纳,将产生不满	改革倡导者需要收集有关资料及预期遭遇到较大的员工阻力
操作支持	能担保改革顺利执行	时间较长;成本较高	员工缺乏有关综合的资源及技术
感情支持	成本相对较低;解决个人适应的问题	较难系统地进行,所费的金钱和时间未必真能解决问题	员工对改革所带来的影响感到不安及认为对个人利益带来损失
提供诱因	往往能在大问题发生前将它解决	成本较高及鼓励员工以阻力形成来换取补偿	有关员工将会阻碍改革,除非他获得利益
操纵及委任	成本低及收效快	破坏员工对管理层的信任	改革非进行不可及其他技巧无效或成本过高
强制	收效最快;压制抵抗	减少员工的满足感;减弱其他技巧的效果	改革需要在短时间内进行,改革的倡导者拥有比抗拒者大的权力

资料来源:[美]安可纳等.组织行为与过程:企业永续经营的管理法则[M].李梦学等译.北京:中信出版社,2003:730

二、学校组织变革的策略选择

尽管一些学校几乎没有停止过革新,但 效果并不理想,如同富兰所言:"无序的变革浪潮、插曲式的规划、零零星星的努力和难以忍受的过重负担,就是大多数学校的全部内涵。"①为改变这种局面,校长应当选择合适的组织变革策略。

(一)教师认同策略

教师是学校组织的重要组成部分,是学校变革的中坚力量。获得广大教师对变革的认同无疑将得到教师对变革的理解,减少变革的阻力,使变革顺利进行。

---

① [加]迈克富兰.变革的力量——透视教育改革[M].中央教育科学研究所等译.北京:教育科学出版社,2000:42

1. 阻碍学校变革的主要因素

学校组织的变革需要其组织成员的认同和支持,但现实情况往往是组织成员对变革的无动于衷,甚至消极抵抗。究其原因,主要是因为:

第一,变革使某些成员的既得利益受到威胁。"一位教育者可能对某一变革极其反感,因为这个变革可能威胁到他的个人地位,分化了使他获得个人满足的一个非正式团体;也可能把这个变革解释为对他个人行为的批评,增加了他的工作负担或责任;或者这项变革是由某个他讨厌的或不信任的人提出的。"[①]因此,组织中的某些成员对变革进行抵制在所难免。比如,在《S 中学的扁平化管理改革》案例中,职能部门负责人的权力受到了削弱,因而他们对于扁平化改革的态度较为消极。

第二,心理系统障碍。人们总是喜欢稳定的,对目前的工作环境、工作流程和职责范围等,大家都已经很清楚了并且形成了一些惯例。在变革过程中,一定会产生一些无法预测的因素,教师就必须寻求新的、不同于以前的工作方式。变革,就意味着打破原来的平静。因此,当变革来临时,人们会产生莫名的恐慌和不安全感,担心自己无法胜任新的工作,害怕自己得不到组织和其他同事的认可。

第三,学校组织缺乏相应的激励机制以及教师具有变革的惰性,也是不可忽视的因素。当变革发生时,人们总是会问——"我从中可以得到什么"。如果组织成员能够从变革中获得好处,那么,他们就不会抵制变革了。因此,学校管理者可以运用一些激励策略,如认可、赞扬、增加责任、提拔等手段减少下属对变革的抵制。教师变革的惰性是指教师已经适应现有的工作,不想对工作做任何的改变。然而,变革可能使原有的知识和技能过时,这必将与教师的要求产生矛盾。例如学校里的一个图书管理员,他使用一个复杂的管理系统已经很长时间了,这时,教育厅长说要用一个新的、更容易操作、更高效的计算机管理系统来代替原有的管理系统,那么这个图书管理员就受到新的计算机管理系统的威胁,他可能会抵制这个变革,因为他只熟悉过去旧的、复杂的管理系统。

2. 提升教师对学校组织变革的认同感

组织与个体之间的关系是相互依存的。当一群人认为依据共同的想法和信念将团体组织在一起,并因此提高事情完成的机会时,"组织"便开始形成;而当组织成员意识到自己或者团体是组织的一部分时,"自我的认同"也应运而生[②]。

---

① William Savage. Interpersonal and Group Relation in Educational Administration [M]. Glenview, IL: Scott, Foresman,1968. 190

② Ashforth, B. E. & Mael, F. Social Identity Theory and the Organization[J]. The Acadeny of Management Review,1989,(1):14.

在实践中,不同教师认同学校变革目标的程度并不一致。有"依从"组织的,其主要目的在于从学校获得利益,故其虽然表面上服从,但内心深处可能持有完全相反的个人意见;有"认可"组织的,其主要目的在于获得社会尊重和满足自我情感的需求,他们往往会因为自己是学校组织的一员而支持学校作出的决定;当然也有主动"内化"组织核心价值观者,他们会将自身价值观与学校价值观保持一致,并按照这一价值观体系所规定的行为规则办事。

学者柯森归纳了当前学校改革缺乏成效的原因,其中之一是由于"相对集中的行政管理体制习惯于'自上而下'地推行改革,从而易造成学校被动地接受改革和做出反应"①。因此,要让教师对学校组织变革认同,学校管理者就应该要教师也参与到学校变革的决策、实施过程之中,使他们明白变革是怎么一回事,变革不仅是学校领导的事情,更是组织成员共同的事情。学校领导者要愿意下放领导权,赋予教师相应的权利,同时,教师之间要组成教师团队,形成学习共同体,为达到学校组织目标而努力。

(二)领导转换策略

在组织变革中,学校领导不能只变别人而不变自己。现代校长已不再是"首席教师",也不应该沦为忙忙碌碌的事务主义者。他应该转换角色,实现从强有力的官僚管理技能向合作与指导性机能的改变。

1.校长的角色变化

关于校长的角色变化,前文已有较为详尽的阐述,而萨乔万尼提供的调查数据更清晰地反映了这一点。

表 3－7　变化中的校长角色

序号	责任领域	增加的百分比
1	市场营销/政治等,以形成对学校和教育的支持	70%
2	与社会机构协同工作	66%
3	规划/实施以现场为本的员工发展	65.5%
4	教学活动的发展	63.5%
5	课程开发	62.4%
6	与以现场为本的理事会/其他方方面面人士协同工作	61.6%
7	关注与潜在的法律责任有关的问题	58.1%

资料来源:[美]托马斯·J.萨乔万尼.校长学:一种反思性实践观[M].张虹译.

上海:上海教育出版社,2004:19

---

① 柯森.学校改革如何变得有效[J].现代教育论丛,1998(6).

2. 思维方式更新

我们需要新的思维方式,这是因为在复杂体制下的变革不会一帆风顺,它充满着许多"意外"的情况。而新的思维方式能够帮助我们解决不可知的事物。"如果没有观念的变更,这个难以解决的基本问题就会变成一个不断改变的主题和一个持续保守的系统并存的局面。……在这种情况下,变革的尝试将导致排异或表面化,最多也不过是眼前的小小成功"。

思维方式的更新是教育变革取得成功的关键,思维方式的转变来自学校领导以及教师不断学习的倾向和能力。变革就是学习,在变革中学习,在学习中变革。变革的过程,就是一个学习的过程。校长思维的更新具体包括:

第一,以连续性思维方式超越二元对立思维。传统学校教育总是自觉不自觉地将事物进行非此即彼的选择,从而导致了人们在思维上的破裂。现代学校在发展的过程中,多领域、多学科的相互交叉,需要学校管理者做内在的整合,要求管理者寻找各项改革之间的相通性,用连续性的思维来看待和解决问题。

第二,以系统优化思维超越线性思维。把学校看作一个系统,得益于 20 世纪40 年代出现的系统科学方法论。人们在亲历社会变革的过程中领悟到,必须摆脱线性思考方式才能使各种社会变革得以奏效。"教育改革必须在整个社会有机体中去考察他们彼此之间的相互联系和相互作用,从广阔的背景上综合地把握教育的整体特性、功能和行为的表达方式。"①

第三,以实体思维转向关系思维。所谓"实体思维"指的是在传统思维中,人们总是相信世界上一切事物、一切现象都表现为一个最终的、可靠的实体作基础,即,都要找到一个什么"体"或"子"。而关系思维则更多地关注于研究事物是如何存在问题的,它的存在状态、存在方式是怎样的。这要求学校管理者在思维方式上要从"本体论"转到"存态论"上,关注学校变革领域中的关系问题。

第四,从"条件论"的思维方式走向不断提升自我的思维方式。一所有效率的学校有着强烈的发展愿望和明晰的自我意识,会努力地争取条件,在已有条件的基础上追求更高更好的发展可能。学校变革的复杂性和艰巨性,要求我们破除"条件论"的思维方式,增强自我寻求资源的发展意识,建立以不断提升自我为目标的思维方式。

---

① 吴忠魁,张俊洪.教育变革的理论模式[M].成都:四川教育出版社,1988:126 – 128

表 3 – 10　学校领导自测题

学校领导的角色	1. 你是否有变革倾向,并把精力集中于学校改进? 2. 你在管理学校的同时是否也在领导学校? 3. 你的领导是否形成了一个成功的学习化团队? 4. 你是否用研究的态度来从事学校的变革实践?
学校变革的策略	5. 你在适应来自外面的要求的同时是否保持了学校变革的自主性? 6. 你了解你的教师的需求、指向、优势和潜能并知道如何去激励吗? 7. 你在学校组织内部分享了你的领导吗? 你的教师有参与决策和管理的机会与权力吗?
校长的自我成长	8. 你靠什么来引领你的学校进行转型性变革:思想和目标? 人格魅力? 还是制度和纪律? 9. 你是一个能把握发展趋势和重要机遇的领导吗? 10. 你善于从学校整体状态的认识出发,进行学校变革与发展的决策和规划吗?

资料来源:杨小微.转型性变革中的学校领导[J].教育研究与实验,2005(4)

能力训练项目

李校长最近有点失落,甚至是有些愤怒,原因是自己推出的一系列"大胆"、"人性化"、"体现新理念"的改革,教师们不领情、不配合。他认为,学校教师的教科研意识太薄弱了,只知道按规定上课,从不知道教育科研为何物。他曾邀请市教科室领导和有关专家来校作讲座,报告很精彩,但就是有点"对牛弹琴"的味道,引不起教师的共鸣。李校长还曾推出"在省级教育报刊发表一篇教研文章奖励200元"的激励措施,但就是没有教师去领奖。

接下来,李校长决定对教师备课进行大胆改革,对备课提出了新要求:教师可以改手写备课为"电子备课",有多年教学经历的教师可以沿用原来的教案,但要根据学生实际情况进行修改。这是一项既减轻教师繁重抄写负担,为教师争取读书、反思、研究的宝贵时间,又锻炼教师使用现代教学媒体的本领的举措,真是一举多得的改革! 李校长为自己高明的做法暗暗高兴。可是,一段时间后,学校再一次对教师进行备课检查时却发现了令人难以置信的现象:会电脑操作的年轻教师,全部用上了电子备课,但备课内容显然来自网络下载,将别人的教案变成了自己的教案;有多年教学经历的教师用上了原来的教案,但"根据教学实际进行修改"却成了在原教案上圈圈画画,或只增加一些红色或蓝色的直线和波浪线,更有甚者,直接捧出老教案……李校长感叹:教师的习惯势力太大了,很难一下子扭转学校的"气候",教学改革很难深入下去。为什么"好心没有好报"? 李校长百思不得其解。①

思考题

1.李校长的改革措施为什么教师不领情?

2.你认为李校长的问题主要出在什么地方?

3.请你为李校长设计一套改革方案,以改变现有的局面。

---

① 杨洪芳.教师为啥不领"改革"的情.中国教育报[N].2007－1－23(7)

第四章　学校文化的培育力

校长对于学校文化创建起着核心领导作用
——赵中建

●引导性案例

南开精神:学校建设的灵魂①

天津市南开中学原名天津南开学校,二十世纪初由爱国教育家严范孙、张伯苓创办,至今已有100年。在南开校友中涌现了一批政治、文化、艺术、教育等领域的名人,其办学独到之处可以归为4个字:南开精神。

南开首任校长张伯苓深感国家缺乏振作有为之才,将创办南开学校的目的定位于矫正民族5大弊病,培育救国建国人才。南开学校"允公允能,日新月异"的8字校训,就画龙点睛地体现了南开教育的目标与内容。南开建校100年,这个校训代代传承。

南开精神的爱国、乐群、敬业,崇尚科学,追求发展,是学校之魂,成为团结师生的凝聚力、向心力。温家宝总理曾在南开就学。1984年,他为母校建校80周年撰写的一篇文章中写道:"随着光阴流逝,过去许多事情都记得不那么清楚了。可是在南开6年的生活却都深深地印在我的脑海里。南开精神一直鼓舞着我在工作和生活的道路上不断前进。可以说,中学时期是我树立共产主义理想和革命人生观的重要时期。这个时期在南开中学所接受的思想教育,为以后参加革命工作打下了良好的基础。"

从学校创办至今,南开精神一直引领着南开中学的发展。爱国、乐群、敬业、崇尚科学、追求发展,是南开中学的学校之魂,成为团结师生的凝聚力、向心力。每所学校都需要有自己的文化,自己的精神,并以此来推动学校发展。所以,校长要重视学校文化的培育,带领全校师生营造属于自己学校的文化,从而促进学校向前发展。

第一节　校长与学校文化的培育

学校应该是一个充满文化气息的地方,校长要学会运用文化的力量来感染师

---

① 康岫岩.人文精神:学校建设的灵魂[N].中国教育报,2003 – 5 – 25(5)

生员工,在潜移默化中引导学校向前发展。

一、学校的文化力量

尽管如有的学者所指出的,学校文化看不见、摸不着,但这种看似虚无缥缈的东西却有着实实在在的巨大的力量——学校文化力。按照其字面来解释,学校文化力就是学校文化所产生的"能量",主要表现为学校文化对学校内外所有成员所产生的各种力量。① 其中,既有内力也有外力,是学校文化在校内外的力量表现。

(一)学校文化的内力体现

1. 认知力

作为学校内部的成员首先要能够认识学校,从而才能适应学校生活。学校文化有助于学校内师生员工认识学校,包括学校领导和教职员工的作风气质、学校专业设施建设、学校科研活动、环境建设以及规章制度建设等等,从各个方面真切地了解学校,并按照学校文化来行事。

例如,北京市中关村中学十分注重学生的艺术教育和校园文化建设,并将其作为办一流学校、创一流教育的一个重要组成部分。学校制定了明确的艺术教育目标,建立了完善的艺术教育体系和管理机构。学校的师生员工通过讲座、展览、艺术节等活动认识到了自己学校的艺术特色,并且积极地参与其中,使学校的办学特色更加鲜明。

2. 导向力

由于理念、利益等方面的差异,师生员工对于学校所倡导的文化往往并不是从一开始就能够认同与遵循的,甚至有的时候会出现冲突。然而,导向力就能帮助师生员工逐渐适应学校文化,并尽力使个人文化与学校文化相一致,避免因为文化矛盾而导致学校与个人的冲突,使整个学校充满和谐的氛围。

3. 凝聚力

通过文化培育起学校内群体的认同感和归属感,建立成员与成员、成员与组织之间的相互依存关系,使个人行为、思想、感情、信念、习惯与整个组织有机地统一起来,形成相对稳固的文化氛围,凝聚成一种无形的合力与整体趋向,从而激发出组织成员的主观能动性,为组织的共同目标而努力。

4. 推动力

学校文化就像一面镜子,能够帮助师生员工看到自己,认识到自己与学校整体情况的之间差距,从而不断提升自己、完善自己,从而推动整个学校的文化从一个

---

① 沈曙虹.文化力:学校文化建设的关键[J].人民教育,2006(3)

高度向另一个高度迈进。

自上世纪90年代起,上海市万航渡路小学开展了"学会参与"教育的课题研究,致力于打造"学会参与 自主发展"的学校文化。起初,学校主要探讨如何引导学生参与课堂教学活动;随后,研究转向了如何发挥教师的自主作用、构建研究型教师群体;目前,学校正在研讨如何全方位地进行现代学校的文化建设。在一项一项课题"接力"式的研究中,万航渡路小学的文化不断得到积累与发展。

(二)学校文化的外力展现

1. 识别力

在政府不断加大对学校硬件设备的投入的背景下,学校在校舍等方面的差异性在缩小,真正将学校区别开来的不是校容校貌,而是学校文化。每个学校都有各自的特色,每一所学校的特色会带来不一样的学校文化。此时,学校文化就会给予学校外部群体以识别力,更清楚地区分学校与学校之间的差异,更能识别出一所学校的特色与个性。

上海市格致中学已有132年的办学历史,诚如张志敏校长所说:"学校文化是彰显办学个性的旗帜,对于像格致这样办学历史悠久的学校,也可以说学校本身就是一种文化,是一种教育品牌,一种底气。'格物致知'作为品牌内涵,是学校文化的核心,它决定并支撑着品牌的发展,既是办学理念的体现,又是区别于其他学校文化的根本标志。"[①]

2. 感染力

感染,是人的情绪、情感被唤起和强化。人与人之间、人与群体之间、人与文艺作品及环境之间等,都可以产生感染作用。整洁、优雅的校园环境,校园内团结和谐、相互尊重与信任的人际关系,学校对学生的关心与爱护等,受益的不仅是师生员工,也能够感染学校外部群体,并产生积极的作用。

3. 辐射力

学校是一个知识、信息、人才密集的场所,学校中的教师有着较高的文化素养,一定的社会经验和高度的社会责任感。学校里的学生思维活跃,较少受到传统思想的束缚,具有追求真理的热情。因此,学校不仅是一个接受知识、传播信息的地方,也往往是新思想、新观念的萌发地,并从学校向社会辐射。

例如,黑龙江省佳木斯一中在校内倡导"五心教育",即忠心献给祖国、爱心献给社会、关心献给他人、孝心献给父母、信心留给自己,取得很好的成效。2002年,

① 张志敏. 提升"格致文化"品质 创新现代学校文化[J]. 中国教育学刊,2008(2)

辽阳市委下发 1 号文件,明确要求各县管部门抓好"五心"教育活动,使之在社会上产生了强烈的反响,成为全社会共同遵循的道德准则。

二、学校文化的构成分析

一般认为,学校文化不是一种单元素的结构。但对于其内在的构成要素与方式,研究人员的看法尚不一致。这里将按照显性文化和隐性文化对学校的构成进行分析。

(一)学校的显性文化

学校显性文化是指学校内看得见、摸得着的物化的文化形态,是学校文化的外壳,奠定着学校文化存在和发展的物质基础;同时,它又是学校文化"内核"(精神文化)的载体,体现着一定的价值目标、审美意向等,是富有内涵的人文环境。

1. 地理环境

学校的主要功能是育人,所以学校所处的地理位置的优劣与教育功能的发挥直接相关,也与学校文化有着紧密的联系。古今中外的教育家都十分重视校址的选择,如中国古代著名的五大书院都设在依山傍水之地。

2. 学校实物

每所学校都会以一些实物来代表学校独具一格的特色,展现学校的风采,比如:学校的建筑、校徽、校服、校旗、艺术雕像等等。

浙江省澧溪中学十分重视雕塑的文化寓意。矗立于教学楼前的"奋进"雕塑,以手托电子模型的学生形象为主体,以书本虚化而成的翅膀为背景,寓意书籍是人类进步的阶梯,科学和技术是社会发展的支柱。

3. 学校行为

学校行为是指在学校内由师生员工所产生的行为,包括学校的领导行为、教师教学行为、班级管理行为、科研行为、学生的学习行为、参加活动的行为等等。

一般来说,行为是人在一定意识的支配下,按照一定的规范进行并取得结果的客观行为。开放、活跃的学校所展现出来的学校行为会有以下特点:学校的领导行为比较民主、学生参与课余活动积极等。可见,学校里的每一个行为都是在一定的规范背景下产生的,也体现着不同的学校文化。

4. 规章制度

学校的规章制度是为了实现学校管理目标,对学校各项工作和对各类人员的要求加以条理化、系统化,规定出必须遵守的行为准则和工作规程。

有的学校的规章制度比较追求硬性指标,强调了每一个具体的行为的标准,比如:领导为了让大家都能按时上班,因此制定了"签到登记制度"。但是,这项制度只能管"是否按时到",却不能管按时到后是否在岗,是否在岗努力地工作,更不管其工作的质量如何。其实,硬性指标约束了师生员工创新能力的培养,甚至会使大家产生厌恶的情绪。追求硬性指标的学校所体现出来的学校文化往往带有"独裁"的色彩,学校师生员工要根据指标来行事,而不能自主地安排工作。

(二)学校的隐性文化

学校的隐性文化渗透于学校教育的各个方面,是一种内隐的文化内核。学校的隐性文化集中体现学校的价值追求和奋斗目标,是鼓舞和激励师生奋发向上的精神力量。

1.学校精神

学校精神系统的内容大致包括核心价值观、学校战略定位、发展愿景、学校精神、学校使命、校训、教育理念、管理哲学、校园格言、学校宣言、校风、教风、学风、教师誓词、学生誓词等。学校的精神、理念有助于形成学校发展的内在驱动力,以及对社会公众的影响力量。校长有责任提炼出学校的精神,清晰地表述与宣传,并将它渗透到学校工作的方方面面。

2.学校形象

学校形象是学校整体素质与文明程度的综合表现,良好的学校形象代表学校的信誉、教育教学的质量以及师生员工的素质,良好的学校形象能够赋予学校师生员工崇高的荣誉感,增强学校的向心力,并使学校获得良好的社会效应,是学校宝贵的无形资产。因此,高明的管理者都十分重视学校的形象建设。

2001年下半年,上海市北郊学校在合并了甘霖初级中学、大连西路小学之后,又将曲阳中学并入。办学规模增至64个教学班,3000余名学生,220余名教职工。在占地仅17亩、约8000平方米建筑面积、教育教学设施设备简陋的情况下,学校的困难是显而易见的。时任校长郑杰把塑造北郊整体新形象提升为学校战略,从办学理念、制度建设及外化形象三方面着手,在学校领导的精心策划下,先后成立了"无庸读书赏艺会"、"音乐影视评论组"、"教育科研促进会"、"青年教师服务沙龙"等10余个文化社团,创办校刊《草根》录用读书心得、教育服务感受、教学科研思想等各类文稿。丰富的文化活动改变了北郊学校的形象,昔日生源流失、门可罗雀的景象变成了现在门庭若市、纷纷前来择校的兴旺景象。

一所学校要为自己争得一块立足之地,拓展一片发展的区域,首要的就是要在社会、家长面前展示自己良好的学校形象,有助于社会公众了解学校、认识学校、认可学校。

三、学校文化的建构者

学校文化有一个不断积累、不断沉淀、不断创新的过程,它原本就是基于学校传统的创造,是历代师生共同认可、共同付出、共同践行、共同创造、不断传承的过程和成果。教师、学生和校长都在学校文化建设中发挥着自己的作用,扮演着各自的角色。

(一)学生

1. 承载学校文化

学生是学校的教育对象,是学校各项工作的最终受益者。学校开展校本课程开发、构建完善的课程体系,是为了给学生提供合适的课程内容;学校注重各种节庆活动和学生社团建设,是为了让学生得到锻炼和教益……

凡此种种表明,不论是学校的课程文化、教学文化、研修文化,还是教师文化、节庆文化、社团文化,一切都是以学生为目标指向的。也就是说,学校文化最终是体现在学生身上,学生承载着学校文化。换言之,衡量一所学校文化建设的水平、判断一所学校的文化品位,不是听校长的介绍和教师的体会,关键是看学生的表现。校长和教师所种下的文化种子,必须在学生身上开花结果。南开学校之所以为人们所称道,就在于一代代南开学子承载了"南开精神",散发出南开的文化气质。

2. 构成学校文化

从群体上分,学校文化是由教师文化和学生文化所构成的。作为学校文化的一个重要组成部分,学生同辈群体的作用尤其不应忽视。

学生在学校中经常是以群体的形式参加学习或者活动,这样的群体被称为同辈群体,即同龄人或相近年龄人组成的群体。同辈群体对学生的影响非常大,有时老师和家长反复教导的事,学生不一定听从和接受,但是自己的同学和朋友的话,学生反倒容易接受。因此,学校和教师需要考虑的是如何将学生文化引导到正确的方向上来,而不应企图消灭它。

3. 推动学校文化

学生是学校文化的承载者,但他们是一群有生命、有思想、有感情的活生生的人,而不是一个个消极被动的学校文化的"容器"。他们在接受学校文化影响的同时,不是无所作为的,他们也在主动参与甚至改造着学校的文化。

正如有的研究人员所指出的:教师和学生都拥有自己的文化,但教师和学生之间存在着权力和地位的差异,教师作为学校中的强势群体,其文化决定着学校的价值系统,决定着学校的传统。

但是,由于社会经历、生活环境、角色任务的不同,学生与教师(包括学校管理者)在价值观念、思维形式、道德准则、行为规范、审美情趣等方面并不完全一致,他们更容易受到社会文化的影响,对新思想、新观念更为敏感。学校文化需要对社会文化作出必要的筛选,但不应完全拒斥,这样才能保持学校文化的活力。

(二)教师

1. 参与学校文化建设

学校文化的建设首先需要学校师生员工共同确立一个文化理念,即:形成学校共享的文化理念。教师就在其中扮演着重要的角色。

教师要善于在与学生的交流接触中、在自己的工作学习中、在与学校其他教师及领导者的沟通中,发现学校文化的现有问题以及学校的特色,提供可行的学校文化理念。同时,教师也要参与有关学校文化建设的各项活动,包括学校组织的各种文化节,并带领学生共同参与,进一步推动学校文化建设。

青岛市市南区朝城路小学一年级共有4个班,每个班级都有其独特的名字,即:"浪花班"、"新阳班"、"扬帆班"和"启航班"。每个"班名"也就成了这个班级学生的座右铭。经过学生和教师共同商议,每个班级分别把教室刷成了橘黄、浅绿、粉红和浅蓝色。在变了色调的"新"教室里,师生们还设了一个"自然角"。

青岛朝城路小学的教师通过与学生之间的活动,在参与"装扮教室"的活动中,彰显了学校活泼的文化氛围,把小学教室装扮得更贴近孩子们的生活,让孩子把学校变成自己喜欢的"家园"。

2. 实践学校文化理念

学校的文化理念不应只是一句句漂亮的口号,需要"化"进师生员工的血脉中。要做到这一点,教师必须积极践行学校的文化理念,否则,学校的文化就会变成无本之木、无源之水。

对于教师而言,实践学校文化理念的主要方法是在学科建设和课堂教学中融入学校文化。学科建设和课堂教学活动是师生价值观念、行为规范、思想意识、情感态度等最富集、最稳定和最基本的学校活动,师生在校大多数时间都是在这些活动中度过的。学科建设和课堂教学,因而成为了文化建设的基本活动与过程,成为教师实践学校文化理念的主阵地。教师要以课堂为载体,以学校文化理念为大背景,在此背景下教授教学内容。

3. 提升自身文化品位

教师境界的高低、素质的差异,决定着教师品位的高低。学校教师都有一些属于自己的文化特质。学校要在尊重个性的基础上,引导本校教师形成统一的核心价值认同,凝聚成整体的教师风尚,但不能抹杀教师个体的独特性。

教师对学生的影响是全方位的,在计算机、互联网高度发达的今天,教师对学生的知识优势已逐步丧失,但对学生道德品质、行为习惯、人格修养等方面的责任却在增加。只有具备较高文化品位的教师,才能在非知识领域给予学生正确而无痕的引导,让学生如沐春风般地感受到文化的气息,使学校文化更上一层楼。因此,教师需要提升的不仅仅是专业知识和教学技能,也包括自身的文化品位。

(三)校长

1.掌舵学校文化发展

学校管理的事务千头万绪,但校长必须保持强烈的文化意识,避免使自己陷于事务堆中。要站在文化的高度来看待学校的每一项工作,要让每一个事件都体现出文化价值。要站在时代文化的前列,把握时代的主流文化脉搏,以社会的主流文化引领学校文化,用学校的核心价值观引领教师与学生,让社会的主流文化和学校文化建设有机结合,使学校文化永葆青春的活力,与时俱进。

1991 年,梅园小学还是一所只有300 多名学生的小型学校,班级少,生源差。如何开发师生的潜能,使梅园小学有突破性发展,成为校长首要思考的问题。校长和班子成员经过观察与调查,发现:有的教师有绘画专长,有的教师有一定的科技能力,而学生的兴趣广泛,在科技、小制作方面也不乏有兴趣、有能力的孩子。因此,学校着手设计学校的特色课程,让学有专长的教师开出兴趣课,挖掘家长以及其他社会资源,把学校的兴趣小组搞得生机勃勃。学校逐步形成了以民族文化传授为主的音乐、美术两大系统的艺术教育特色,一些民间艺术尤其受到学生的欢迎,如麦秆画、剪纸、捏面人等。这些特色课程也满足了丰富学生课余生活的需求。今天,梅园小学的艺术特色初具雏形,发展为浦东新区的"艺术窗口"。

2.营造学校文化环境

学校文化的建设不可能一朝一夕形成,是一个逐步汇聚的过程。

一方面,校长要营造人人参与学校文化建设的氛围。文化建设有其特殊性,任何人的言谈举止都影响着学校文化。因此,校长要激发每个人的文化自觉,让全校师生员工共同参与学校文化的建设。

另一方面,校长要保持校园内外环境的稳定,这是学校发展的一个必要条件。只有在和谐、支持性的校园环境中,校长才能把握学校文化建设的一般规律。为此,校长要有长远的打算,为学校的文化建设制定长期规划,避免短期行为。用脚踏实地的努力,用坚持不懈的精神,用一点一滴的积累,实现学校文化的内涵发展。

3.加强自我建设

从根本上说,学校文化总是反映了校长本人的价值观念和领导风格。从校长的角度说,学校文化是一个学校校长在长期经营中形成、积淀、倡导的作风、行为方式及价值观念。

校长要做好学校文化的引领者,就必须努力使自己成为一个有品位的文化人,这是加强校长自我建设的首要要求。校长要加强自我建设,努力使自己成为学校文化建设的"学习者"、"思想者"和"研究者"。"学习者"是指校长要成为一个善于学习的人;"思想者"是指校长要成为一个能够将理念浓缩成概念的人,善于洞悉时代变迁的趋势;"研究者"是指校长要成为学校教育科研的领头人,用研究来深化对学校文化的理解,用研究来解决文化建设中的难题。

第二节 学校文化培育力解析

学校文化的建设是一个循序渐进的过程,需要校长能够把握现有文化的特征,梳理优良的文化传统,发现有待改进之处,构思未来的文化蓝图,并且有效地加以落实。可见,文化的培育需要校长具备多方面的能力,其中最主要的是现有文化的观察力、理想文化的构想力和文化建设的执行力。

一、现有文化的观察力

学校文化就在我们的身边,但许多人却对此熟视无睹,因而无法细细体察现有文化的特质与品位。这就提醒校长要做一个有心人,时刻留意校园这一环境和学校发生的各种事件,从中发现文化信息。

(一)现有文化的观察维度

培育学校文化要从感知现有文化开始,跳开这一环节,学校文化建设必然是缺乏针对性的。如何感知学校现有的文化,研究人员提出了以下一些建议:

1.校长要当历史学家和人类学家

要准确地感知现有文化,迪尔(T. Deal)和彼得森(K. Peterson)的建议是校长要充当历史学家和人类学家。这就是说,他们希望校长不局限于眼前,通过历史线索的梳理来更好地看清现有文化的本质特征;他们希望校长不要浅尝辄止,要在深入的观察与交流中发掘现有文化的关键内核。为此,他们提出了一些问题供校长在感知文化时采用:①

· 学校已经存在多久了?

· 为什么建立这所学校?

---

① [美]马修斯,克罗.今天怎样当校长.徐益能等译.北京:中国轻工业出版社,2008:157~158

· 谁主要影响学校的发展方向？

· 过去发生过哪些重要的事情？它们是如何得到解决的？解决得是否彻底？

· 先前的老师、学生、校长是些什么人？

· 学校的建筑风格表达什么含义？空间是如何排列和使用的？

· 学校内外存在哪些亚文化？

· 谁是学校认可(和不认可)的英雄和坏人？

· 当被问及学校象征着什么的时候,人们是如何回答的(如何想的)？如果他们离开了学校会失去学校的这种理念吗？

· 什么事件具有特别重要的意义？

· 如何确定典型冲突？典型冲突又是如何处理的？

· 什么是学校重要的仪式和纪事？

· 人们希望得到什么？有没有符合个人梦想的方式？

2. 观察现有文化的 12 个标准

如果说迪尔和彼得森帮助校长明确了自己的角色定位的话,那么,塞菲尔(J. Saphier)和金(M. King)则进一步提供了一个考察现有文化的系统化的标准(见表 4 – 1)。校长可以自己依照这一标准去观察学校现有文化的状况,也可以邀请教师、学生家长、社会公众、教育行政部门领导等各方人士共同评判学校文化的特质。这样,有助于减轻个人偏好对感知结果的影响。

表 4 – 1 状况考察:健康文化的 12 个标准

12 个标准	具备	不具备	需要改进
团队精神			
尝试			
高期望			
信任和信心			
切实的支持			
到达知识库			
欣赏和认可			
关心、表扬和幽默			
参与决策			
保护重要的东西			
传统			
诚实,坦诚交流			

资料来源:[美]罗宾斯,艾维. 新校长成功策略. 常永才等译.

北京:中国轻工业出版社,2006:33

(二)提升校长感知力的途径

1.把握观察的关键

善于仔细观察和全面观察的人,容易把握事物的基本特征,对观察过的事物记忆深刻。如果校长能够对学校以及周围的事物进行精细和全面的观察,就能发现学校现有文化中存在的问题,寻找出最适合学校的文化和提升学校文化的最佳路径。

那么,如何确保观察得精细与全面呢? 按照一定的步骤来进行观察,可以在相当程度上避免疏漏。一般来说,观察的步骤依次是:观察前的准备工作、观察中的实施工作和观察后的整理工作。在准备工作阶段,要明确观察的目的,了解观察的重点,准备好观察所用的器材;在实施工作阶段,一定要按照事先的安排来有序进行,确保收集到最系统、最客观、最真实的资料;在整理工作阶段,应系统地对所有资料进行汇总、综合,并作出全面的分析。

2.掌握相关的知识

按部就班地进行观察,可以避免观察过程中的混乱,解决好"怎样观察"的问题。但是,"为什么要观察"、"观察什么",不是程序规范能够解决的问题。这就需要校长熟练地掌握相关知识,这样才能从纷繁的现象中梳理出若干个要点,给予重点关注与评估。否则,面对有着千丝万缕联系的各种文化因素,观察者将无从下手。

前文提到了对于课程文化的观察,其中的每一个要点都是以课程管理的理论知识为支撑的。比如,检查课程开设的实际情况,涉及对国家课程政策的执行问题;了解学生兴趣爱好的满足程度,是基于校本课程的特殊功能的原理;强调从教师、学生等不同信息源来采集课程信息,是根据古德莱德(J. I. Goodlad)对课程所作出的"五分法"。[①] 他认为课程包括:理想的课程、正式的课程、领悟的课程、实行的课程和经验的课程,学生所接受的课程与教师所实施的课程,两者之间是存在一定差异的。因此,单从某一方去了解情况,是带有片面性的。

由此可见,只有当校长真正对所要观察的领域十分在行、进行了充分的知识储备之后,他才能够对"需要观察什么"做到了然于胸,并且确信观察这些项目是有足够的理由的。

---

① J. I. Goodlad,Curriculum Inquiry:The Study of Curriculum Practice,1979

3. 培养多看、多听、多想的习惯

多听、多看,锻炼感官、积累感性知识,是观察力得以发展的前提。观察的过程也恰恰是以感知为基础的,但并不是任何感知都可称为观察。真正的有效的观察过程既包含感知的因素,也包含思维的成分。如果在观察过程中不动用大脑的思维能力,那么观察也只是笼统、模糊和杂乱的,既不可能抓住事物的主要特征,更不可能作出科学的判断。

归纳而言,校长要靠自己的感官,有目的、有计划、主动地去感知,并且只有将感知与思维相结合,才是真正的观察;而这种观察现象、抓住本质的能力,才是真正的良好的观察力。

二、理想文化的构想力

观察现有文化不是目的,在此基础上设计学校未来的文化,才是观察的最终意图。对于理想文化的构思,需要校长发扬现有文化中的优势,弥补存在的不足,把握文化创新的时机。

(一)构想理想文化的策略

1. 优势升级策略

对于发展水平相对较高、文化底蕴相对丰厚的学校,在构想理想文化时,不妨采用优势升级的策略。即寻找到学校的传统优势领域,将它进一步强化与优化,使学校文化在原有基础上更上一层楼,让历史名校焕发新的生机与活力。

上海市明强小学是一所有着悠久历史的老校。1996 年,针对当时社会发展所暴露出的人的道德文明素养下降以及学生进取心和耐挫力不强的问题,学校提出了"明礼仪,明责任,进取心强,耐挫力强"的校训。一段时间里,"明强"的校训直接指引着学校管理者和教师的工作,取得了较好的办学成绩。

1999 年,参加"新基础教育"推广性、发展性研究之后,学校开始反思原有的教育观念与教育行为,领导班子开始意识到:原有校训已经在学校发展中发挥了重要的凝聚、引导的作用,在其具体内涵设计上有较强的时代感和历史延承性。但是,在对具体培养目标的设计上还局限在列举状态,缺少本质性和整体感。经过不断学习讨论,学校于 2002 年 10 月正式提出新的"两明两强"。①

---

① 吴遵民,李家成.学校转型中的管理变革——21 世纪中国新型学校管理理论的构建[M].北京:教育科学出版社,2007:233—235

这一核心文化精神的升级,成为明强小学在新时代继续发展、并不断焕发百年老校的当代生命力的重要保障,成为学校改革与发展中重要的文化力量。

2. 特色扩散策略

对于办学已经取得了一定的突破,初步形成自身办学特色的学校,在设计未来的文化建设方向时,可以选择特色扩散的策略。即以现有的特色为核心,促使其向其他领域拓展、扩充,最终实现项目特色向学校特色的转变。

广州市 109 中学原本是一所薄弱学校,生源素质低下,教师队伍动荡,办学条件简陋,曾在恶性循环中不能自拔。1990 年起,109 中学选择其他学校不太重视的艺术教育为突破口,着手构建"艺术教育特色"的办学模式,试图通过创建特色来振兴学校。经过艺术教师的努力,这一目标在较短的时间内达成了。在构思学校的下一步发展计划时,学校的思考与措施暗合了特色扩散策略的思路。

学校领导发现,艺术教育的成功点燃了教职工的工作热情。这一切让学校领导意识到,艺术是追求"美"的,而师生员工当前所显露出来的精神状态和工作行为也蕴涵着"美"的成分。

能否让"美"冲破艺术教育的局限?可否将艺术教育所取得的成果在其他领域中运用?这些问题引起了学校领导的思考。于是,一种以"校园环境绿化美、教育教学方法美、师生精神风貌美"为主要内涵的追求美的文化建设思路,逐渐在学校领导头脑中形成并清晰起来。

3. 缺陷弥补策略

前两种策略是以学校文化中的强项为基础的,而缺陷弥补策略却是针对学校现有文化中的不足而实施的。毫无疑问,这一策略的实行有较大的难度,它要求办学主体具有砥柱中流的胆识和勇气,具备独立思考的品质,拥有坚忍不拔的意志。不过,一旦取得成功,学校的文化境界能够因此而提升一个层次。

冯恩洪当年在上海市建平中学所进行的改革,就是基于缺陷弥补策略的。作为一所重点中学,建平的升学率是有保证的,但是,冯校长没有忽视成绩背后的问题。他始终在思考:为什么现在那么多的学生学习积极性不高?因为我们现在的教育是"补短教育",是没有学生选择余地的教育,而没有选择余地就无法开掘人的潜在能量。在看清了学校的缺陷后,他决心反其道而行之,把学生当作社会的人来考察研究,把教育的基础奠定在每一个学生不同的发展需求之上,注重学生个性、特长的发展。①

这是冯恩洪对学校文化弊端反思的过程,是从现实弊端出发进行逆向思维的过程,是他针锋相对地确定崭新的教育目标的过程,也是建平中学文化提升、特色形成的过程。

(二)提升校长构想力的途径

1. 改善心智模式,规划学校愿景

校长的决策和指挥对于整个学校目标的实现影响巨大,有时往往决定学校的发展。而校长的决策和指挥正确与否,首先取决于其心智模式。这并不是一些浅层次的思想观念,而是深藏在人们思想深处的,作为人们行为依据的思想观念和理论假设。校长在自己长期的生活和工作中,都会有意或无意地建立起自己的心智模式,并按照自己独特的思维方式在不同情况下做出决策,实现对学校的管理。

首先,校长要学会"吾日三省吾身",以开放的心态审视自我的心智模式,客观地认识自己,并以开放的心胸认识到自己在心智方面还有不足;其次,校长要学会与学校的师生员工展开真诚的交谈,了解别人眼中的自己,看到自己看不到的东西。

2. 培养创新意识,突破现有文化

学校的创新发展关键在于构建有利于学校创新的机制,而这个创新机制应当从学校管理入手,从校长创新意识的培养做起,树立起教育创新的观念,构建有利于教育创新的管理模式,充分发挥全体教育教学工作者的创新精神和创新能力。

显然,要培养校长的创新意识,争创一流的精神状态是必不可少的。校长要坚持与时俱进,始终怀有改善学校现有文化、突破学校发展瓶颈,构建一流学校文化的美好愿景,不断提高创新思维能力和科学决策水平。同时,校长要有创新的勇气。

3. 明确应然与实然之间的差距,设计改进计划

对理想文化的构想,不是一种空想。因此,学校管理者必须摸清学校文化的现有情况,构思理想状态,并且明确两者之间的距离,设计弥合其间差距的行动计划。在这方面,罗宾斯和艾维设计了一份表格,可资参考。

---

① 刘堂江,梁友君.跨世纪教育工程[J].人民教育,1993(9)

表 3 - 2　文化评估和行动计划表

前景或目标:		
文化要素	目前情况	理想状况(与前景或目标一致)
·价值观和信念		
·规范		
·规则		
·典礼和仪式		
·奖励		
·故事		
·物理环境		
·符号和人工制品		
·传统		
·文化扮演者(牧师、英雄人物、历史学家和讲故事的人)		
·非正式的交往群体文化的大体状况		
需要改进的地方		
行动计划:为了促进文化变革,下一步最适合做什么?		

资料来源:[美]罗宾斯,艾维. 新校长成功策略. 常永才等译. 北京:中国轻工业出版社,2006:41

三、文化建设的执行力

理想文化构想得再完美,也只是头脑中、纸面上、嘴巴里的东西,只有通过扎实有效的行动,才能化为真实的景象。因此,文化建设的执行力的价值也就不言自明了。

(一)文化建设执行的关键

1.文化是实现执行的平台

没有文化,就没有执行;有什么样的文化,就有什么样的执行力。学校文化建设的关键就在于执行,而执行的关键在于透过学校文化影响教职工的行为,并使其形成自觉的行为习惯和行为认同。可见,文化是实现执行的平台。

校长对学校文化建设的执行,就是将来自于管理实践中的深层思考,包括学校基本价值观、基本理念和行为准则,通过一定的方式予以传达,并为所有师生员工所接受,体现于学校的整个管理制度和管理过程中。不难发现,其中学校文化是基础,没有了文化,也就无所谓文化建设的执行。

近年来,桃源县一中"以德治校"的办学经验引起人们的关注,来自四面八方的学习参观者络绎不绝。学校领导首先以身示教。在校长王义生的办公桌上,一张"德育工作时间表"详细记录着他的工作安排和内容:每天找一至两名学生谈心,对教室、办公室、操场、食堂、寝室巡查一次;每周听一堂主题班会,找一名班主任了解学生思想状况,接待一次学生心理障碍咨询;每月召开一次德育专题会,进行一次德育电视讲话,督查一次班风"月评比";每两月组织一次德育主题活动,每学期开展一次德育评估。[①]

桃源一中坚持着"以德治校"的文化思想,校长通过一定的方式将这种文化传达至学校的各个角落,并为校内师生员工所接受,实现了学校文化建设的执行。

2. 学校执行力是校长执行力的基础

校长执行力能否充分得到发挥,其中学校执行力是基础。校长执行力强,不一定就意味着学校整体的执行力强;而校长的执行力弱,也不一定就意味着学校整体的执行力弱。两者之间的关系是复杂的。

校长在进行文化建设的执行过程中,经常会发现这些问题:为什么设计良好的学校发展规划不能如愿变成现实,甚至南辕北辙? 为什么素质教育、新课程改革、校本教研等好的理念及措施,在学校内只能成为形式主义或者口头之谈? 其问题的关键就在于学校的执行力。校长在制定一项发展战略时,必须充分考虑学校的执行能力,比如:该项任务是否有足够合格的人来执行;如果没有,必须采取哪些措施来培训;是否有一个最优的操作流程和组织流程保障该任务的实施等等。

3. 激励机制是文化建设执行力的核心要素

没有激励的学校就没有发展前景,这里的激励包括正激励和负激励,而负激励同样不可缺少。所以,建立一种积极向上的学校激励机制极为重要,也是校长实现执行力考虑的首要因素,同样也是将执行贯彻到底的重要工具和手段。

学校建立激励机制的根本目的,是正确地诱发教职工的工作动机,使他们在实现组织目标的同时,实现自身的需要,增加其满意度,从而使他们的积极性和创造性得以保持和发扬。只有在此基础上,校长的执行才会得到响应,并得到师生员工的配合。

---

① 李挥,李让恒.细雨滋润万顷田——湖南省桃源县一中"以德治校"纪实[N].中国教育报,2002-5-7(1)

(二)提升校长文化建设执行力的途径

1.提升自身文化执行的知识素养

校长是学校发展的灵魂,校长素质的高低在一定程度上决定了学校文化建设水平的高低。随着教育与时俱进的发展,学校所面临的问题日益复杂化,需求的主体多样化对校长的素质和能力提出了整合与多元趋势。而关乎执行力的主要是指那些对校长执行有直接影响的素质,包括校长所掌握的执行方面的知识、执行的技能、执行的修养等。

校长应该从自身文化执行的知识面、技能以及修养着手,提升自己的执行能力,更好地管理好学校,实现学校的发展。

2.改进自身文化执行的方式

著名的惠普公司等许多企业的做法很值得我们借鉴:他们推行"走动式"管理,公司的管理人员不是成天坐在办公室里打打电话,而是"走动"在公司员工中间,在"走动"中了解员工的工作状况,增进与员工的沟通交流,帮助员工解决工作中遇到的问题。这种管理是很人性化的,它强调的是为员工提供贴心的服务,缩短管理者与被管理者的心理距离,从而达到提升企业文化执行力的目的。

同样地,校长文化执行方式的科学性和合理性将直接影响学校文化的执行力。作为学校主要管理者的校长也应该推行"走动式"管理,并且要树立榜样,带领学校管理队伍在教职工群体中"走动",在学生群体中"走动",更加深入地了解学校的现状。

上音安师附中的李少保校长认为,在办学实践中,校长的管理行为对营造一种积极、健康、人文学校文化氛围是至关重要的,教职工不但要看校长是怎么说的,而且要看你是怎么做的。

3.构建有效的执行组织

保罗·托马斯和大卫·伯恩研究发现:那些执行力强的组织内部都建立了一种执行力文化,并认为"只有那些建立了执行力文化的组织才可能长久发展,基业长青"。一个富有执行力文化的学校组织是其他管理手段所无法取代的,它将从观念和信仰层次调动教职员工的积极性。

所谓有效的执行组织,并不只是校长亲自参与到学校工作任务的执行中,也不只是每一个教职工完成执行目标。校长参与是有效执行的必要条件,教职工完成执行目标仅是执行结果的表现。而有效的执行组织,是指具有执行力的组织,它是学校文化建设的核心,校长进行学校文化执行的关键。

第三节　学校文化培育的实践策略

一、渐进策略

如同培育花草树木一样,建设学校文化需要一定的时间周期。突击,往往无法真正形成学校文化;只有循序渐进,才能使文化的基因在每一个人的心里扎下根来。

(一)渐进策略的重要性

美国著名的战略管理学者奎因教授在对全球范围内的 20 多家企业进行实地考察、研究之后,在其著作《企业应付变化的战略》一书中得出如下结论:"一般来讲,战略是点滴凑集,逐步演变的,真正的战略是在公司内部的一系列决策和一系列外部事件中逐步得到发展,使最高管理班子中的主要成员们有了对行动的新的共同的看法之后,才逐渐形成。"可见,在企业管理过程中,仓促的战略规划不可能对各种存在时间差异的信息做出反应,确保战略与环境相适宜。相反,只有渐进策略才能推动企业向前发展。[1]

校长在培育学校文化的过程中,也同样如此。如果校长忽视各方面的影响,仓促地规划学校,很有可能引起社会、家长以及师生员工的不满意,从而导致整个学校管理的瘫痪。校长要循序渐进,逐步培育起适合学校发展,而且社会各界和校内师生员工所认可的学校文化。

具体地说,学校文化培育要求校长经常对学校的现有文化进行评估,对外部信息要保持灵敏的反应,进而对学校现有情况以及未来发展的可能情况保持最为清醒的认识,循序渐进地提升学校文化。

(二)渐进策略的特点

1. 分步到位

组织文化的塑造需要经过五个环节:选择价值标准、强化员工认同、提炼定格、巩固落实和丰富发展。这五个环节所展现的本质也是一个循序渐进的过程。"冰冻三尺非一日之寒",对于学校文化的培育,是长期的工作,可能是十几年,也有可能是几十年,而非"一日"的工作。校长必须根据学校远景规划来制定阶段性的具体目标,并根据各阶段目标分步走向最终的目标。只有分步到位,才能防范迷失学

---

① 周松.论企业战略管理的渐进性特征[J].山西财经大学学报,2002(22)

校长远目标的可能,一环扣住一环,直至实现远景规划。

东方中学的办学历程中,明晰地呈现出一条发展的轨迹,那就是:"夯实基础求发展,优化特色创品牌。"从建校初期的练好"立正稍息",开展"领导像领导,教师像教师,学生像学生"的"三像"教育开始,着力构建和践行学校的制度文化,为规范全校师生的行为明确提出文化蕴意深邃的十六字校训:"教必务实,学必求是,言必达理,行必规范。"

在学校步入合格正规的轨道后,又及时提出"一手抓常规,一手抓教科研"的两手抓的办学策略,在夯实办学基础的同时,走"科研兴校,科研强教"的发展之路。以"金钥匙工程"为载体,提出了与世界教科文组织教育理念相吻合的四个学会:"学会学习,学会关心,学会教学,学会生存",旨在使学生聪明地学,教师智慧地教,通过"四学会"的实践反思,逐步感悟和掌握开启知识大门的"金钥匙"。东方中学"金钥匙工程"的启动和实施,标志着学校教育科研拉开了序幕,学校文化建设以发展校本科研,创建教育特色为切入口。①

2. 由点及面

不管是总的文化培育过程,还是阶段性的环节,都要做到由点及面。对于学校文化的培育,"点"是指学校的核心价值观。只有先确立学校的核心价值观,才能营造教师文化、学生文化、管理者文化等等,才能推动学校的发展。核心价值观就像是圆心,而学校文化建设就好像是用圆规画圆,围绕圆心一圈一圈地向外展开,这也就是由点及面。围绕学校的核心价值观,逐步形成各种形式的学校文化。对于各个阶段也要具有由点及面的特点。先制定该阶段的核心价值观,然后再培育该阶段的学校文化。

北京市中关村中学十分注重学生的艺术教育和学校文化建设,并将其作为办一流学校、创一流教育的一个重要组成部分。基于此,学校制定了明确的艺术教育目标,即建立较为完善的艺术教育体系和管理机构,培养高素质的师资队伍;配置较为先进和完备的艺术教育设施;建设成规模大、种类多、上档次、水平高的学生艺术社团;在丰富多彩的艺术活动中培养学生高深的审美情趣,促进学生全面和谐发展。培养全体学生初步掌握一些艺术知识和具备一种艺术特长,懂得欣赏美和创造美,把高水平的艺术教育作为办学特色之一。

---

① 东方中学学校文化校本建设启示录[EB/OL]. http://www.qpdfzx.edu.sh.cn/jiaoyujiaoxue/xuexiaochengguo/200505/252.html,2005 – 5 – 27

（三）学校文化培育的渐进过程

学校文化的自我诊断过程就是学校文化自我改造过程。整个过程大致包括6个核心步骤,被称为"六步法",即:第一步:我们是怎样……;第二步:我们为什么会这样……;第三步:这样……我们感觉……;第四步:我们还可以怎样……;第五步:我们的……可以从什么地方开始改;第六步:变革……我们需要组织给予什么支持?① 同样地,学校文化的培育也是一个渐进的过程,包括确立学校文化、适应学校文化以及调整学校文化等阶段。

1.确立学校文化阶段

苏霍姆林斯基眼中的校长首先是学校教育思想的领导,所以校长首先必须拥有丰富的、先进的管理理念和教育教学理念,并要根据学校的实际情况选择、确立适合自己学校的管理理念和教育教学理念。这一理念和思想就是学校文化的核心,是学校文化的精髓,是学校工作的出发点,也是学校教职员工做事方式和处世态度的主导,左右着全体教职员工如何做事,如何处世。

校长在确立学校文化阶段,不能只有校长个人的独自见解,必须广集师生员工以及社区群众、家长、学者的意见,充分吸纳各种智慧和经验,确保学校文化的认可度。

2.适应学校文化阶段

全校师生员工与社会各界人士共同确立了学校文化后,校长、教师和学生就要逐步去适应这一文化,使文化能够在群体中得到真正的体现。同时,学校内的所有师生员工在文化的引领下,会更为齐心合力地向学校目标前进。如果有人不能适应学校的文化,那么就将面临淘汰。

3.调整学校文化阶段

学校文化的培育是在动态环境中进行的,仅仅只是维持远远不够,还必须不断调整学校文化的内容,以适应环境变化的要求。维持是保证学校活动顺利进行的基本手段,但是创新是为了实现更高层次的发展。

学校系统是由众多要素组成的,而且与外部不断发生交流,它是一个动态的开放系统。当学校系统的外部环境发生变化时,学校内也会相应地发生变化。如果此时校长不对学校文化做出调整,那么其文化将无法发挥它的作用。所以,校长应该根据环境的变化,适时地对学校文化进行局部或者全部的调整,以适应新的环境,而避免被变化的环境所淘汰或是被改变了的环境所不容。

---

① 季苹.学校文化自我诊断[M].北京:教育科学出版社,2004:45～53

当外部环境稳定之后,学校文化重新得到了确立,从而会迎接下一轮新的变化和调整。所以,学校文化培育是一个不断循环的过程,循序渐进地向前发展。

二、渗透策略

学校文化的建设主要是一种"润物细无声"式的熏陶与感染,不能靠简单粗暴的推行方式。因此,培育学校文化必须采取渗透策略。

(一)学校文化无处不在、无时不有

学校文化可以渗透到学校的环境、设施、制度、管理、人际、教育教学等所有方面,可见,它是无处不在、无时不有的。它内在于师生的心灵,是师生在长期的学校生活中的核心价值观以及追求;它外显于学校的环境,是学校环境建设的总方向。

南京市北京东路小学,不时地,一块块铜牌、一幅幅照片牵引着人们的视线。铜牌的内容很丰富,有学校获得的各项荣誉,有邀请江苏省第一批特级教师、第一批名校长给学校的题词,还有全校所有教师给孩子们的寄语——每人一句话,都分别镌刻在一块块不等的铜牌上。照片记录了学校有关的重大活动、历史事件,它们和学生的作品专栏,各个研究所、社团的专题展示,以及设在每个教室门口的"童心闪闪"橱窗(登载一周来班级各方面表现突出同学的照片和事迹)一起,构成了北小校园文化的显性部分,这就是北小为了让校园墙壁成为孩子们开阔视野、陶冶情操、奋发进取的重要信息源而精心设计营造的"壁间信息"。

南京市北京东路小学原校长袁浩说:这些校园文化也是一种信息,学生每天接触,受其熏陶,在接受这些信息的同时对他们自身的发展也起到了很好的促进作用。还有许多流动的信息,发生在学校的每一个教育行为和师生间的每一次的交往中。

(二)前提:学校文化的包容性和和谐性

从辩证法的哲学基础看,和谐的本质就是对立统一、多样性的协调统一。学校文化主要就体现在对师生不同文化价值观多样性的尊重、包容并协调统一,从而最大限度地形成学校文化建设核心价值观的共识,生成自觉的和谐学校主流文化。

不同的师生会有不同的教育理念,所彰显出来的教学活动、对学科课程的理解或者对资源的利用都会有不同,表现出来的是一个复杂的、丰富的、多样的学校集体。此时,作为主流的学校文化就要表现出包容性,从而在学校内形成和谐共存的文化氛围,使学校文化真正地渗透到学校内的各个角落,避免形成冲突。

和谐的学校文化是实现学校文化渗透的动力和支撑。如果学校文化与学校活动或者师生员工的理念是相矛盾的,甚至是不包容的,那么学校文化无法渗透到学校的各个方面。可见,校长必须构建一个和谐的学校文化,才能使学校形成一个真

正的和谐集体。

(三)学校文化的渗透形式

1.学校文化的物质形态

物质形态的学校文化,包括校园的自然环境和各类设施,操场跑道,树木花草,旗杆旗帜,校标校徽等等,这些都具有直观形象的特点,但却内隐了设计者、建设者和使用者的价值观、审美观。如果这些物质因素都具有独特的风格和文化内涵,就能潜移默化地影响学校群体成员的观念和行为。

2.学校文化的制度形态

一所学校,如果仅有优越的环境条件是不够的,还必须有严格的规章制度来约束和规范师生员工的行为。学校文化的制度形态包括培养目标、制度纪律、校训校规等校园一切制度形态的东西,这种具有强制性的制度文化环境,一经学校成员的高度认同,不仅能促进良好品行和价值观念的形成,更能凝结为一种无需强制就能在学生中自然传承的精神文化传统。

南京市三牌楼小学为实现"坚韧探索"的学校核心理念,重点建立分层管理制度和人力资源开发制度。人力资源开发制度包括:①教师培训制度;②优秀教师的交流制度;③师徒结对;④外出观摩制度。①

3.学校文化的精神形态

精神形态的学校文化,是学校文化的核心内容,更是学校文化建设所要达成的最高目标,包括办学思想,价值观念,态度作风,行为方式,礼仪习俗,人际关系等等所有精神形态的东西。精神形态的学校文化影响校内成员价值取向、人格塑造、思维方式、精神风貌、道德情感等,同时,它对外彰显学校的精神风貌、个性特色和社会魅力。学校的教育思想和教学理念是学校文化的"主心骨",反映学校的文化追求和教育价值观。

上海中学的办学指导思想是"认真学习与落实邓小平同志'三个面向'的教育思想、江泽民同志'三个代表'和胡锦涛总书记关于社会主义和谐社会的论述,在科学发展观与和谐发展观的指引下,整体推进学校的素质教育。"学校的办学理念是"在国际化、信息化、教育现代化,校园环境不断优化的背景下,以学生发展为本,着力培养学生的创新精神,实践能力和可持续发展能力,使学生在思、能、行诸方面得到充分的发展"。

①　周小慧.南京市三牌楼小学学校文化战略纲要执行力系统(试行)[EB/OL].www.splxx.cn,2007 – 10 – 12

三、引领策略

事实上,学校的文化培育要靠校长去引领;而学校的文化建设,也会引导其他各项工作的开展。

(一)引领策略的特点

1.前提:具有前瞻性的学校文化

在学校发展过程中,可以引领其发展的,必定是具有前瞻性的东西,必定是真知灼见,是超前于社会一般人的思考,否则就无法起到引领的作用。如果学校文化没有一点高度,就不可能起到引领作用。只有当学校文化想他人所未想,思他人所未思,显示其独特性及其发展的潜力,才能成为学校的"引路人"。

可见,学校文化的发展规划非常重要。上海市特级校长洪雨露说:"校长要反思昨天,要奋斗今天,更要思考明天。为学校的明天当好设计师,是校长义不容辞的责任。"校长要站在时代的前列,并学会分析、预测,把握学校美好的未来图景,构想出最适合学校愿景的文化。

2.载体:多样的学校活动

在活动平台的建设上,学校应该放大视野,通过展示、连动、互动等形式,推介学校文化,打通学校、家庭、社区的文化通道,利用家长会、学生文化活动、学校传统节日凸显学校文化,进一步渲染、形成、积淀学校文化。

同时,校长要借助学校活动的机会,做好学校文化的宣讲者,比如:各种教职工会议、家长会、各种专题研讨会、演讲比赛、各类先进评选等,激励广大教师追求更高的人生目标,建立价值共同体。

(二)引领策略的形式

1.学校文化引领学校发展

学校要实现可持续发展,必须面向世界、面向未来、面向现代化,构建开放的、立体的育人空间,使学生在文化知识、道德修养、心理健康等方面受到良好教育,使教师在业务素养、道德修养等方面获得较大提高。对于学校而言,不仅要看其是否满足了当前的需求和社会期望(如升学率),更要看其是否具有对未来社会需求变化的预测能力和主动适应能力;不仅要看学校当前的管理过程和结果,更要关注学校的教育管理水平是否具有持续的张力。

因此,需要以学校文化来引领学校的发展。在文化的引领下,学校就有了发展目标、有了追求。在追求素质教育的今天,学校文化从过去的重成绩转为了重学生的全面发展。在此文化的引领下,学校就会将此理念转化为具体的、大家认同的观念,并最后转化为具体可操作的目标,共同努力促进学校的发展。

2.学校文化引领师生成长

学校文化应该是学校特色的重要表征,是催生教师专业成长和学生生命发展的深厚土壤。在现代教育发展中,学校文化的作用越来越突出,其基本功能在于规范、引导、激励和辐射,它对塑造校园精神,打造学校形象具有不可低估的作用。积极健康、文明向上的学校文化能够激励全体师生紧紧围绕学校的发展目标不懈奋斗,从而不断提高教育质量和办学水平;能够激励全体学生树立远大理想,开启智慧,形成健全人格,促进全面发展。

(三)引领策略的关键

引领策略的关键在校长,因此校长必须提升其领导层次。有研究人员指出,校长的领导层次可以分为五个等级(见图4-1)。技术领导关心的是工作计划的制定等具体性的技术工作;人际领导注重沟通,善于鼓动教职工的干劲;教育领导自身的教育教学业务出色,能够对其他教师进行诊断,提出建议;象征领导往往能够以身作则,率先垂范;文化领导重视价值观的引领。

图4-1 五种层次的领导

资料来源:郑燕祥.教育的功能与效能[M].香港:香港广角镜出版有限公司,1995:349

从图中可以看出,当校长滞留于技术领导、人际领导和教育领导这样的层次时,他只能办出一般"可行"的学校;只有校长自己提升为一名象征领导和文化领导的时候,才能打造出成就卓越的学校。

能力训练项目

浙江长兴县煤山镇中心小学于2003年被评为湖州市一级小学,2004年被评为浙江省示范小学,2005年被评为五星级教工之家。但是,学校文化在这里还没有得到应有的重视,群体目标指向不够集中,习惯思维占统治地位,学校的运转总在习惯处行走。

因此,磨合、整合、引导,调整、优化教职工的价值取向,变张力为合力,是学校文化建设的重点任务。在研究学校的历史及现状的基础上,学校领导成员确定学校文化建设的主题为建设"阳光校园"。阳光为一种自然现象,现引申为一种学校的文化概念,主要是借鉴它的光、热、生命感觉等特性,来展示学校的文化内涵。

在文化建设中,学校主要从以下几条线展开。

1. 脸上充满阳光——微笑着面对生活,面对工作,面对同事,保持良好的心情状态,开开心心地过好每一天。

2. 教学充满阳光——教师与学生要平等对话,走进学生,建立和谐的师生关系。以课堂教学效率年为载体,开展丰富多彩的教学研讨活动,开发校本课程,构建阳光课堂,使教师教得轻松,学生学得愉快,营造温馨的班级氛围。

3. 管理充满阳光——由情感管理向民主管理、文化管理迈进,开通民主管理通道,创新校务公开方式,提升学校制度文化,让教职工切身感受到我参与所以我明白,我明白所以我自觉。

4. 人际充满阳光——提出有序竞争,强调真诚合作,共同提高,通过群体活动,建立友情,进而达到知心话有处讲,困难事有人帮,既能同甘更能共苦。

5. 心理充满阳光——要有一种平衡的心态,要有一种健康的心理,能区分世界的阴暗面与光明面,用快乐的心情面对光明的一面,保持自己健康快乐的心境,夯实师生精神文化的心理基础,培育积极向上的精神文化。

6. 行为充满阳光——表现为学生知书达礼,教师彬彬有礼,学术严谨无瑕,生活充满朝气,活动多多,快乐多多。①

思考题

1. 该校的学校文化建设主要针对的是学校的什么问题?

2. 该校主要是通过什么方式来建设学校文化?

3. 你认为校长在该校的学校文化建设中,主要发挥了什么作用?

---

① 文宏章.学校发展 文化引领[J].教育科研论坛,2006(7)

第五章　人力资源的开发力

企业或事业唯一真正的资源是人。

——［美］汤姆·彼得斯

●引导性案例

开发人力资源　提升学校核心竞争力①

上海市进才中学于 2000 年 10 月正式成立了学校人力资源处,开展了下述八个方面的工作:①构建"低重心,平展式"的岗位设制方案,通过合署、增设、减员、核编、不设副职等方式,使学校形成了高效、优质、通畅的工作与管理环境。②通盘考虑设岗定编,制定了全校各部门行政管理人员、职员、教辅人员、职工的岗位职责范围。③面向全国招聘和深入知名学校举办专场招聘会,为进才中学实施办学目标提供人力资源保证。④制定了"进才中学人力资源管理条例"和"进才中学员工守则",规范了学校的人力资源管理。⑤切实地实施了全员岗位聘任制,按照"全体卧倒,重新应聘,定岗定人,全新推进"的十六字方针,对全校教职员工实施了双向聘任工作。⑥通过设计岗位职绩工资制,促进校内薪酬激励机制的形成。⑦组织多维多系的考核评价,提高现代教育管理的针对性和队伍优化的力度。⑧组织扎实有效的校本培训,为教职员工通过再学习提升人力资本创建必要途径。

人力资源处的成立,为学校在教育现代化进程中获取竞争优势奠定了坚实的基础。进才中学的办学目标是:"在一个微观领域里实施中国教育走向现代化的进程",力图"以不一般的努力实现不一般的追求"。实施教育现代化,必须实施现代教育管理;实现不一般的追求,关键是学校教职员工的素质与努力。因此,化被动的"以事为中心"的传统人事管理为主动的"以人为中心"的人力资源开发,不间断地优化队伍,提高绩效,已成为确保办学目标达成度的关键因素。有效的人力资源开发工作,为进才中学的发展提供了数量充足、质量精良的教师队伍,而这正是学校的核心竞争力。

从上述案例中可以看出,人力资源管理能够为学校创造一种管理环境,通过完善规章制度、建立激励机制、合理设置岗位、进行契约式管理,使教职员工能自觉、高效、优质地完成工作职责。因此,校长应当努力做好学校人力资源的开发。

---

① 资料来源:http://www.hsjc.pudong-edu.sh.cn/jczy/rlzy/index.htm,标题为笔者所加。

第一节　校长与学校人力资源开发

人力资源对于学校来说是必不可少的一项资源,它对学校的生存和发展都起着决定性的作用。因此,校长必须做好人力资源开发,努力发挥学校成员的特长,挖掘他们身上蕴藏着的潜能,帮助每个人实现其人生价值。

一、学校人力资源及其特点

人力资源有着不同于物力资源和财力资源的特殊性,而学校人力资源又具有不同于一般人力资源的特点,这些特点是校长在进行人力资源开发时必须注意并把握的。

(一)学校人力资源的内涵与外延

现在通用的关于人力资源的定义是:"人力资源是指组织中具有劳动能力的人"。根据对于人力资源的界定,我们可以看到,学校人力资源在本质上就是在学校这个组织中具有劳动能力的人。有研究人员对学校人力资源给出了这样的定义:学校人力资源是指以学校为单位计量的,能够通过参与教育服务促进经济与社会发展的具有劳动能力的人的总和,它包括数量和质量两个指标。①

具体来说,它应当涵盖以下几部分人员:学校的教职工、学生、家长以及其他一些可参与教育服务的人员。需要指出的是,学生的主要身份是学习者而非教育服务的提供者,家长和社会人员能够提供的教育服务是有限的,因此,教职工是学校最重要的人力资源。基于这样的现实,有人提出,从狭义上理解的话,学校人力资源就是专指学校的教职工。而在我们看来,教师和学校管理者是学校人力资源的核心力量,学校人力资源开发应以他们为重点。

(二)学校人力资源的特点

人力资源具有生物性、社会性、能动性和再生性等区别于其他资源的特点,而与一般人力资源相比,学校人力资源又有其特殊的属性:

1.较高的层次性

从层次上分,人力资源可以划分为普通劳动者和人才资源两类。人才资源是人力资源中具有专门知识和技能的那部分高层次的人,一般以学历和技术职称为衡量标准。在我国,中专以上学历或初级以上专业技术职称者,都被视为人才。从学校的情况看,中小学教师的学历都达到了中专以上,在人口总体分布中处于较高

---

① 孟瑜.学校人力资源的激励与保护[J].天津教育,2006(12)

的层次。

2. 难以替换性

一方面,学校的人力资源并不是物力资源和财力资源所能替代的;另一方面,人力资源内部也是不可随意替换的,这具体表现在:①在不同教育层级上难以替换,即大学教师不能替代中学教师,中学教师也未必教得了小学;②在不同学科之间难以替换,随着教师专业化程度的不断提升,教师同时兼教不同学科将越来越困难。

3. 质与量的规定性

企业在用人的质量与数量上基本依靠市场调节,政府甚少干预;而对于学校人力资源的质与量,国家会采取较多的调控措施。比如,在质的方面,1995 年国务院颁布了《教师资格条例》,使学校在聘用教师时有了参照标准。在量的方面,2001年中央编办、教育部、财政部联合下发了《关于制定中小学教职工编制标准的意见》,这就意味着学校要严格执行编制标准,既不能超标,以免造成人浮于事;也不应用人过少,以防影响工作的正常开展。

二、学校人力资源开发的涵义与目标

学校是培养人才的地方,学校人力资源的开发具有十分重要的意义。校长要把握人力资源开发的目标,为学校赢得最理想的人力资源。

(一)学校人力资源开发的涵义

人力资源开发是现代组织的一项基本管理职能,学校人力资源开发是指以提高教育教学质量和工作生活质量为目的,对人力资源进行的获取、保持、评价、发展和调整等系统化的工作。在这一定义中,特别需要引起注意的是:

1. 学校人力资源开发担负着提高教育教学质量和改善工作生活质量的双重任务

教育教学质量是学校得以生存和发展的根基,因此,学校的各项工作都得围绕着它来展开。人力资源开发也不例外,其目标指向是借助高水平的师资队伍来提升教育教学水准的。值得关注的是,学校人力资源开发不仅要提高教育教学质量,而且要追求工作生活质量的改善。人力资源开发将"人"真正当作资源,而不是当作提高教育教学质量的工具与手段,为此,它十分注重教职工工作成就感的获得、个人价值的实现。

2. 学校人力资源开发将"人"作为资源来对待

能否将"人"作为资源来对待,这是区分传统人事管理与现代人力资源开发的重要指标。人事管理和人力资源管理的对象都是"人",但两者对于"人"所秉持的哲学观却大相径庭。在传统的人事管理中,员工被视为一种成本或生产、技术要素,是对组织资本资源的消耗,是为换取利润而不得不付出的一种代价。因此,节约人手、降低人力成本便成了人事管理的基本准则。而人力资源开发则把人看作是组织的一种财富和资源,是组织至关重要的投资。

3.学校人力资源开发对教职工的管理是系统化的

传统的人事管理主要是一种"反映性"的事务管理活动,即人事管理部门根据既定规章和相应制度,对人事上的相关事件进行处理。这种管理往往是被动应付式的,缺乏从选人、用人、留人到育人的完整思考和制度安排。例如,某校为提高教师队伍质量招聘了一批特级教师,但引出了一系列的问题:因待遇悬殊,学校原有教师对新聘的特级教师意见很大;特级教师占满了学校的高级职称名额,封堵了原有教师的发展空间。

(二)学校人力资源开发的目标

一般而言,学校人力资源开发的目标主要包括以下几个方面:

其一,为学校的发展提供人力支持。学校主要是一个"人-人"系统,学校的各项工作都要依赖教职员工去实施、去完成。因此,学校人力资源开发的首要目标是通过招聘、培训、考评等活动,寻找合适的工作人员,进行科学的人员配置,激发员工的工作热情,实现人事匹配,从而为学校的发展提供强有力的人力支持。

其二,建立新型的人事运作机制。传统的人事管理制度已经不能适应社会主义市场经济和教育改革的需要,因此,学校人力资源开发必须探索以聘用制为基础的能进能出的用人制度,建立客观、公正、全面、透明的评价制度,推行形式多样、自主灵活的分配机制,力求形成进出通畅、有序竞争、严格监管、有效激励、充满活力的人事运作格局,用科学的机制保证学校能够发现人才、留住人才、用好人才。

其三,实现人力资本的增值。教职工是学校最为宝贵的财富,人力资本是反映学校竞争力的重要指标。人力资本不是一个固定不变的常量,随着知识和技能的老化,工作激情的衰退,人力资本也会不断贬值。为此,学校管理者应当为教职工创设学习和提高的机会,给他们不断注入工作的动力,从而使人力资本得到保值乃至增值,使个人和学校均能从中受益。

其四,提高教职工的工作生活质量。学校人力资源开发并不仅仅服务于学校的组织需求,而且也要服务于生活在学校中的每一名教职员工。教职员工每天有相当长的一段时间在学校里工作与生活,他们能否心情舒畅地开展工作?他们对工作环境的满意度如何?他们是否享受到了工作带来的乐趣?这些都是学校人力资源开发所要关注的问题,提高教职工工作生活质量是管理者的责任。

三、学校人力资源开发的内容

学校人力资源开发有许多具体工作要做,开发内容事实上规定了学校人力资源工作的基本环节和活动任务。[①]

(一)学校人力资源获取

从时间性看,这是学校人力资源管理的第一个环节,主要须做好以下几方面的工作:

其一,工作分析。学校里有任课教师、实验室管理员、教导主任、校长等多种职务,这些职务有着不同的任务与职责,对人员有着不同的素质要求。工作分析就是要对学校的各个职务进行描述,明确职责、工作环境和任职资格。而工作分析所形成的文本——工作说明书,能够为学校进行人员招聘提供依据。

其二,人力资源规划。教职工的正常退休、非正常离职、生源变化等情况,会影响学校人力资源的数量;教育改革、技术进步等因素,又会影响学校对人力资源的质量要求。可见,人力资源是处在波动状态的。人力资源规划就是要对学校未来一段时间内的人力资源的情况进行科学的预测,帮助管理者作出科学的政策安排,从而保证人力资源供求状况的动态平衡。

其三,招募、选拔与录用。根据人力资源规划,学校管理者通过内部告示、报纸广告等渠道发布职位空缺的信息,吸引校内外人员前来应征。校方可以采用面试、实际操作、心理测试等方式对应征者进行甄选,从中挑选出合适的人员。对于选拔出来的人员,学校应及时发放录用通知书,与之签订有关合同,完成录用手续。

(二)学校人力资源留用

要使教职工安心在学校里工作,减少不正常的离职现象,并且提高学校人力资源的使用效率,就必须做好人员的合理安置和积极性的有效激发。

每一名教职工都有自身的特点,学校管理者要有一双识人的慧眼,善于发现每个人的长处,将他安排到相应的工作岗位上。让每一个岗位都有合适的人员,让每一位教职工都能获得合适的岗位,从而达成人岗匹配。

(三)学校人力资源发展

人力资源管理与人事管理的重要区别之一就是重视对员工的开发,使其能够获得可持续发展的能力,而不是目光短浅的一次性压榨式的使用。近年来,教师专业发展已经成为教育界的一大热点,而从学校人力资源开发的角度看,就是要抓好

① 郭继东.试论学校人力资源管理系统的构建[J].当代教育论坛,2005(23)

教职工的培训和职业生涯管理。

培训是指了为了使教职工获得或改进与教育教学工作有关的知识、技能、动机、态度和行为,有关机构所安排的有计划、有组织、有系统的教与学的活动。职业生涯管理关注的是教职工职业生涯的全过程,强调帮助员工制定个人发展计划,使个人的发展与组织的发展相协调,满足个人成长的需要,实现组织的发展目标。在个人职业生涯的不同阶段,学校管理者要针对特定阶段的特点和需求,为教职工安排、调整乃至设计合适的工作,以期能够最大限度地发挥教职工个人的才能,使教职工幸福地度过自己的职业生涯。

（四）学校人力资源评价

评价包含的内容相当广泛,如素质测评、士气调查、绩效评价等。其中,最重要的无疑是绩效评价。

学校管理者应当建立科学的绩效评价系统,采用科学的手段收集、分析、评判教职工的工作态度、行为和工作结果方面的信息,以确定其工作实绩,并将绩效评价结果反馈给教职工本人。通过科学合理的绩效评价,可以帮助教职工认清自己的优缺点,并针对教职工的实际需要制订培训方案和职业生涯发展计划,改进其未来工作行为。同时,绩效评价结果也可以为学校制定报酬方案和奖惩制度以及职称评定、职务升迁提供依据。

（五）学校人力资源调整

调整,包括人员调配系统、晋升系统及各项有关法律和制度的调整等。从调整的方向看,有人是向上调整,有人会往下调整;有人自里向外调整,有人由外往内调整。通过调整,学校能够顺利地完成新老交替,可以实现人力资源的优化配置,有助于激发教职员工的积极性,并保持学校的活力。

四、校长在人力资源开发中的角色

校长在人力资源开发中扮演着多方面的角色,比如:人才成长环境的创造者、人力资源潜能的开发者、良好人际关系的沟通及促进者。

（一）人才成长环境的创造者

学校人力资源开发的实现,是通过提供一个令人满意的和质量导向的工作环境来完成的。作为人力资源领导,校长的首要职责发生了改变,他需要建立一个支持性的、专门的工作社区来强调人的因素,并将个人目标与组织目标融合以促进共同的利益和目标的实现。领导应该提供一种和谐的氛围,使下属之间心照不宣,形成合力一起朝共同的目标和理想努力。

（二）人力资源潜能的激发者

好的学校十分重视素质教育，而它们的管理者和领导者尤其善于激发学校的人力资源的潜能，他们能将不同数量和水平的教师资源整合到组织当中，从而产生高质量的教学效果，并为学校提供优质的服务。这些校长还具备将外部资源和内部人才成功"嫁接"的能力，从而使学校师生获取更多的成果。

1. 团队建设：充分开发人力资源潜能

校长在给高绩效的团队布置任务的同时，也会提供大量必需的资源，他所采取的哲学基调是"我们应该做什么"和"你认为我们应该做什么"。团队能够营造工作中的民主气氛，倡导成员的自控、自主和合作精神。团队工作可以最大程度地挖掘人力资源潜能，这也许是领导者所能采取的最佳管理方式。

2. 员工发展：最大限度地发挥人力资源潜能

成功的校长都意识到，挑选一位新的教师或者安排一个新的岗位，这些都只是员工招聘的初级阶段。在这些过程里，我们并没有关注到新教师在个人潜能最大化方面的需求。只有当教师的潜能发挥到最大程度，教育才有可能取得最好的效果。培养教师是校长的主要职责。如果学校能够组织开展教师发展的相关培训，则会取得更好的效果。

（三）良好人际关系及沟通的促进者

掌握良好的沟通技巧和人际交往的技能，对于校长来说是极其重要的，对于学校内人力资源的开发也是极其重要的。它们可以促使教职工团结，维持校园文化，建立极其稳固的工作关系，从而促进有效教学。优秀的校长都善于通过说服和影响来领导员工，他们必须具备准确和简洁的沟通能力，以取得好的沟通效果。良好的人际交往技能能够有效地激励员工，使他们协调一致，团结合作，从而能够尽职尽责地工作。校长需要培养良好的沟通技能。另外，校长还应该在员工中建立稳固的沟通网络，尽可能减少冲突和误会，增加彼此间的信任。

第二节　管理人员的开发

管理学家曾言：管理就是自己干，和别人一起干，指挥别人去干。校长不可能也不应该大事小情都揽于一身，有大量的事务是需要依靠其他管理人员去完成的。因此，选拔合适的管理干部、锻炼他们的工作能力、打造团结的管理团队，是校长一项重要的工作。

一、管理人员的竞聘

管理人员的产生,可以通过竞聘的形式进行,让广大教师公平参与竞争,让优秀者在"赛马"的过程中脱颖而出。采用这种"赛马"而不是"相马"方式,有助于达成人职匹配,调动人们的工作积极性。

(一)建立规范的竞聘程序

竞聘,就是为了给人们提供一个公平、公开、公正的竞争平台,让竞聘者各展其能,校长可以全面考察和比较各人的特点和长处,从而实现择优录用。为此,竞聘需要建立规范、严谨的工作流程,以保证竞聘活动的顺利开展。

一般而言,竞聘可以按照以下程序进行:①公布空缺岗位及其职责、聘用条件、工资待遇等事项;②应聘人员申请应聘;③聘用工作组织对应聘人员的资格、条件进行初审;④聘用工作组织对通过初审的应聘人员进行考试或者考核,根据结果择优提出拟聘人员名单;⑤聘用单位负责人员集体讨论决定受聘人员;⑥聘用单位法定代表人或者其委托的人与受聘人员签订聘用合同。聘用合同期满,岗位需要、本人愿意、考核合格的,可以续签聘用合同。

(二)确定科学的选拔标准

确定选拔标准是开展竞聘工作的核心任务,因为这一标准实际上就是衡量应聘人员的一把标尺。只有构建起科学合理的选拔标准,才能挑选出最合适的人员担任相应的管理职位。李智伟在《中层管理者胜任力模型的结构分析》一文中提出了管理人员的胜任力模型(见图5-2),这就确立了考察应聘者的基本维度,可以在此基础上细化形成选拔标准。

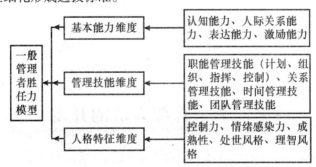

图5-2 中层管理者的胜任力模型

显然,上图给出的是一个通用的模型,即适用于多数中层管理者。由于岗位分工的不同,对于不同管理人员的具体要求是有差异的,因此,理想的做法是:在通用模型的基础上,设定更有针对性的各个岗位的竞聘标准。比如,有人认为教导主任在学校管理网络中是协助者、管理者、协调者的角色,在教育教学目标实施中要当好参谋者、调度者、督导者的角色,为此,需要重点考察以下三个方面:①是否有"为人师表"的人格品质和严谨治学的工作风范;②是否具备有鲜明的时代意识和获取、利用信息的能力;③有没有预知未来的洞察力和设计未来教学管理的胆识。①

(三)选择恰当的考察方法

有了选拔的标准之后,还需要选用适宜的方法去考察应聘对象,而考察应聘人员的方法是多种多样的。

1. 常用的考察方法

(1)知识测验

测验是通过考试的方法测评候选人的基本素质,包括智力测验和知识测验两种基本形式。由于学校教职工的智力水平大多相近,因此应以考察知识水平为主。比如,对于总务主任的竞聘者,应当测试其对于安全常识的熟悉程度、设备管理的基础知识、财务制度的掌握水平。

(2)竞聘演讲与答辩

这是对测验的补充。测验可能不足以完全反映一个人的基本素质,更不能表明一个人的能力。发表竞聘演讲,介绍自己职后的计划和打算,并就选聘工作人员的提问进行答辩,可以为候选人提供充分展示才华、自我表现的机会。在攀枝花31中学的中层干部竞聘中,就主要采用了竞聘演讲的考察方法。

(3)案例分析与候选人实际能力考核

竞聘演说使每个应聘者介绍了自己"准备怎么干",表明了自己"知道如何干",但是,"知道干什么或者怎么干"与"实际干什么或者会怎么干"并不是一回事。因此,在竞聘演说之后,还可以对每个人的实际操作能力进行分析。测试和评估候选人分析问题和解决问题的能力,可借助"情景模拟"或称"案例分析"的方法。

(4)民意测验

管理人员是通过别人的劳动来实现自己的目标的。管理工作的效果是否理想,不仅取决于管理人员自己是否努力,而且受到被管理人员接受程度的影响。在学校内部也是同样,学校管理人员的工作要能被教师及职工所接受。所以,在选配管理人员时,不妨征求其他教职工的意见,通过民意测验来判断教职工对他们的接受程度。

---

① 孟庆宏.教导主任的角色定位及要求[J].教学与管理,2003(24)

2.专业化的考察方法

对于比较重要的管理岗位(如教导主任、政教主任),校长在人员选拔时应当更加慎重。必要时,可以采用一些更为专业化的考察方法。比如,无领导小组讨论由4—6位被测者组成一个小组,不指定组长只给出讨论的主题,测评者通过闭路电视观察被测者的表现。公务处理是给被测者发15—25份公文(包括请示、预算、批复等),要求他作出处理,而测评者根据处理的情况进行判断。当然,不同的考察方法适合于考察不同的方面,有研究人员做了如下的归纳:

表5-1 胜任力要素和评估机会矩阵

胜任力要素	与工作相关的练习					
	无领导的小组讨论		事实发现	公务处理		会谈
	1	2		1	2	
1.分析问题	√	√	√	√	√	
2.判断	√	√	√	√	√	
3.组织力			√	√	√	
4.决策			√			
5.领导	√	√				
6.敏锐性	√	√		√	√	
7.意志力			√			√
8.口头交流	√	√	√			
9.书面交流				√	√	
10.兴趣范围						√
11.自我激励						√
12.教育价值观	√	√			√	√

资料来源:程凤春.学校管理者胜任力研究及其成果应用[J].比较教育研究,2004(3)

二、管理人员的轮岗

在日本,企业中的管理人员需要在不同的部门进行轮岗;在"海尔",采用"海豚式"晋升法,即将被提升的管理人员必须下沉到基层的其他部门去锻炼,视其表现决定升迁与否。可见,在企业界轮岗已是较为普遍的做法,而这一举措也可以运用于学校。

(一)轮岗及其类型

管理学认为,工作轮换包括管理工作轮换与非管理工作轮换。[①]

在学校中,轮岗同样可以分为管理工作轮换与非管理工作轮换两种,但是其内

---

① 周三多.管理学——原理与方法[M].上海:复旦大学出版社,2004:452

容、形式与企业有所不同。在企业中,非管理工作轮换是让受培训者到公司生产经营的不同环节工作;而在学校中,这一工作轮换的主要对象是新教师,形式是让新教师轮换任教各个年级,以了解学校各年级的教学的侧重点以及教学方法。除了这种常规性的轮岗外,有些学校在新教师工作轮岗方面做了一些新的尝试。

（二）管理人员轮岗的重要性

在一些学校,由于对管理人员缺乏有效的培养措施,致使其成长不快,校长不得不充当"消防员"四处"救火"。如何使中层成为真正的学校管理中坚,"轮岗"是一个不错的选择,它可以带来多方面的好处:

1.管理人员的轮岗是其专业发展的需要

教师在业务上有许多的"同伴互助",而管理人员更多的时候只有"个人反思",其原因是管理人员之间的分工相对明确,部分干部长期分管某一项工作,造成相互之间"井水不犯河水"情况的出现。实施管理人员轮岗,有利于"激活"管理人员的自我超越意识,实现专业技能的"迁移",有利于管理人员专业快速成熟。

2.轮岗能够增进对学校全面工作的了解,培养合作精神

管理人员变换工作岗位后,就需要在新的管理岗位上思考问题、开展工作,这就能够让他接触不同于以往的人与事。在多个不同的岗位上任职,能够帮助管理人员摆脱"隧道视野",多侧面地了解学校的工作,逐步培养大局观,形成彼得·圣吉所倡导的"系统思考"能力。同时,在体味了各个岗位的甘苦之后,比较容易消除"各人自扫门前雪,哪管他人瓦上霜"的本位主义思想,自觉加强与其他管理人员、管理部门的横向联系与协作。

3.管理人员轮岗有助于提高学校应对紧急情况的能力

这主要表现在两个方面:一方面,当学校遭遇紧急事件时,经过轮岗的管理人员能够为学校提供一些具有参考价值的意见。因为这些人既能保持"旁观者"的清醒头脑,又能像"当局者"一样熟悉情况,他们所发挥的作用是其他任何人都无法替代的。另一方面,当某一管理岗位的人员突然离职时(升迁、调离或主动离职),分管工作是不能因此而停顿的,必须有合适的人能够迅速顶上去。在这种情况下,经过轮岗的管理人员无疑是最佳选择,他们了解工作的流程与规范,可以在最短时间内让工作延续下去,实现平稳的过渡。

（三）实行轮岗的注意事项

对于许多学校来说,管理人员的轮岗制是一种新的尝试,因此,在具体操作过程中必须谨慎稳妥。否则,一项好的制度也难以发挥积极的作用。

1. 合理控制轮岗人数

有人担心，中层干部轮岗会导致"频频换岗，缺乏系统性"的后果。这样的忧虑，是应该引起注意的。为此，可以通过控制轮岗人数的方法来减小轮岗对学校工作的冲击。比如，学校可以规定：连续在同一职位上工作满两届的管理干部才列入轮岗的系列，轮岗的管理干部的数量不超过总数的1/3，且同一岗位的正副职原则上不得同时交流轮岗。①

这样，轮岗的管理干部走上新的工作岗位，面对新的环境，往往更加注重学习前任的经验，而且能够从"旁观者"的角度审视自己新的工作，使之在原先的基础上做得更好。适量的管理干部校内流动，会给不同的科室带去一些新的思路、新的方法与新的策略，更有益于管理水平与效能的提升。

2. 慎重选择轮换岗位和人员

学校在确定轮换岗位时应当有所考虑，并不是所有的岗位都适合进行轮换的。比如，教研组工作的专业性是相当强的，让语文教研组长轮换到数学教研组长的岗位，他显然是很难开展工作的。因此，这类岗位是不宜用于轮岗的。

轮岗不仅要考虑到岗位本身的特点，还要照顾到管理人员个人的情况。比如，有的管理人员明显缺乏财务管理方面的知识和技能，让他轮岗到总务主任的位置上是不恰当的。这样不但无法起到锻炼人的作用，甚至可能耽误工作。因此，应该把管理人员安排到他适合的岗位上去。

3. 做好轮岗的细节管理

首先，管理人员轮岗不能搞平均主义。不要把轮岗简单等同于轮流上岗，从而让管理人员产生"皇帝轮流做，明年到我家"的错误感觉。

其次，要掌握好轮岗的时机。一般来说，学校的工作具有一定的周期性，轮岗应在一个周期结束之后进行。通常，可以在一个学年结束后进行轮岗，尽量不要在学年中变换管理人员，更要避免在一个学期中出现这样的情况。

最后，需要加强轮岗后的管理。轮岗是一种培养管理人员的方式，因此，不能把人换到一个新的管理岗位上就不闻不问了。在岗位安排好后，应当形成"师徒结对"、"以老带新"，让轮岗的管理人员有渐进适应的过程。在工作过程中，校长应当关心轮岗人员的情况，给予必要的指点与帮助。在轮岗结束后，应当要求轮岗的管理人员写出小结，总结得失。

三、管理团队的建设

对于学校的管理者来说，构建一个管理团队有助于管理效果的提高，从而提升

---

① 鲁峰. 中层干部轮岗不是"乌托邦"[N]. 中国教育报,2007—1—23(7)

人力资源管理的贡献率。

（一）团队与团队建设

卡曾巴赫(Jon R. Katzenbach)指出,团队是指一定的有互补技能、愿意为了共同目标而相互协作的个体所组成的正式群体。① 由此可见,并不是所有的"群体"都可以称为"团队"。只有当群体成员间发展到有明确的目标、有效的分工协作、有共同的承诺和力求协同行动的时候,群体才可以发展成为团队。

群体是可以自发形成的,但团队则是需要建设的。所谓团队建设,就是改进并提高团队效能的一种有计划的活动。为什么要进行管理团队的建设呢? 从系统论的角度看,整体和部分的关系表现在:①二者不可分割。整体由部分构成,整体功能的形成离不开部分原有的功能。部分是整体中的部分,部分离开整体就不再具有部分的功能。②二者相互影响。整体制约部分,部分也制约整体,甚至在一定条件下,关键部分的性能会对整体的性能状态起决定作用。

（二）学校管理团队的理想状态

要建设好学校的管理团队,首先必须明确好的学校管理团队应当是什么样的。或许我们很难给出理想的学校管理团队的具体标准,但可以粗略地概括出其基本特点:

1. 结构合理

当一群人聚合在一起组成一个团队时,就必须考虑结构的问题。通常,学校的管理团队需要注意年龄结构、学科分布、性别比例等问题。

不同年龄段的人,会表现出不同的特征。年轻人精力旺盛,反应灵活,求知欲强,记忆力好,易于接受新事物,但处事经验不足,容易偏激片面。人到中年,机械记忆力减退,动作反应迟钝,但分析、比较、推理、判断能力增强。老年人精力渐差,但高瞻远瞩,阅历丰富,遇事冷静,坚忍不拔,善于决策"把关"。所以,在年龄结构上应以中年为主,老、中、青兼有,形成一个合理的老、中、青比例。这样,可以发挥各年龄段人员的优势,并且形成有序衔接的梯队。

2. 素养互补

任何一名管理者都不可能是全能的,组建团队的意义之一就是发挥各人所长、弥补彼此弱点,使团队没有明显的缺陷。

在今天的时代背景下,管理团队的知识化和专业化已是一项迫在眉睫的任务,学校各级各类管理人员都要掌握管理的专业知识。通常来说,管理好一所学校,至

---

① ［美］乔恩·R·卡曾巴赫等. 团队的智慧:创建绩优组织［M］. 侯玲译. 北京:经济科学出版社,1999:41.

少需要有教育法规与政策、课程开发与教学管理、思想工作与人际沟通、财务管理和设备维护、公共关系与社区活动、学校安全与卫生健康等方面的知识。不同的管理人员应当有其知识专长,彼此之间互相取长补短,从而产生良好的管理效果。

在学校管理团队中,应有看问题全面、计划周密细致的思考型的人物;有思想敏锐,敢说敢干的创造型人物;有善于和群众亲密相交又富于组织能力的张力型人物……相互搭配,相互补充,切忌搞成清一色的"炮筒子"或清一色的"棉花匠"。

3. 目标一致

在学校的管理团队中,每个人的学科背景、年龄阶段、知识基础、能力倾向、人格气质等都是不同的,各具特色,但有一点必须是相同的,即目标。所有的管理人员都有一个共同的目标,是目标把他们召集在一起,而不是利益。用利益来维系一个团队是危险的,因为利益是难以彼此相容的,对利益的相互争夺必然导致团队的分崩离析。

可以说,目标是学校管理团队最好的黏合剂。只有目标一致的团队,才是真正稳定、高效、可持续发展的团队。

(三)打造良好管理团队的方法和技巧

1. 团队建设的方法

(1)创造团结的感觉

在团队中创造出强烈的团结感,意味着发现一种方法使团队做得很特别。人类有一个基本心理,就是将自己与别人进行归类,归于群体内或群体外。但是,当学校建立了一个管理团队,就需要确保这是一个团队而不是其他什么形式的群体。因此,管理团队建设的一个重要部分就是确保团队被很好地定义,团队成员能够将他们的团队看做是杰出的,而且团队在组织中能够相互合作,能够有效地工作。

(2)建立良好的沟通

管理团队应该是一个团结的群体,但是并不是让团队成员相互同化。对于团队的凝聚力,沟通是唯一的、最有效的因素。校长应该关注到管理团队建设的关键点,即:让每位团队成员对其他成员所做出的贡献持一种理解的态度。同时,让每位团队成员都知道事情的进展情况,这样就能够共享对组织成就的骄傲与自豪,共同思考遇到的挫折,共同为最后结果而焦急。此外,沟通还需要在深层次进行。让持有不同价值观的人相互进行清晰的沟通,因为每个人都会对别人的理解作出想当然的不同设想。要建立高效的管理团队,需要寻找共同的价值观,所以,要确保团队能够通过良好的沟通使成员达成一致的价值观。

(3)树立团队自豪感

人们强烈希望从他们所属的特殊的社会群体中去获得积极的自我评价,所以,要使管理团队成员对于其从属于的团队感觉良好。校长可以通过以下方法来树立团队成员的自豪感:首先,学校管理团队可以在内部交流团队的成就,并且鼓励成员认识他们自己对于这些成就的贡献;其次,加强专业化训练,给予团队成员内部或外部的培训机会,让他们在工作中和自己的事业中产生自豪感。

2. 团队建设的技巧

(1)培养不同的意见

一个真正想知道团队成员在想什么的学校领导,需要十分努力地尝试去创造一种可能的气氛。在实践中这意味着表明不同意是受欢迎的,备选意见将受到重视。对于学校领导而言,感到别人同意自己的意见是很舒畅的,而处理不同意见起初往往会很别扭,持不同意见的人也会有被威胁感。但是,校长要鼓励管理团队中形成不同的意见。在团队中,让每个人客观地表达其观点,或者对发生的事具有不同感受时,有助于发现学校现有人力资源管理的问题,提升人力资源管理的贡献率。

(2)避免群体内敌对

在管理团队中鼓励身份感是需要小心的,确保团队成员并不将自身看做与团队中的其他部分是相对立的、完全不同的形式。一旦夸大团队的与众不同之处,就意味着团队成员最终会忽视所具有的共同东西,从而导致团队成员之间难以合作。因此,用这种方法进行团队建设的秘诀是,保留相互合作的能力,保证任何竞争都是为取得成就进行的竞争,而不是资源的争夺。

第三节　教师队伍的建设

《国务院关于基础教育改革和发展的决定》指出:"建设一支高素质的教师队伍是扎实素质教育的关键。"建立教师合理流动的有效机制,盘活教育人力资源,是中小学人事制度改革的重要内容,也是建设高质量教师队伍的关键。

一、盘活校内外教师资源

教师是学校最重要的资源,校长一方面要努力开发校内的资源,另一方面也要注意引进校外资源,内外联动,以形成良性的师资管理机制。

(一)充分发掘现有师资的潜力

教师当中往往藏龙卧虎,校长应当盘清家底,发挥每一名教师的特长,挖掘他们身上蕴涵的潜力。为此,校长可以运用技能管理图,采集教职工多方面的信息:①个人资料,如姓名、性别、年龄等。②以往经历,包括来学校之前的教育经历、工作经历、培训经历等。③在校工作情况,如教职工在学校中的职位、专业职称、工作绩效评价结果、受训经历等。④能力描述,对教职工的各项关键能力和专业技术能力测试和判断的结果、专业资格、取得的成就和获得的奖励等。⑤发展意向,教职工的职业兴趣、自我职业生涯发展目标等。

表5-2 技能管理图

姓名:刘伟		性别:男		出生年月:1970.6	
婚姻状况:已婚		所属部门:教导处		填表日期:2004.12	
教育背景	类别	学位	专业	学校	毕业日期
	高中			新城中学	1989
	大学	教育学学士	化学	上海师范大学	1993
	硕士	教育硕士专业学位	教育经济与管理	华东师范大学	2002
受训情况	培训主题		培训机构		受训时间
	化学骨干教师培训		区教育学院		1997
	青年后备干部培训		区党校		2001
	教学管理培训		名师工作室		2004
工作情况	工作经历			职称晋升	
	时间	工作岗位		职称	评定时间
	1993~2000	明华中学化学教师		中学二级教师	1994
	2000~2003	明华中学化学教研组长		中学一级教师	1999
	2003~	东方中学教导处副主任		中学高级教师	2003
	奖惩记录				
	时间	奖惩情况			
	1995	区教学竞赛一等奖			
	1998	市教学技能大奖赛二等奖			
	2002	区"新长征"突击手			
技能描述	技能类型	证书		时间	兴趣爱好
	英语	CET-6		1992	摄影
	计算机应用	计算机应用中级证书		1996	影评
	口译	英语口译中级证书		2000	篮球
发展意向	是否愿意担任其他类型的工作?			是(√)	否( )
	是否愿意调到其他部门去工作?			是(√)	否( )
	是否愿意接受工作轮调以丰富工作经验?			是(√)	否( )
	如果可能,你愿意担任哪种工作?			管理工作	
备注					
员工签名:刘伟		直接上级签名:王强		人力资源部签名:张洪	

资料来源:改编自张一弛.人力资源管理教程.北京:北京大学出版社,1999:82

技能管理图为合理使用教师提供了基础,为开发教师的潜力提供了依据。比如,从技能图中可以看出某些教师的英语水平不错。如果学校要进行双语教学尝试,他们经过一定的培训是能够承担这项工作的。再有,利用教师的兴趣爱好,可以让他们开设校本课程供学生选择。当然,使用这种方法必须获得教职工准确的最新资料。收集和整理员工的资料既繁杂又重要,首次资料的收集一般采用问卷法,以后每年要及时进行补充。

(二)积极引进校外优秀师资

要打造一支出色的教师队伍,不能只在现有的师资中做文章。积极引进校外的优质教师资源,是一项重要的举措。对于多数学校来说,教师的数量已能满足要求,但问题在于优秀教师的短缺。特别是专家型教师、研究型教师、创新型教师、育人艺术水平高的教师以及心理健康水平高的教师尤其短缺。[1] 目前在实践中对于这些稀缺教师的引进,做了有益的尝试。可以归结为三类:

1. 高薪引进

"高薪引进"能够使学校在短期内拥有自己的名师,借助这一措施可以产生广告效应,提高学校的知名度。引进的名师能够带来新的教学经验和风格,通过师徒结对、教研活动等途径,在交流中可以帮助学校原有的师资提高业务水平,进而促进教学质量的提升。但是,如果处理不当,高薪引进也会产生负面影响。

浙江温州乐清市乐成镇教办在全国范围"10万年薪招聘特级教师",经过层层筛选,留下了6位"特级中的特级"教师。外来的特级教师年薪10万,而本地调来的月薪却只有1000余元,本地老师有想法:莫非本地的教师价值就那么低? 他们心里憋了一口气,每天早出晚归,乃至与学生同步作息。而特级教师强调课堂中的教学技巧和45分钟的听课效率,讲求学生们的认知质量,他们甚至对本地教师大量布置作业而使学生顾此失彼的做法忧心忡忡。由于应聘前来的特级教师原来几乎都是在重点高中任教,学生自觉性强,而今教的是初一新生,家长大多当老板,少有时间管束子女。不少孩子调皮散慢,课堂纪律、完成作业等方面都需老师操心,稍一放松,成绩马上就会下降,家长就有意见。果然,在日前举行的期中考试中,本地教师的"苦教"成果显赫,不少班级的优秀率在30%以上,而6位特级教师所教科目,优秀率只有20%左右。[2]

由上述案例可以看到,高薪会加重学校的经费负担,外部引进也会打击校内教

---

① 龙渔海.校长应充分挖掘学校的人力资源[J].宁夏教育,2006(3)
② 万润龙.温州高薪聘名师引发思考[N].文汇报,1999 – 12 – 2(4)

师的积极性,挤压他们的上升空间。引进教师与原有教师的关系不易相处,容易导致内耗。因此,高薪引进必须慎重,尤其要注意协调好外来教师和原有教师的关系。

2. 转会

近年来,杭州市上城区、上海市松江区等地借鉴球员转会的方式,实行了教师的"转会制"。杭州市上城区教育局规定,所有教师都可以在全区范围内进行"挂牌交流,合理转会"。每所学校想要引进或调走哪位教师,都可以到区教育局人事科挂牌,由当事双方进行协商,实行合理"转会",引进一方支付一定"转会费"。

转会,能够引进学校所需要的人才,提升师资队伍总体水平。在这一点上它与高薪引进是相同的,两者不同的地方在于:转会只需要一次性支付一定的费用,不像高薪引进那样必须长期背负较为沉重的经济负担。通过转会引进的教师按照学校的结构工资方案获取报酬,并不享受特殊的高额薪金,因而与其他教师的矛盾较小,有利于他们更快地融入学校、发挥作用。

3. 跨校联聘

每所学校都渴望得到优秀教师,更不会轻易放弃学校目前所拥有的优质师资。因此,转会和高薪引进都不是容易操作的事情,因为这两种方式都会变更教师的人事关系。那么,能否既获得对优质教师资源的使用,又不遭到输出学校的阻碍呢?跨校联聘是一种不错的办法。

跨校联聘由输入方和输出方的两所学校经过协商实行,优秀教师在完成输出校的工作完成的前提下,可以去输入校承担一定的教学任务,并获得相应的报酬。由于不涉及人事调动,因而实施的可行性较强。这是一种柔性引进的方式,遵循的是"不求为我所有,但求为我所用"的理念。当然,对于联聘教师如何加强管理、有效地发挥其作用,这是输入校需要认真考虑和妥善安排的。否则,会影响输入校正常的教学秩序。

(三)合理调整学校师资

对于不胜任的教师必须进行调整,这样才能保持师资队伍的活力。为此,一些学校采用了"末位淘汰制"。这种制度引入了"能上能下、能进能出、择优竞聘"的竞争激励机制,给学校的教师管理注入了新的生机。但它真正触动的只是学校排名靠后的极少数教师,而且存在着将合格教师硬性剔除的隐患。此外,它也不利于新教师的培养和成长。由于他们经验缺乏、教育教学能力都有待提高,因而在"末位淘汰制"中处于不利的地位。

教师职业的稳定性是这一职业工作性质所决定的,走马灯式地换教师不利于教师了解学生,更无从做到因材施教。相对稳定是教师职业吸引力的重要组成部分,国家也鼓励教师长期从教。因此,"末位淘汰制"的实施需慎重行事。有的学校建立了规范的程序,并且力求做到"无情制度,有情操作"。

上海市蓬莱路第二小学规定:对于待聘或不聘的教师,学校要见面谈话,说出充分的理由,并由教代会同意方能停止合同。工会主席会为教师维权,提出教师的合法权益;人事干部会为终止合同的教师计算补偿的钱款;校长还会主动提供转岗或换岗的两次机会,让教师选择。

二、建立阶梯式教师培训体系

培训是开发教师人力资源的重要手段,而近年来校本培训日益兴盛,这就要求组织好校本培训,为教师的专业成长注入强大的动力。

(一)阶梯式教师培训的意义

所谓阶梯式培训体系,是一种按照"分类指导、分层递进"原则构建的教师培训模式。建立这样的培训体系,目的就是为了照顾教师差异化的培训需求,以增强培训的针对性。有研究人员将教师的专业发展阶段划分为适应期、成长期、稳定期、精进期和衰退期。调查发现,各专业发展阶段的教师在专业知识、专业能力、教育理念、自我发展意识等方面均有一些共性的需求。但是,各个阶段的教师在培训需求上的差异也是十分明显的。例如,适应期、成长期教师在专业知识、能力的选择上更偏向于注重实践指导的专业知识,可给教师培训具体的教学环节设计和案例分析,根据学生情况确定教育教学目标的能力,根据教学目标选择教材教法的能力,管理纪律、班级的方法、能力等。

学校应当尊重教师发展的不同水平、个性特点、兴趣爱好,结合时代的要求和学校发展与改革的需要以及教师履行岗位职责的需要,针对教师教育教学实践中存在的重点和难点问题,对教师分层、分类开展指导和培训,使培训内容与教师的层次一致、需求吻合。这种阶梯式教师培训,更贴近教师的实际,更具有针对性和实效性。

(二)阶梯式教师培训中的角色分工

在阶梯式教师培训中,校长、学校的人力资源管理部门、教师乃至校外专家均要参与其中,这就带来了一个人员分工和角色定位的问题。我们认为,每一个角色并非只能由一个部门或人员去承担,往往需要多方的共同介入、有效合作。

一般而言,校长主要从宏观层面筹划与协调教师培训的实施,应担当分析和评估的角色、战略角色。人力资源管理部门要对培训进行全程管理,并重点扮演好分析和评估的角色、开发角色以及行政管理者角色。本校教师(主要指具备培训他人能力的那部分教师)可主要承担指导教师的角色,并适度参与需求分析和项目开发的工作。校外专家应凭借其专业知识优势,在分析和评估角色、开发角色以及指导教师角色方面发挥应有的作用。

(三)阶梯式教师培训的实施

阶梯式培训按照教师的教龄、教学经验、教学基本功等方面的差异来区分教师,施以不同的培训内容,采取有区别的培训手段。目前,一些学校已经形成了较为系统的培训体系。

1. 新教师的入职培训

新教师关注的中心是自身的形象、工作方法、教学技能等,他们在获得教师身份的同时还尚未脱离原来的角色,思想认识、言行举止离教师的职业规范还有较大的差距,对将要从事的工作感到陌生。因此,新教师培训的重点是基本功,要让他们尽快熟悉本职工作,了解教师职业的各种职能和规范,体验教师与原有职业在身份、职位、职责上的区别。

为此,新教师的入职培训要做好两个方面的工作:第一,由学校办公室在学年开学前组织对新教师进行学校办学理念、办学特色和管理规章制度的培训,以提高新教师的对学校的认知度,让新教师了解学校的管理程序和要求,尽快融入到团队中来。第二,由教学部门组织对新教师进行师德规范和教育教学常规的培训,从思想上和业务上尽快适应学校的教育教学工作要求。此外,学校应当建立新入职教师的考核制度,以检验他们对工作的适应情况,考核项目可以包括:做一份学校办学理念、办学特色和管理规章制度相关内容的测试卷;写一份合格的教案;上一堂教学汇报课;设计一份活动方案,组织一次班队活动,写一份教学体会。

2. 中青年教师的提高培训

中青年是人生中的重要时期,历时长,经历丰富、复杂,既有事业成功的喜悦,又可能遭遇职业的危机。此阶段的教师教学基本功扎实,积累了较为丰富的教学经验,但也面临着教师专业发展中的"高原期",容易因对教学业务的熟练掌握和获得的成绩而出现怠惰,也易于因经验的增加而在教学中产生思维定势。因此,对于中青年教师应当为他们创造适宜的环境,促使他们在专业发展的阶梯上攀上新的高度。

对于中青年教师的培训,要抓好以下一些工作:①给中青年教师树榜样。校长应该注重宣传先进教师事迹和发挥学校中一批优秀教师的榜样作用,引导中青年教师不断进取。②积极开展各项活动。要根据中青年教师的特点,通过观摩、研讨、沙龙、竞赛、考核、评比等形式,给每位中青年教师创设自己表演的舞台,提供成功机会。③构建科学有效的激励机制。可以采取"中青年成长津贴"、"品牌教师"、"特色教师"等措施,激发中青年教师的内在动力,促使他们积极主动地发展。

3. 骨干教师的风格培训

骨干教师是教师队伍中的领军人物,是有特色的教师,更是教育教学和科研中的中坚力量。他们往往具备了较长的工作经历,学科专业功底较扎实,受到同行的认可,教育、教学效果显著,受到好评。他们有一定的科研意识和教科研能力,在校内外有一定的知名度。但这一切并不意味着他们就不再需要培训了,教师的专业发展是没有尽头的,骨干教师仍然会面临如何形成个人教育教学风格的问题。

学校应该组织骨干教师学习教育理论的前沿知识,提高其科研能力,使之把多年积累的教育教学经验和教训升华为科学的教育理论。为此,在培训中应当以科研为先导、以能力为关键。"以科研为先导"要求骨干教师根据自己的教学实际寻找研究课题,学校从理论、方法、经费上予以支持,为他们的研究工作创造条件。"以能力为关键"要求教师掌握把握教材的能力、驾驭大纲的能力、教育教学能力、研究和创造能力。学校应坚持"走出去、请进来"的原则,让骨干教师开拓视野、接受教育新思维,在不断的磨练中形成自己的教学风格与个性。

三、改善教师的工作生活质量

在许多人眼里,工作生活质量是一个十分陌生的名词。但是,无论对于组织还是个人,它都是一个值得关注的问题。

(一)工作生活质量的重要性

在国际上,工作生活质量从上个世纪的80年代开始引起人们的重视。由于受人关注的时间并不长,因此,对于工作生活质量的理解依然见仁见智。一般认为,工作生活质量是指组织中所有人员,通过与组织目标相适应的公开的交流渠道,有权影响决策改善自己的工作,进而导致人们更多的参与感,更高的工作满意感和更少的精神压力。脱胎于企业人力资源管理的工作生活质量,对于学校是否具有启示意义? 让我们从以下的案例中搜寻答案:

27岁的宝山区通河中学老师徐宏杰,在今年高考前4天猝然倒下,倒在他全身心热爱的教育岗位上,留下2个月大的孩子。高考中,他的学生们再也盼不到徐老师送考,但依然微笑着步入考场,"徐老师说过,喜欢我们在考场微笑"。高考一结束,200多名学生赶去参加徐老师追悼会,泪雨纷飞。

"如果早点去做检查,或许可以避免不幸。"同事们都这样说。一个月前,大家就发现徐老师脸色很差,时常喊胃疼、头晕。"去医院检查一下吧。""马上要高考了,实在抽不出时间。"徐老师还是像往常一样,白天上两个班的数学课,休息时间为学生补习……①

徐宏杰并不只是一个孤立的个案,近年来类似的事件屡有发生,这值得人们去反省。当"徐宏杰们"全身心投入、为学生奉献一切的时候,他们也需要、也应该、也必须得到关爱。在传统的观念中,学校只是一个"工作"的场所、一个"贡献"的场所、一个"效率"的场所。用人本主义的眼光去看,这种观点显然带有浓烈的"非人性化"色彩:抽象集体的利益无形中总是凌驾在个人利益之上,个人的生命价值得不到应有的重视。

正如叶澜教授所指出的,"没有教师的生命质量的提升,就很难有高质量的教育质量;没有教师精神的解放,就很难有学生精神的解放;没有教师的主动发展,就很难有学生的主动发展;没有教师的教育创造,就很难有学生的创造精神。"②因此,改善教师的工作生活质量、提高他们的生命质量是一个不容忽视的问题。

(二) 工作生活质量的现状与问题

有研究发现,我国教育工作者在工作满意感、自我效能感和团队意识等方面均有待提高。③ 这表明当前教育工作者的工作生活质量远未达到理想的水平,而问题突出地表现在以下两个方面:

1. 难以承载的工作压力

任何工作都会有压力,压力会激发出人的内在能量,促使人们高效地开展工作。不过,一旦压力超过了限度,就会引发一系列负面效应。此处所讨论的正是过度的工作压力问题。英国剑桥大学的柯利柯夫(C. Kyriacou)和苏利夫(J. Sutcliffe)将教师的工作压力定义为由于工作而造成的一种令人不愉快的情绪体验,包括紧张、失望、焦虑、愤怒、压抑等。

沉重的工作压力,是教师群体面临的共同问题。2001 年 11 月 29 日到 2002 年1 月 30 日,中国教育报面向全国中小学教师进行了"当今我国中小学教师心态及行为调查";2004 年"教师节"前夕,新浪网和北京晨报联合举行了教师生存状态网上调查;2005 年,中国人民大学公共管理学院组织与人力资源研究所和新浪网进

---

① 节选自徐敏.高考前夕,他倒在教学岗位上——记宝山区通河中学老师徐宏杰[N].解放日报,2005 – 06 – 11(3).

② 叶澜等.教师角色与教师发展新探[M].教育科学出版社,2001:3

③ 于静.吉林市教育工作者工作生活质量的调查研究[J].长春大学学报,2002(2)

行了"2005 年中国教师职业压力和心理健康调查";2007 年,现代教育报和新浪网联合开展了"2007 教师生存状态调查"。上述一系列调查都反映出一个共同的事实,即"教师压力大"这一问题十分突出。在北京教科院基础教育研究所的一项调查中,几乎所有的教师(93.1%)都感到"当教师越来越不容易,压力很大"。

2. 悄然蔓延的职业倦怠

职业倦怠是指个体因无法应对外界超出个人能力和资源的过度要求而产生的身心耗竭状态。这里的"要求",可能是他人设定的,也可能是自己设定的不切实际的要求。

教师是职业倦怠的高危人群,产生职业倦怠感的教师通常会有以下一些典型的心理或行为表现:①长期的情绪上的倦怠感。教师会变得性急易怒,容忍度低,情绪上缺乏热情与活力,有一种衰竭、无助感,对生活冷漠、悲观。②人格解体。教师会减少接触或拒绝接纳学生,将学生视为没有情感的事物,用蔑视性的称谓称呼学生,用标签式的语言描述个体学生。并且,对同事也常持多疑妄想的态度。③较低的成就感。教师会感到自己的工作中不再有什么值得去做。当教师觉得自己无法给学生的生活带来更多变化,而教师职业所带来的金钱、社会认可等回报又少时,就会产生强烈的自卑感。上述感受结合在一起,就会大大削减教师的工作驱动力。

上述对职业倦怠表征的描述,充分反映出了陷入职业倦怠的教师的消极心境和态度,而这种倦怠感也会波及其工作和生活的各个方面。在教学方面,处于职业倦怠中的教师往往很少投入精力去努力提高,对工作的厌烦使他们不会再精心钻研教材、准备教案,课堂教学成了敷衍的差事,教学完全成了谋生的手段。而机械、沉闷、枯燥、程序化的课堂也无法吸引学生的注意力,激不起学生的求知欲,导致学生学习质量的下降。在健康方面,产生职业倦怠感的教师容易动怒、发脾气,还会经常陷入因压力过大而导致的失眠等亚健康状态。在个人生活方面,教师个人对工作的倦怠也会给其家庭带来许多冲突,导致家庭不和。

(三)改善工作生活质量的策略

从上文的分析中不难看出,工作生活质量的改善不仅重要而且紧迫。为此,需要从以下几方面入手,尽快提升教师的工作生活质量:

1. 高度重视工作生活质量问题

要解决教师工作生活质量方面存在的诸多问题,首先要解决思想和意识的问题。只有在思想上高度重视,才会在行为上有扎实的措施。长期以来,校长和学校管理人员关注工作生活质量的意识较为淡薄,往往比较关心下属的专业知识和技能,认为这些因素会影响到教学效果、办学水平和管理效率。但事实上,过度的工作压力、职业倦怠感等心理问题同样会导致教育质量和管理效能的下降。因此,校长和学校管理人员在采取措施帮助下属提升专业能力的同时,还要关注其心理健康。必须确立这样的观念——教师的成长不仅是指学科知识的积累和教学技能的增长,还应包括其心理的成熟和精神世界的丰富。

2. 分析工作生活质量问题的症结

教师所表现出来的压力大、职业倦怠等症状虽相似,但症结却各不相同。校长要找准其症结,以便对症下药。一般来说,影响工作生活质量的因素主要有

考试成绩压力、教育改革频繁、工作负荷过大、角色职责繁重、工作聘任压力、检查评比干扰。

3. 建立和实施学校 EAP

EAP 是员工帮助计划的英文简称,它是由组织为员工设置的一套系统的、长期的服务项目;通过专业人员对组织的诊断和建议,以及对员工及其直系亲属提供的专业咨询、指导和培训,旨在帮助改善组织的环境和氛围,解决员工及其家庭成员的各种心理和行为问题,以及提高员工在组织中的工作绩效。[1]

在学校中,引进 EAP 的原理与技术,建立学校 EAP(或称 TAP)是十分必要的。它可以消除教师的工作倦怠感和工作不安全感,避免教师长期处于心理亚健康状态;学校 EAP 能够增强"霍桑效应",改善教师的人际关系,提高教师的动机水平;EAP 能够增强教师的归属感,加深对学校组织的情感依恋。[2]

4. 提升教师的综合素养

外界应当给教师创造一定的条件,帮助教师缓解工作压力、克服职业倦怠情绪,但这些往往是有限的、暂时的。因此,更重要的是教师必须加强个人的内在修养,正确认识工作压力,提高自身的承受能力,以积极的姿态应对工作中的各种挑战。

在教师的综合素养方面,我们认为尤为重要的是积极的心态和教育科研的能力。事实上,每一名教师都承受着压力,每一名教师都会受到职业倦怠因素的影响,但并不是所有的教师都被击垮了,优秀的教师往往能够扛得起、挺得住。这在很大程度上得益于他们积极的心态,他们不畏困难,乐观向上。而这种心态的获得,是要靠长期的自我修炼的。

---

① 张西超.员工帮助计划——中国 EAP 的理论与实践[M].北京:中国社会科学出版社,2006:23
② 伍新春,张军.教师职业倦怠预防[M].北京:中国轻工业出版社,2008:233

能力训练项目

上海市蓬莱路第二小学以机制创新促进学校人力资源开发,努力构筑优质人力资源高地。学校为激励教师在专业上不断发展,建立了"星级教师"制度。

设立"星级教师"这一职称,评为小学高级教师资历已达六年,并在教育教学上有显著成绩的教师可以评为星级教师,以激励这一批优秀教师更上一层楼。同时"星级教师"的评定是浮动的,每1年评定一次,按学校职务晋升考评小组的评定成绩而定。一般占教师的10%～15%,连续两年评在15%之中的为星级教师,工资奖金相应跟上。如两年后实绩欠佳,享受一年,再回到小学高级。星级教师设一星至五星,以鼓励教师不断攀登,满足她们实现自我价值的需求。①

思考题

1.你认为蓬莱路二小的"星级教师"制度有哪些作用? 能否达到构筑优质人才高地的目的?

2."星级教师"制度适用于哪类教师群体? 对于其他教师,可采用怎样的激励措施?

3.借鉴蓬莱路二小的"星级教师"制度,结合所学理论知识,为你自己的学校设计一份教师人力资源开发方案。

---

① 张民生,朱怡华.现代学校发展创意设计[M].上海:上海远东出版社,2006:428～429

第六章 学校品牌的塑造力

> 未来的营销是品牌的战争。
>
> ——[美]利维·莱特

●引导性案例

机投小学快速发展的奥秘①

2003年12月,成都市武侯区机投镇中心小学校被评为成都市九年义务教育示范学校。机投镇中心小学,说硬件,算不上一流;说师资,名优骨干少得可怜,更别说学科带头人、特级教师了!说生源,无论如何与优质不沾边;说教学质量,在区内居中上水平;说资历,由双流村小划入武侯区不过7年。机投镇中心小学的快速发展,在相当程度上要归功于学校的品牌建设。

领导班子认真分析了当地教育市场、自身情况和竞争者优势之后,确定了"人有我先"的品牌策略,并且选择了打造学科品牌的"联合舰队"品牌塑造策略。即不求全面赶超城区学校,找准突破学科,集中人力、物力和财力,形成特色。科技开路、艺体跟进、信息技术、环境教育护航,打造学科品牌。7年来,学校优先发展特色教育,带动学校走超常规发展之路,初步形成了科技、艺体、信息技术、环境教育四大学科品牌,用较短的时间走完其他学校十几年乃至几十年才能走完的路。

2004年5月,校领导在解读了机投小学发展历程、与每一位老师促膝谈心之后,出台了《成都市机投小学内涵建设发展行动纲要》。《纲要》旗帜鲜明地提出了自身品牌新的诉求语——打造三环教育明珠,充当农村教育城市化"领头羊";确立品牌新的核心竞争力——个性化成才教育,即"爱心教化人格,细节养成习惯,自主培养学力,兴趣发展特长",围绕学校发展要素(学生、教师、家长、班级、社区)狠抓落实。四项工作:针对学生的爱心教育活动、针对教师的优质课堂建设、针对家长社区的家长学校和针对班级的德育小组实验。这四项工作既各有侧重又紧密联系,相辅相成,相得益彰,构成了学校品牌管理的"基因图"。

品牌建设策略的确立与推行,将机投小学打造成为成都市第一所由中心校发展来的"九年义务教育示范学校"。而在获得"示范校"这块金字招牌之后,学校又及时对自身品牌进行了系统的梳理,提出了新的诉求语,制定了实施"内涵管理"

---

① 改编自郑重.学校品牌"内涵管理"[J].吉林教育,2005(3)

的新战略规划。机投小学快速而持续的发展历程,生动地展现了一所学校从名不见经传到人人向往的蜕变过程,向我们昭示了学校品牌塑造的价值和力量。

第一节 校长与学校品牌塑造

"品牌"和"品牌塑造"起源于企业界,而成都市机投小学的发展之路证明了学校开展品牌建设的必要性与可行性。因此,校长应当掌握品牌管理的相关知识与技能,积极提升学校的品牌形象。

一、品牌及其特征

"品牌"一词人们早已耳熟能详,但对其丰富的内涵未必全都了解,因此,有必要从概念解读入手,分析品牌的存在价值。

(一)品牌的涵义

对于品牌的界定,学者们众说纷纭,以下是几种比较有代表性的观点:著名的营销学权威 P·道尔称品牌为"一个名称、标志、图形或它们的组合,用以区分不同的产品"。著名的市场营销专家菲利普·科特勒博士认为:"品牌是一种名称、术语、标记、符号或图案,或是它们的组合运用,用以识别某个消费者或某群消费者的产品或服务,并使之与竞争对手的产品或服务相区别。"

面对纷繁复杂的各种说法,我们究竟如何来理解品牌的内涵呢? 或许找到这一词汇的源头,能够帮助我们更好地解读品牌。在英文里,品牌不是"TRADE MARK"(注册商标),也不是"TRADE NAME"(商品名称),它用"BRAND"表示。而 BRAND 一词来源于古挪威语 BRANDR,意思是"打上烙印",用以标记家畜等需要与其他人区别开的私有财产。其实,这非常形象地表达了品牌的本义——"如何在消费者心目中留下烙印"。

(二)品牌的特征

1. 无形性

这一方面是指品牌本身的无形性,即品牌不具有物质实体,但通过物质载体来表现自己,如图形、标志、文字、声音。品牌把符号、单词、概念集于一身以特殊的标识来吸引公众的注意和识别。从公众角度来看,他们在自己的头脑中存放了这一品牌信息,它也成为寻找记忆的线索。因此品牌必须与公众进行良好的沟通才能赢得长期的信赖和赞誉。

另一方面是指品牌是一种无形资产,它所代表的意义、个性、品质和特征能产生品牌价值,这种价值虽然看不到,但它能为品牌拥有者创造大量的超额利润。①此外,品牌也是组织竞争的工具。品牌代表一个组织或产品在同类中的形象和地位,是公众和组织或产品的桥梁和纽带,可以说,品牌是组织或产品参与竞争的法宝和资本。

2. 差异性

这是品牌特征的核心,也是某一品牌区别于其他品牌的最重要的特征。品牌是产品属性、名称、标志、质量、信誉、形象、认同度等的总和,是使一种产品有别于同类产品的个性特征。只有独特,才能赢得市场和消费者。也只有独特,才能便于消费者区分和辨别。消费者为了节约成本和规避风险,一般都会选择自己信得过的品牌。要想让品牌成为消费者的首选,必须跻身于竞争者行列的前茅,必须有自己的内涵、特色、个性和与众不同的地位。

3. 排他性

当一个企业或组织拥有了一个品牌后,其他的企业或组织就不能再同时拥有。从法律视角来看,品牌是一种商标,强调的是品牌的法律内涵,是它的商标注册情况、使用权、所有权等。一旦一个企业或组织注册了该品牌,那么品牌即具有了法律意义,其他企业或组织的非法使用都将负法律责任。

4. 持续性

市场研究表明,品牌一旦形成便具有一定的稳定性和持久性。它根植于组织之中,溶于公司的文化和管理模式之中,能够给公司带来可持续的竞争优势,并且能为其拥有者带来持久的收益和超额收益。

二、学校品牌的特征

学校品牌是一个系统,可以从不同的角度理解。品牌的概念来自于企业,但学校品牌又不同于商业品牌,它具有自身的特征。

(一)学校品牌的涵义

与品牌一样,关于学校品牌也存在着众说纷纭的情况。因此,有研究人员指出,学校品牌是一个系统,可以从不同的角度来理解②:

1. 从视觉角度

学校品牌是一种标识,应以独特的标识和图形符号(如校名、校徽、校标等)达到迅速被识别出来的目的。在策划学校品牌时,应尽量做到美观、简洁、意蕴深刻、

---

① 欧斯玛尼·张. 中小学学校品牌论[D]. 天津师范大学,2007

② 陈丽等. 学校发展策划:理论、方法与实践[M]. 重庆:重庆大学出版社,2005:139~140

视觉冲击力强烈等。

2.从学校角度

学校品牌是学校的名称、声誉、历史、教职员工、校长、学校教育产品、学生等的总和,是学校产品与服务区别于竞争者产品与服务的特点总称,是具有一定知名度与美誉度的学校综合内涵的概括。

3.从消费者角度

学校品牌是消费者对学校名称、产品、学校实力等的体验和感受。一些办学历史悠久、成绩斐然的学校,会让学生感到自豪,会使家长觉得放心,会令用人单位感觉满意。

4.从文化角度

学校品牌是学校所称道的文化价值取向,即学校理念系统。每所学校都有其倡导与追求的价值理念,这种价值体系会成为学校最重要的个性特征。

学校品牌的本质是学校高质量的教育服务,是学校综合实力的体现。质量,是品牌的生命。没有高质量的教育服务、管理服务、后勤服务是不能得到社会的认可与赞誉的,也就是说不能形成学校品牌。

(二)学校品牌与商业品牌的区别

1.学校品牌本质上是人的品牌

学校是一个"人人"系统,从事的是一种"通过人(教师)培养人(青少年学生)"的活动,它不同于工厂、医院、商场、政府等其他任何一个组织。因此,学校品牌与其他组织有着不同的表现形式。从某种意义上说,学校品牌主要是人的品牌。人的品牌形象,是学校品牌形象最有说服力的因素。离开了人,离开了人的培养,谈论学校品牌是毫无意义的。因此说学校品牌本质上是人的品牌。[①] 在学校中,人的品牌主要包括校长品牌、教师品牌、学生品牌三个方面。

上海建平中学的冯恩洪校长、翔宇教育集团的卢志文校长、杜郎口中学的崔其升校长等等,我们信服他们所办的学校,这个时候他们就代表了学校的良好品牌。

2.学校品牌主要体现为一种社会价值

商业品牌的资产可以量化评估,变为具体的数字。商业品牌作为无形资产,可以象商品一样进行买卖,是企业最值得珍惜的资产。与商业品牌不同,学校品牌的价值主要表现在社会效益上而非经济效益,强势的学校品牌意味着该学校对社会做出过巨大的贡献,如培养出优秀的全面发展的人才等。学校品牌体现的主要是

---

① 闫德明.学校品牌:是什么? 为什么? 做什么? [J].现代教育论丛,2004(6)

一种社会价值而非经济价值,并且它不能买卖,尤其是公立学校的品牌。

上海市复旦中学的品牌主要体现在"复旦"上,复旦中学和复旦大学同根同源,一脉相承。复旦中学具有百年的办学历史,文化积淀深厚。复旦的品牌为复旦中学创造了巨大的价值。"复旦",作为学校的品牌是不能进行买卖的。

3. 学校品牌存在一定的非自有性

商业品牌具有自有性,即商业品牌一旦注册即为该公司所有。与此不同的是,学校品牌则不一定是学校独享的。比如说公立学校,公立学校投资主体是政府,是由政府投入的,因此品牌不单纯地属于学校。政府利用优质学校的品牌,建立教育集团等方式,就是基于这种非自有性。

4. 学校品牌建设的重点是内涵提升

学校品牌是一个系统,它包括外在因素和内在因素两方面。外在因素包括学校品牌的名称、标识、符号等即直接用语言称谓表达的部分;还包括学校的外在联系。内在因素主要是学校的办学优势和文化内涵。

品牌形象设计等视觉和行为体系不能喧宾夺主,要围绕内涵来进行,充分体现学校的内涵。只有这样,教育消费者对于品牌,才能从外到内、从感性到理性、从形式到内容,形成完整的品牌印象,从而提高品牌在消费者心目中的知名度和美誉度。如果学校不注重内涵提升,仅仅靠炒作来吸引人们的眼球,那么,随着教育质量的滑坡,学校品牌也会贬值,给人以"名不副实"的感受。

三、校长在学校品牌塑造中的作用

学校品牌不会自动形成,需要采用一定的策略进行塑造。在学校品牌的塑造过程中,离不开师生员工的共同努力,但也不应忽视校长在其中发挥的重要作用。

(一)学校品牌塑造的利益相关人

校长是学校的负责人,学校发展的好坏直接与校长相关。如果学校发展得好,那么校长个人形象、声誉就好;反之,校长的形象也会受到影响。试想,一个经营学校失败,没能把学校引向健康、可持续发展道路的校长,其职业生涯将面临很大的限制。所以,校长的个人利益和学校品牌的塑造息息相关。从某种意义上讲,校长在塑造着学校的品牌,而学校的品牌也在成就着校长。

(二)校长是学校品牌的首席设计师

学校品牌的设计主体包括校长、其他管理者、教师、学生、家长等,其中校长是学校品牌的首席设计师。这是校长的职位天然决定的,也是校长的职责所要求的。不管是学校的发展,还是校长个人的成长发展,都要求校长设计好学校的品牌。

比如,在机投镇中心小学中,校长始终扮演着学校品牌的首席设计师的角色。

在领导班子调整以前,以校长为首的领导班子认真分析了当地教育市场、自身情况和竞争者优势之后,确定了"人有我先"的品牌策略。2004年,领导班子调整后,由一位阅历丰富、理论修养极高的在读研究生担任校长。如何在保持、巩固已有办学特色基础上,进一步深化、提高办学水平,再创辉煌呢?新校长和其他领导成员延续了首席设计师的角色,提出了学校品牌建设的新的纲要——《成都市机投小学内涵建设发展行动纲要》。

(三)校长是学校品牌的代言人

校长,作为学校品牌形象的代言人,其形象的好坏,不仅仅关系他个人,更会影响学校的品牌。校长要有品牌角色意识,不管是在校内工作,还是在校外应酬,都要始终如一的表征学校的品牌。不管是课堂教学管理,还是一草一木的栽培,都要体现学校的品牌形象。

(四)校长是学校品牌的维护者

校长是学校品牌的维护者,首先是指校长不能做有损于学校品牌的事情。比如,有些学校的校长不考虑学校的长远影响和利益,巧立名目乱收费。这就给学校造成了不好的影响,长此以往,必然影响学校的声誉。而一旦被查处,那么校长不但毁损了个人形象,也给学校的品牌抹了黑。其次,校长要主动地丰富学校品牌的内涵。校长不但要研究学校品牌的外在形式,还要提炼学校品牌的内涵,并制定措施,不断地维护和提升学校品牌的内涵。第三,校长也担负着维护品牌价值的责任。学校品牌是学校的无形资产,对学校的发展具有引导和促进作用。校长要不断思考、不断在实践中总结出学校品牌保值升值的策略,进而使学校品牌发挥更大的效用。

(五)校长是学校品牌的推广者

以前人们常说:"好酒不怕巷子深",但在"注意力经济"时代,信息过剩,好酒也怕巷子深。学校要善于运用多种形式,把握有利时机,做好宣传引导工作,及时告知公众,有效地推广学校品牌形象。传播推广的形式有很多,如:通过学校常用公文写作或宣传资料制作等文字与声像的形式;通过与上级领导、学生家长、社区群众、新闻媒体、专家学者、历届校友等人际交往的形式;通过策划周年庆典、校友联谊、学校开放日等特定的专题活动,与学校公众分享所取得的办学成就,交流办学思想和远景规划,探讨解决困难的办法,主动地争取和寻找学校发展的机会,优化和拓展学校生存和发展的空间。

第二节　学校品牌的定位与形象设计

要塑造学校品牌,首先必须明确学校的定位,选择恰当的定位策略,找准学校发展的核心竞争优势,进而才能塑造学校良好的品牌形象。

一、学校品牌定位

品牌定位是学校进行品牌塑造的起始环节,对于后续的一系列工作具有重要的影响。因此,学校管理者必须慎重对待。

(一)学校品牌定位的内涵

一般认为,学校品牌定位是指确定本学校发展的、与众不同的竞争优势及与此相联系的在社会公众心目中的独特地位,以此使社会公众理解和正确识别某学校有别于其他学校的特征。

欧斯玛尼·张在《中小学学校品牌论》一文中指出:学校品牌定位是一项系统工程,其中,学校品牌定位的核心是学校理念定位。围绕着学校品牌理念定位,还需要开展学校目标定位、生源定位、学校发展目标定位等一系列工作,从而使学校品牌定位显得立体、丰满。在社会公众的心目中,学校培养的人才和提供的服务不仅仅是承载品牌定位的载体,而且在很大程度上也附着他们由于体验品牌定位所带来的情感诉求,从而达到寻求双方相互沟通和社会公众最终认同的目的。

(二)学校品牌定位的原则

美国著名营销学家杰克·特认为,定位的基本原则并不是去塑造新而独特的东西,而是去操作原已在人们心目中的想法,打开联想之门,目的是在顾客心目中占据有利的地位。因此,校长在进行学校品牌定位时应遵循以下基本原则[①]:

1.服务对象导向原则

包括品牌定位在内的一切学校品牌建设活动,其根本目的在于提升办学质量、更好地培养学生。因此,在思考学校的定位时不能单纯从学校和教职员工的角度出发,必须考虑到学校服务的对象即学生和家长的思维方式和心理需求。学校采取一定的措施满足服务对象需求,正是确定和调整品牌定位的关键所在。

2.特色化发展原则

学校品牌定位必须与众不同,赋予品牌独特的个性,来满足相应服务对象的需求。否则,很难将其品牌与其他学校品牌区别开来,将自己的品牌信息凸现在服务

---

① 欧斯玛尼·张.中小学学校品牌论[D].天津师范大学,2007:21~22

对象面前,引起他们的注意,并使其产生品牌联想。

3.动态性调整原则

随着整个国家教育形势的变化和服务对象需求的变化,教育领域不断有新的品牌学校加入竞争,而且学校在自身的发展周期中也会不断演进,所以学校品牌的定位不是一成不变的。因此,学校品牌定位要根据市场情况的变化而不断进行调整,使品牌永远具有市场活力。任何以不变应万变的静态定位思想都将使品牌失去生机与活力,最终被市场淘汰。

(三)学校品牌定位的过程

学校品牌定位不是一项可以一蹴而就的简单任务,而是一个由多个环节构成的复杂过程。一般,可以将学校品牌定位过程分解为分析、定位和实施等几个步骤。①

1.分析

(1)把握教育形势和市场

学校在定位时既要把握教育形势,了解国内外教育改革的趋势,教育政策法规的精神以及教育理论研究的热点问题等等,还要了解社会政治、经济、文化发展的态势以及社会对人才培养的要求,目的是在进行学校品牌定位时少走弯路。进行教育市场分析是为了表现差异,展现个性。

(2)认识学校条件和优势

学校条件分析不仅仅是了解现存的显性资源的使用和消耗,如学校的占地面积、师生数量、设施设备、财力物力等;更多的是对学校潜在性的、发展性的资源进行开发、催生、盘活与整合,如校友资源、家长资源、社区资源、大众媒体资源、专家学者资源等;另外还要善于把握学校传统中的精神资源,考虑品牌对传统的依赖程度。进行学校分析的目的是使品牌定位与学校资源相协调,在教育市场上塑造出既能符合学生和家长需求又能发挥学校自身特长的品牌。

(3)分析服务对象心理需求

心理需求分析的目的在于使品牌的心理定位与相应的教育服务相匹配。社会公众或服务对象的认同和共鸣是他们选择学校的关键。定位需要掌握他们的心理,把握服务对象的选择动机。包括学生和家长的选择倾向分析、不同学生家长对学校品牌需求分析、对学校的印象分析等。这些可以通过设计各种类型的调查问卷实现。

---

① 欧斯玛尼·张.中小学学校品牌论[D].天津师范大学,2007:23－26

（4）竞争学校分析

分析竞争学校信息的前提是学校之间具有共同的受教育者群体即教育市场，目的是寻求差异点、提炼个性、赢得比较优势。对竞争学校的分析要从多个角度进行，如竞争学校的优势劣势分析、教育效果分析、定位措施分析等。

2. 定位

提炼学校品牌定位理念的目的是塑造学校品牌形象，它是学校品牌定位的灵魂。校长等领导者要确定学校的相对核心竞争优势，选择定位策略，体现出学校发展的品牌定位。另外还需强调品牌定位理念形成之后，如果能够得到社会公众的认同就应该保持其稳定性。当然，可根据情况变化对定位方式进行调整，但不要否定自己的理念，因为理念的认同是一个漫长的过程。

3. 实施

实施阶段则集中体现了学校品牌定位的可操作性。如果学校的品牌定位不具有可操作性，即使再完美的定位也没有任何意义。这一阶段，主要是制定一系列的措施，实现、挖掘、放大学校的核心竞争优势，以保证学校实现定位。

二、学校品牌的形象设计

形象设计是学校品牌塑造中的一项重要工作，通常借鉴 CIS 理论来构筑学校的形象识别系统。所谓 CIS 是 Corporate Identity System（企业形象识别系统）的缩写，它由理念识别（Mind Identity，即 MI）、行为识别（Behavior Identity，即 BI）和视觉识别（Visual Identity，即 VI）等三大系统构成。

（一）理念识别系统

1. 学校的理念识别系统及其构成

理念识别系统是 CIS 的内核和灵魂，是行为识别系统（BI）和视觉识别系统（VI）的基础和依据。学校理念是指学校内部统一的兼具外部特征的主导思想和观念。[1] 它是深层的学校文化，属于学校的精神层面，是学校品牌形象的灵魂部分；它囊括了学校品牌形象发展所需的各种指导思想，具有导向性、渗透性和强化性的作用；它影响教职员工的思想和行为，形成学校文化底蕴，并直接影响学校的精神面貌与发展，是社会公众评判学校品牌形象的一个重要因素。

2. 确定学校理念的原则

确定学校的办学理念识别系统，应该遵循一定的原则。校长尤其要把握这些原则，用以指导办学理念的提炼。这些原则包括：个性化原则、广泛参与原则、系统

---

[1] 王奇. 论学校品牌形象塑造[D]. 首都师范大学,2006

性原则、贴近生活原则、相对稳定原则①。

（1）个性化原则

个性化是时代对学校发展的要求，个性化更是学校理念识别系统的基本要求。个性化原则的提出，致力于改变全国范围内办学理念"千校一面"的状况。个性化原则要求：学校理念识别系统不仅要反映学校层次的不同，反映学校地域文化的差异，反映学校性质的不同，更要反映学校自身的文化传统与办学者的主张。

（2）广泛参与原则

学校理念识别系统是学校全体员工的行动准则，也是大家的共同精神财富，也只有得到广大教职员工的广泛认同才能很好地落实。所以，作为校长，不能仅凭个人经验拍脑袋，也不能仅仅借助"外脑"，而要发动全体教职员工、学生、家长的广泛参与——参与提炼、参与修改、参与实施。

（3）系统性原则

学校理念识别系统是一个有机的系统，必须体现出系统性原则。系统性原则也要求学校的理念识别系统要以一贯之，有核心的办学思想，各个部分不仅要外在表述一致，内在逻辑也要求一致。但是，就全国范围内学校办学理念的整体表现而言，认知和构建中规范性、体系性不强的问题仍普遍存在。

（4）贴近生活原则

这一原则要求学校理念识别系统要源于学校生活、源于教师教育教学、源于学生生活，切忌生搬硬套、东拼西凑、照搬照抄、晦涩难懂、应付了事。

（5）相对稳定原则

学校理念识别系统一旦提出，应保持相对稳定，不能过于频繁地变动，否则会使师生无所适从，导致学校传统建设缺乏连续性。

3. 构建学校理念识别系统的注意事项

（1）注意传承性

学校若干年来发展办学的历史给学校留下了值得继承和发扬的是什么，即传承性。学校的发展不是全面否定，而是扬弃，是在传承基础上的发展。因此要不断地挖掘、总结和提升学校的办学经验，并逐步形成理性的概括，这是形成学校理念的重要前提。

（2）体现时代性

当今时代的发展需要学校做的是什么，即时代性。学校的发展必须符合和适应时代的要求，如当今社会政治、文化对教育的要求；国家的政策、方针、法规对教

---

① 陈丽等.学校发展策划：理论、方法与实践[M].重庆：重庆大学出版社,2005:100

育的要求;现代教育理念和管理的发展对教育的要求;社会主义市场经济对教育的要求等等。学校的理念应充分体现时代赋予教育的责任和要求,这是形成学校理念的重要保证。

(3)把握现实性

在学校目前所处的教育实际和现实情况下,学校能够做的是什么,即现实性。学校的发展如果脱离学校自身的办学实际(如学校领导班子建设的实际、师资队伍建设的实际、学生素质的实际、学校教育教学管理的实际、学校硬件建设的实际及学校周边环境的实际等等),学校的发展必将是空中楼阁、画饼充饥。因此,认真思考学校教育面临的具体现实是形成学校理念的重要基础。

(4)突出前瞻性

未来社会的发展趋势和教育自身发展的规律,需要学校做的是什么,即前瞻性。学校是先进文化重要的传播基地,学校教育在自身发展的同时,还要引领社会的发展,带动社会的进步。因此,学校的发展必须在思想上适度超前,并用这种思想去指导具体的教育实践,才能充分体现学校教育的先进性,这是学校理念生命力的重要标志。[1]

(二)行为识别系统

BI是通过一系列有目的的行为规范来表达理念,实现学校的使命和目标。行为识别系统是学校品牌形象的重要组成部分,它外化着学校的办学理念,人们一般是通过学校的行为来分析和判断学校的品牌。

1.对内行为识别系统

学校内部的行为活动是按照学校品牌形象战略的实施方案进行的,其目的是通过这些行为活动,使全体师生对学校的理念达成共识,增强学校的凝聚力。[2] 王奇认为,学校对内行为识别首先体现在对行为规范的制订上。行为规范是学校教育、管理活动中处理人与人之间关系的准则,包括管理者与被管理者、教师与学生、不同团体、不同职能部门之间的准则。之所以强调规范,一是因为"规范"是学校工作无往不胜的前提;二是因为"规范"本身具有无形的教育意义,同时"规范"也是学校品牌形象的直接体现。

(1)学生形象

学生形象是学校形象最集中的体现。在学生行为规范方面,解放前南开中学

---

① 王奇.论学校品牌形象塑造[D].首都师范大学,2006
② 王奇.论学校品牌形象塑造[D].首都师范大学,2006:21

的作法值得我们借鉴。南开中学的"镜箴"对南开学生的行为规范起到了很好的作用,形成了独特的南开学子形象。

在当时南开中学东楼进口左侧有一面大穿衣镜,镜子上端的横匾上镌刻着南开学校创办人严范孙亲题的四十字箴言:"面必净,发必理,衣必整,钮必结;头容正,肩容平,胸容宽,背容直;气象:勿傲,勿暴,勿怠;颜色:宜和,宜静,宜庄"。正是这四十个字,使得"南开中学生的行为举止,显然与他校有所不同,来访的客人,街上的行人,一看就看得出来。"①

学校领导者(校长等)及管理者应对学生与家长的交往、学生与教师的交往、同学之间的交往、同学与来宾的交往、学生自身的着装打扮,做出可操作、合乎时宜的规范。

(2)校长形象

校长形象也应做到一些规范,因为校长是学校的形象代言人,是学校品牌形象的重要组成部分。我们仍以张伯苓校长为例。

张伯苓校长有一次给学生上修身课,他见一个学生的手指被香烟熏得焦黄,便说:"看你的手指熏得这样黄!吸烟对青年人身体有害,应当戒掉。""吸烟有害,那么您怎么也吸烟呢?"那个学生调皮地反问道。张伯苓校长被问得无以作答。他立即从怀里掏出自己的长烟杆,一下子将它折断,然后派工友到校长室把他的吕宋烟全部拿来,当众烧毁并斩钉截铁地对学生们宣布:"从今天开始,我和全体同学一起戒烟。"

(3)管理者形象

我们刚刚提到制定学校的行为识别系统要重视教育性原则,管理者的行为也应该贯彻这一原则,如果不注意反而会适得其反。

管理行为必须规范,管理者不仅包括学校的高层管理者、中层管理者,也包括门卫等最基层的管理者。作为学校的校长,其行为规范自不待言,重要的是要引领和规范全校员工和学生的规范。

2.对外行为识别系统

学校对外行为主要体现在公关活动中,主要包括以下三个方面:

其一,学校庆典活动。这是指学校围绕重要的节日(如:国庆、校庆、教师节、"五四"青年节等)举行的庆祝活动。学校庆典活动在展示学校品牌形象、提高学校的知名度和美誉度、增强学校的凝聚力方面,起着十分重要的作用。

其二,学校开放活动。这是指学校在事先设定的时间内,有目的、有准备地邀请学校外部公众对学校的教育、教学、管理等各项工作进行参观、指导的一项学校公共关系专题活动。举办学校开放活动的目的,是为了让学校外部公众对学校的

---

① 王文俊等.张伯苓教育言论选集[M].天津:南开大学出版社,1984:9

工作有进一步地认识,使之对学校的工作产生认同感。

其三,社会公益事业赞助活动。学校向社会公益事业提供赞助,是借助大众传播和人际传播媒介向社会表达良知、正义和责任感的重要途径。学校参与社会公益事业赞助,可使学校以良好的形象出现在社会公众面前,向社会传达一种学校具有社会责任感的信息,使学校的知名度得以提高,从而获得公众的更多支持。

(三)视觉识别系统

VI 是通过一系列独特的色彩、图案以及声像文字来表达理念,使人们对学校能够印象深刻。

1.视觉识别系统的涵义

学校视觉识别是学校品牌形象的静态识别符号,它以视觉传达作为观感媒体,将办学理念、文化特质、行为规范等抽象概念,转化为具体符号,以标准化、序列化、统一化的手法,凸显学校个性,塑造学校品牌形象,使人们不管在任何地方或任何场所,只要看到或听到具有强烈特点和深刻印象的标志、造型就会联想到该学校。

2.视觉识别系统的构成

学校的视觉识别系统可以分为基础部分和应用部分。前者包括:学校名称、学校标志、学校标准字体、学校专用印刷字体、学校标准色与辅助色、学校辅助图形、学校吉祥物、基本要素组合、基本要素集中组合。后者包括:办公系统用品、环境系统、办公室和教室设计系统、宣传系统、公关礼品系统、服装系统、汽车系统、网页系统。此处,我们主要就学校名称、学校标志、学校标准字体、校歌、建筑布局和环境布局等进行说明。[①]

(1)学校名称

校名是学校的无形资产,它就像商标一样具有自身的品牌价值。上海市敬业中学,其校名来源于"敬业乐群"的古训,历经二百多年,依然完好地保存着自己学校的校名,没有轻易改动,使得学校积淀了丰厚的文化底蕴。由此可见,校名不能随意更改,否则需要社会公众用相当长的时间来重新认识学校。学校名称是很重要的,不到万不得已不要改动。如果必须要改,一定要请人专门策划设计,并加大宣传的力度,使新的校名为大家所熟知。

(2)学校标志

学校标志是一所学校图形化的象征,它一般包括:图形、校名的英文或汉语拼音的第一个字母或全拼、校名汉字的变体、建校时间等几个要素。校标的设计,必

---

① 陈丽等.学校发展策划:理论、方法与实践[M].重庆:重庆大学出版社,2005:123

须体现简洁、美观、涵义明确、有视觉冲击力等几个原则。

（3）学校标准字体

学校标准字体是学校识别的基本要素之一，因为种类繁多，应用广泛，几乎涵盖了视觉识别体系中的各种应用设计要素，其出现的频率较之学校标志有过之而无不及。更由于文字本身具有明确的说明性，可以直接将学校名称传达出来，通过视觉、听觉的同步传达，强化学校个性的诉求力。

（4）建筑布局和环境布局

学校建筑布局与风格是一所学校的"脸面"。人们常说，建筑是凝固的音乐。从中我们很容易体验到这样一个道理：学校建筑布局与风格应体现一所学校的审美价值。同时，学校建筑也负有教育的使命，它以多种造型艺术的表现形式象征某种精神和理想，在一定程度上可以陶冶身心，涵养性格。

3. 构建视觉识别系统的注意事项

学校视觉识别是学校理念的生动表述，所以学校视觉识别应多角度、全方位地反映学校的办学理念。王奇提出，学校视觉识别的设计要体现以下几点：

一是要承载理念。学校视觉识别是学校理念的延伸和具体化，在设计视觉识别时，首先要将学校理念的精神实质理解透彻，系统、深入地表达出来。

二是要讲求美感。学校视觉识别在表达办学理念的同时，应给人以美的享受。当师生员工和社会公众看到用特定的字体撰写的校名，想起用特制的图形和色彩构成的校标，使用印有校名、校标的作业本、信封、信纸等学校用品时，能够赏心悦目，爱不释手，学校视觉识别的设计就算成功了。

三是要展示个性。学校视觉识别的功能之一就是要传达学校的独特个性，使公众识别学校的独特品质。成功的视觉识别设计往往与众不同，易于辨识、富有个性。

三、学校品牌的质量内核

质量是品牌的保证，是品牌的基石，是品牌的生命。学校品牌的建设必须重视品牌的质量内涵。

（一）教育质量的内涵

学校在进行品牌塑造时，必须将重点放在教育质量的提升上。那么，教育质量是什么呢？我们认为，教育质量是教育满足受教育者发展需要并实现特定社会目的的能力和属性，它包含了以下几层意思：

教育质量是基于社会与受教育者的需要而产生的，没有这些需要，就没有教育的活动，更谈不上教育质量。

教育质量表现为教育者通过教育内容、过程、方法等对受教育者需要的满足，满足的程度决定于教育者对社会的需要及对受教育需要的理解和掌握程度,以及就此提供的教育内容、教育过程、教育方法对受教育者的需要、特性的适应和满足程度,在其实质上,教育质量可以被看作是教育者及其教育活动对受教育者需要的满足之间的函数关系、价值关系。

教育质量的评价要由教育者、受教育者和使用者(用人单位、社会)来进行,决定性的主体是受教育者、社会用人单位。总之,教育质量不是数量的表征,而是教育活动满足受教育者发展需要和社会使用者需要的能力和属性。[①]

在素质教育不断深化的今天,我们要打破传统单一追求学生学业成绩的教育质量观,树立起全面发展的教育质量观。

(二)提升品牌质量的路径

要不断提升学校品牌的质量,在学校品牌的塑造过程中,需要做好下述三方面的工作[②]:

1.增强质量意识,把学校的管理水平提高到一个新阶段

质量管理是学校的灵魂。对学校而言,质量则集中反映在教育的成效上。一所好的学校,首先源于高效能、高品位的教育质量,其次才是其他方面的因素,而教育质量则是通过质量管理来实现的。这就需要学校时刻绷紧质量管理意识这根弦不放松,不断在质量管理上下工夫,提高教育管理水平,以创造具有一流品位的教育质量基础和条件。

2.探索和提高服务质量,让家长和社会满意

学校品牌形象的塑造还与服务质量的提升密切相关。努力提高服务质量,是塑造质量品牌的基本原则。

社会与家长对教育服务质量的满意度,首先取决于教育人的质量。人们对学校教育质量的权衡往往是从这里找到答案的,信心也是从这里提起来的。教学质量的一贯性和连续性是提高学校品牌的重要条件。能否保持教育质量,社会与家长并不完全看重分数,而是更看重学生成长质量的连续性和一贯性,这就给教育质量提出了更高的要求。因此,在研究教育质量的时候就需要结合实际抓好质量成效,保持教育质量的连续提高。这样,教育质量才能提高学校品牌的含金量。

3.提高质量服务效果和效率,促进学校品牌形象建设

创建学校的品牌形象,还有待于提高质量服务效果和效率。从效果上要质量,

---

① 赵剑民.素质教育视野中的教育质量[J].教育探索,2004(5)
② 吴杰.学校品牌塑造之路径[D].华东师范大学,2007

从效率上抓品牌,从整体上树形象。

学校的品牌形象是由教育质量来决定的,学校提高质量服务效果和效率,是教育质量管理要探索和解决的重要课题,是学校品牌与形象所面临的紧迫问题。教育品牌内容广泛,除了文化教学外,职业教育、道德文明教育都无一不在其列,后勤管理也是如此,这些都需要把质量效果放在重要的位置来对待。有了质量效果并不等于就达到了质量标准,还必须强调质量服务效率,"效率就是生命",学校没有质量服务效率同样是不可取的。有了服务效果和效率的基本质量保证,一所学校的品牌形象和发展才会有光明前景。

第三节　学校品牌的传播、维护与创新

建立品牌不等于保持品牌,也不等于品牌会自动地更新,因此,就需要校长着力于学校品牌的传播、维护与创新。作为学校的掌门人,应对学校发展状况与趋势、社会发展要求、教育发展趋势等有超前的认识,并能够提出应对之策,从而保证学校品牌基业长青。

一、学校品牌传播的特点与途径

品牌建设不能仅仅满足于"闭门造车",还必须"广而告之"。即透过适当的媒介,让社会公众知晓学校品牌,这样,才有可能进一步地认可学校的品牌,乃至忠诚于学校的品牌。

(一)学校品牌传播及其路径

1.学校品牌传播的内涵

在建设学校品牌时,学校管理者需要关注两个层面:一是品牌的静态构成,包括学校办学理念、目标、特色、核心价值、文化内涵等;二是品牌的动态运作,包括学校品牌定位、品牌塑造、品牌传播、品牌管理、品牌扩张等。学校品牌传播是品牌动态运作中的重要内容,就是要通过运用多种媒介对学校发展目标、学校文化、办学质量等在公众中进行传播,以提高学校的知名度、忠诚度、美誉度。

2.学校品牌传播的基本路径

从教育的规律来看,学校品牌传播追求的不仅是近期传播效果的最佳化,还要追求长远的品牌效应,因此学校品牌传播必须在学校品牌传播主体和诉求对象的互动关系中,遵循系统性原则进行操作。

基本路径为:审视学校品牌传播主体——了解并研究目标受众——明确学校品牌定位——认识学校品牌传播特性——确立学校品牌表征——选择并组合传播

媒介——学校品牌传播效果测定与价值评估——学校品牌传播的控制与调整等，这构成了学校品牌传播的系统工程，这一工程的运作使学校品牌在系统的传播与更新中不断增强核心竞争力和活力。

（二）学校品牌传播的特点

1. 以学校文化内涵为核心诉求点

学校教育的内容是人类文化几千年来的结晶，学校的教育主体也是狭义上的文化人，因此学校品牌传播以学校的文化内涵为核心诉求点是其传播中的应有之义。商品品牌、企业品牌等，尽管也可能把文化作为其传播内容，甚至也是核心诉求点，但这种文化内涵即便是品牌自身的特征，最终服务目的仍然是品牌的商业属性，文化内涵只是为了提升品牌形象、增加品牌附加值的东西。学校品牌是为文化而文化，其他品牌是为商业而文化，这是两者的本质区别。

2. 公益性为主，市场性为辅

学校作为准公共产品，公益性是第一性，即学校是为社会培养输送需要的、满足社会基本道德、具备基本职业素质的人力资源，它不能以赢利为目的，不能片面追求经济价值，更不能单一地追求利润指标。另一方面，由于学校处于市场环境中，因而其相关的资源获取又要相对遵循市场的资源配置原则。因此，学校品牌传播的主要目的应该是服务于全社会的物质和精神进步，借助学校品牌传播普及正确的办学理念，提升社会整体的办学水平，引导全社会正确认识教育规律。

3. 传播媒介的多样性

学校品牌传播最传统的方式是"家长会"这一人际传播方式，学校通过"家长会"传播自身的办学方向、效果，并且通过家长向身边的人进行传播，以实现品牌传播的目的。从传播学的角度看，人际传播是最有说服力的传播，但随着传媒社会的发展，学校品牌传播的媒介已经发生了极大变化，现代的人际关系在某种程度上也会减少人际传播的力度。因此，应该充分利用新旧媒体，发挥各自不同的传播特性，从不同的层面进行传播，以塑造学校品牌，提升学校品牌形象。①

（三）学校品牌传播的操作策略

学校品牌传播在媒体选择、内容制作、时机把握和受众分析等方面，要充分考虑到教育的特性。学校品牌传播不是一种单向地告知，不是一时一事就能够完成的，而是一种运用多种媒介形成与公众良好互动关系的过程。具体来说，学校品牌

---

① 潘虹.学校品牌传播的基本策略[J].教育发展研究,2006(11A)

传播要通过以下五个方面来展开①:

1.根据学校发展规划和品牌成长的不同阶段,准确定位传播诉求点

学校发展目标、办学效果等都是学校品牌传播的主要内容。学校要根据社会需求、学校自身状况,确定传播诉求点。学校的传播诉求点是在学校正确定位、恰当确定办学目标与特色的基础上形成的,因而学校办学需要有明确的办学目标。学校的个性与创新精神应体现在学校的办学指导思想和办学目标中。在准确定位学校发展目标的基础上,学校要分阶段、有步骤地确定诉求点。在学校品牌形成的第一阶段,可选择学校特色教育进行传播,与其他学校形成差异;在学校品牌成长第二阶段,应该维护品牌形象的统一性和可识别性,引进 CIS 是解决这一问题的有效手段;在学校品牌成长第三阶段,则应注意品牌形象的稳定性,要借势扩大品牌形象的影响力。

2.根据传播内容,有效选择传播媒介

(1)人际传播

在学校品牌传播中,家长之间的人际传播可以说是重要的传播渠道。所以,有学校明确提出"要为家长提供良好的教育服务";有的学校把自己的校训、办学理念或目标总结成琅琅上口的语言,要求全体教职员工统一认识,认可学校品牌理念,主动成为品牌传播者。在与学生家长、社会的沟通中,如家长座谈会、学校参与社会公益活动等,都应该有意识地进行宣传,以达到传播目的。

(2)大众传播

纸媒介由于具有良好的稳定性,一直是学校品牌传播的重要媒介。其中,学校教学科研、学术研讨等专业性较强的内容主要应选择专业类报刊杂志,如学术期刊和高级别的行业报;对于学校形象、教育效果、办学水平等对服务对象(家长)影响较大的内容,则应选择权威性强的主流报纸。

电视广播尽管更直观形象,但由于必须满足一定的传播频率才能达成一定的效果,而传播频率又与资金投放等相关联,因而并未被广泛采用。

网络媒介的互动性和及时性,以及信息的海量容纳和无地域限制,是其优于其他媒介的重要特点,因而学校品牌传播也可通过学校自建的网站等进行,这也是学校品牌传播的一个非常重要的媒介,应引起学校的高度重视。

此外,还可以制作专题片、宣传片,利用新闻发布会,奖励各类优秀学生,专题报道等。"媒介即讯息",在传播技术正得到革命性变更的今天,新媒介的诞生与传统媒介的新生,已共同打造出一个传播媒介多元化的新格局。因此,学校品牌传

---

① 吴杰.学校品牌塑造之路径[D].华东师范大学,2007

播应该充分进行媒介整合,以达到最佳传播效果。

3. 运用"事件驱动",做好"利好事件"组织传播

"利好事件"是指对学校品牌传播明显有利的事件,如大环境有利性变更、学校在区域内某个领域的工作获得了重大突破、学校办学水平的阶段性提升、学校决策的正确形成、学校形象的美誉性传播、名优教师的先进事例浮现等。对"利好事件"进行顺势开发,并进行传播运作,有助于学校对内端正意识、增强信心、焕发精神,对外提升形象、赢得市场。在现实中,重大的利好事件往往会因为不具有针对性而被淡化,微小的利好事件则因为显得细小而被忽略,以至于诸多利好事件的价值未被发现而致白白浪费,传播也相应缺乏可顺势开发的信息资源。其实,许多利好事件与学校品牌传播的关联性非常明显,对其进行顺势开发对学校品牌传播具有很强的驱动性。

4. 协调统一学校知名度与美誉度

一个学校一旦形成自己的品牌,就会有一种超越时间与空间的影响力。在现代信息过量的时代,要影响公众的认知心理和形成公众的认知定势,品牌就必须具有两个很重要的特性:一个是知名度,另外一个是美誉度。

知名度是公众对学校知晓和了解的程度;美誉度是公众对学校评价的程度,如好感的程度、满意的程度、信任的程度、支持的程度等等。知名度是学校品牌形象的前提,而美誉度是学校品牌形象的基础。没有必要的认知度、知晓度,就谈不上喜欢不喜欢,满意不满意,任何形象都是从认知、了解开始的;但是如果没有美誉度作基础,品牌的知名度越高也就越糟糕。因此,一个良好的学校品牌应该是知名度和美誉度的统一。

5. 有效利用媒介的议程设置功能

媒介的议程设置功能是"通过反复播放某类新闻报道,强化该话题在公众心目中的重要程度"。学校作为一种准公共产品,备受公众关注并置身于公众视野中,其信息对服务对象的关联度很高(每个家庭都有受教育者)。但由于学校教育的专业性强,受众一般不具备足够的或确定的相关信息,这就使得学校具有了建构和利用传播议程的必要性。

为了建构和利用媒介的传播议程,学校可采用多种多样的形式,如,新闻、广告、印刷品、音像品、电子网络等等。此外,各种节日(如:儿童节、青年节、国庆节、春节、教师节、重阳节等)、各种活动(如:家长会、运动会、教育成果展示、学校开放日、周年庆典等),都可以成为建构和利用媒介的传播议程的绝佳时机。

二、学校品牌的诊断与调整

良好的学校品牌需要悉心维护,这就离不开对品牌的诊断与调整。在《学校品

牌塑造之路径》一文中,吴杰对学校品牌的诊断与调整进行了如下的分析:

(一)学校品牌的诊断

1.品牌诊断及其构成

学校品牌诊断是在品牌档案的基础上进行的,根据学校所具有的优势和劣势,面临的机遇和威胁,作为对品牌及时调整修订的基础,从而达到品牌提升的目的。学校品牌的诊断主要是针对其社会影响力进行定性、定量分析,反思其优劣成败。诊断内容包括:品牌环境、品牌形象、品牌质量、品牌内部管理、品牌知名度与美誉度、品牌发展战略、品牌策划的效果。诊断类型有:内部诊断与外部诊断、综合诊断与专题诊断、需求性诊断与制度性诊断。诊断方法包括:社会民意调查、座谈、深度访谈、撰写和提交个人总结报告、问卷调查文献研读等。

2.品牌诊断的重点

学校品牌诊断的重点通常有五方面:一是品牌载体诊断,品牌的载体是教育服务,诊断的重点是其核心"产品",包括输送的人才、社会服务的质量水平等有无新颖的表现力。二是品牌定位诊断,定位的实质在于找到属于自己的市场空间,关键在于与竞争对手形成差异化个性。三是品牌形象诊断,学校品牌有无给消费者留下深刻的品牌印象,局部市场的知名度是否转化成美誉度。四是品牌传播策略诊断,关键在于学校的主要优势有没有突出,传播媒体的选择有无针对性和整合性。五是品牌管理诊断,包括品牌计划中的任务、目标选择和行动方案,品牌组织结构的设计、职责分工,对品牌管理人员的工作绩效考评和目标管理,品牌管理的控制标准和管理考核制度。

(二)学校品牌的调整

在品牌诊断后,就需采取措施,根据反馈对品牌进行调整。学校形象设计的反馈与调整阶段是学校根据环境的变化、计划执行的实际情况,不断调适、修正预期学校形象的阶段。学校形象的反馈与调整,依赖于校内畅通的信息传递系统、敏感的信息收集系统、快速的信息处理系统。它具有多样性的特征,有时它表现为一种补救性行为,如因为工作失误而造成学校形象危机与损害,为弥补过失而必须采取的纠正措施;有时它表现为一种引导性行为,这种情况多发生在信息传达不全,而造成公众对学校形象认识偏差,必须通过有效手段予以澄清事实,说明真相;有时它又是一种适应性行为,这种情况多发生在学校赖以生存的条件发生了改变,学校的办学理念必须做出相应地调整。

三、学校品牌的创新

如果没有创新,学校品牌的内在价值会随时间而不断贬损。因此,维护学校品牌价值的最好方法就是不断进行品牌创新。

(一)学校品牌创新的内涵

学校品牌创新是指在学校环境中,在分析品牌现状的基础上,面对社会、教育发展的形势,围绕品牌定位、形象塑造、宣传推广和维护创新,积极寻求学校品牌新的生长点,从而使该品牌增加新的品牌个性与内涵,永葆品牌活力,提升学校的效能和达成学校的教育教学目标。如成都市机投小学在品牌建设中并没有沉湎于取得的成绩,在获得了"示范校"的称号后,又推出了《成都市机投小学内涵建设发展行动纲要》,进一步丰富了学校品牌的内涵。

(二)学校品牌创新的原则与措施

1.学校品牌创新的原则

就学校品牌创新原则来说,要符合教育意义和目的,能带动教育革新和进步,活化教育理念和内涵,展现教育特色和价值。

如我国台湾博爱国小迎新活动中,教师精心设计的"聪慧门",校长带领学校主任装扮成博学王、爱智王、健康王、快乐王等"四大天王",在校门口迎接小朋友。台湾古亭国小校长身穿皇袍,头戴皇冠,站在校门口迎接一年级新生。小朋友拿着校长给的糖果,穿越代表学校大校舍建筑的"真善美城堡大门",接着由六年级的学生牵着新生进入校园。

2.学校品牌的创新能力

任何品牌的产生与发展都有一个生命周期曲线:由孕育期、生长期、发展期直到高原期,高原期之后就逐步进入衰败期。信息时代到来以后,这种高原期(辉煌期、鼎盛期)也会缩短。为了摆脱衰败期的到来,必须在高原期的初期就要选择"第二曲线"(新的增长点)。

第二曲线是另一场爬山运动,必须先从第一曲线上下来,然后爬上第二曲线,中间要经过死亡之谷。在两个时代交替的时候,人们往往迷恋前一个时代的辉煌,当他达到顶峰时,才发现下边是万丈深渊,而另一个高峰就在前面。要攀登新的高峰就要付出很大的代价。学校品牌塑造如何把握生命周期,选好第二曲线,就要看管理者的智慧和创造能力了。[1]

3.学校品牌创新的措施

就学校品牌创新的措施来说,常常体现在下面的内容中:[2]即观念创新,如学校

---

[1] 阎德明.学校品牌的涵义、特性及其创建思路[J].教育研究,2006(8)
[2] 吴杰.学校品牌塑造之路径[D].华东师范大学,2007

人员价值、思考方式、意识形态的改变；技术创新，如教学、评价、工作方式、资源运用等改变；产品创新，如学生作品、教师教具、教师著作、课程设计等产品出现；服务创新，如行政服务、社区服务、家长服务等改变；流程创新，如教务、学生事务、总务、辅导、人事、会计业务处理程序、开会流程等改变；活动创新，如开学典礼、毕业典礼、校庆、运动会、体育表演会、开学日、家长日、节庆、教学观摩会、户外教学活动、城乡交流活动、毕业旅行、教师进修活动、教师自强活动、家长参与活动等突破；环境创新，如建筑物造型的美化与改变、室内设备摆设的调整、环境空间的重新规划、教学场所与运动场所的布置等；特色创新，如发展学校特色、塑造学校独特文化等。

(三)学校品牌创新的侧重点

学校品牌创新能够主动更新学校品牌，有利于维持学校品牌地位，有效防止学校品牌老化。学校品牌创新应主要侧重于以下几个方面[①]：

1. 学校品牌重新定位

一种学校品牌无论最初的定位时如何适宜，但是随着时间的推移，如果出现原品牌定位有些偏差；或者原来品牌定位阻碍学校开拓新的市场，阻碍与外界环境融合；或者教育消费者的偏好和需求发生变化，就可能出现品牌不再适应各方要求的情况。这就需要校长对其进行再定位，以适应新的需求，从而保证学校品牌的与时俱进。

2. 特色品牌创新

在特色创建过程中，所处的背景会随着时间的推移而发生变化，特别是学生兴趣的变化、竞争学校的特色发展、科技的进步等会对学校特色品牌产生影响。一旦自己学校特色被竞争学校模仿，就会失去竞争力。这时就需要学校进行品牌特色创新，其程序大致为：

(1)学校现有特色品牌的评估

对学校目前特色品牌的社会需求度、知名度、美誉度、发展趋势等方面进行分析，找出现有特色品牌的发展态势。

(2)对特色市场进行分析，确定学校特色品牌新的增长点

对特色市场进行分析，应该对自己学校的特色和其他学校的特色进行分析，以便找出学校特色品牌新的增长点。

(3)采取策略与措施以保证实现新的增长点

学校在推出特色产品时，一定要做细致、全面地分析，在分析的基础上推出没有缺陷的特色项目，并采取一些有效的策略与措施用以保证特色创新的成功。

① 陈丽等.学校发展策划：理论、方法与实践[M].重庆：重庆大学出版社,2005:148－149

能力训练项目

某市民办学校,原是一所初级中学,但却在十几年内,发展成为一所集小学、初中、高中为一体的现代化寄宿式学校。最初几年,凭着优质初中教育,该校的知名度和美誉度逐年提高,学校具有了一定的品牌效应。在2008年,又成立了教育集团。虽然,学校实现了规模上的飞速发展,但是家长和学生对其品牌的忠诚度和认可度却下降了。该校的发展出现了原地踏步的境况,这是为什么呢?

该校创办于1994年,以初中建校起家,当时仅六亩校园,4个教学班,190名学生,十几位教师和1500平方米的二层小楼。1997年增设小学部,1999年开办高中,目前学校教职工1289人,有58个教学班。学生达2800人,其中小学28个教学班,学生1310名;初中18个教学班有学生916名;高中12个教学班,在校生615名,是截止目前该市规模最大的民办学校。

该校品牌定位于"立足某市、辐射全国、走向世界",并且在立足该市的子目标下,又具体定位于:把学校办成该市规模最大、办学质量和效益最好的民办学校。采取特色定位战略,先办好初中部,再发展好高中部。采取首席定位战略,力求办全市最好的民办学校。

在进行学校品牌塑造过程中,该校十分重视现代化设施建设(齐、新、美)、教师队伍建设(学历达标、待遇好)和组织机构建设(董事会领导下的校长负责制)。可以说,该校已经实现了制度化、科学化和规范化管理。

品牌传播途径多样,先后采取电视广告宣传、奖优济困、客车贴广告宣传以及议程设置策略等。

该校还与具有强势品牌的育才学校建立联系,并且聘请北京著名教育专家担当指导委员会,逐步地实现了品牌扩展。

思考题

1.该校发展处于什么期?成长期,还是成熟稳定期?

2.该校学校品牌定位的特点是什么?有何不妥?

3.该校的内外环境发生了什么变化?

4.该校的品牌建设问题是什么?

5.该校品牌扩张是否太快?

6.该校具备品牌扩张的条件吗?

7.如果是你,你该如何进行学校品牌的扩张与维护?

8.如何改变该校的状况,使其重新发展起来?

第七章 学校资产的经营力

校长首先是产业经营者,善于对教育进行市场化运营,并获得产业增值。

——清华校长职业化培训中心

●引导性案例

梓桐路小学的经营之道①

四川泸州市梓桐路小学在 1996 年就大胆提出了教育资源的"经营"理念。为抓住机遇,避免风险,学校进行了经营规划的周密设计,经营策略的严格制定,经营目标的客观预测,经营风险的详细分析。2000 年,在地方党委和政府的高度重视和支持下,经营计划付诸实施。学校提供 6400 平方米的土地,引入资金联合开发。3 年完成了学校重建。学校占地面积由以前的 12 亩增加到 15.8 亩;教学用房由原有的 3400 平方米,增加到 8700 平方米;还增加室内运动场 1480 平方米,完成了200 米的环形塑胶跑道;增加商业用房 2000 平方米,同时还解决了教职工住房问题;固定资产增加了 5~6 倍。一种思路创生了一个机制,而一个机制又创造了一个发展的奇迹。

学校资源的经营为学校现代化建设提供了物质基础。学校又继续投资 400 万元,一个现代化学校正在形成。学校网络覆盖,音、体、美的设备齐备,教室内空调、电视、宽带、多媒体一应俱备。省教育厅通过检查验收,把学校评为"四川省小学的一所实验教学示范校"。

以上案例应该引起校长们的思考。梓桐路小学通过对学校资产的有效经营,不仅为学校带来了更多的办学资源,同时也为学校赢得了荣誉。所以,作为一校之长应该关注学校的资产,确保学校资产的保值增值。

第一节 校长与学校资产的经营

校长作为学校的主要管理者,在学校资产的经营中扮演着重要的角色,所以,校长要理解学校资产的内涵,掌握资产经营的原则与方法,使学校资产保值增值。

---

① 刘仁镜,翟博.现代学校制度与治校方略[M].北京:开明出版社,2005:153~156

一、学校资产的内涵与外延

学校资产是指学校拥有或者控制的能以货币计量的经济资源,包括各种财产、债权和其他权利。在原国家教委、财政部 1997 年发布的《中小学财务制度》中,将中小学校的资产分为流动资产、固定资产、无形资产和对外投资等。

(一)流动资产

流动资产是指可以在一年以内变现或者耗用的资产,包括现金、各种存款、应收及暂付款项,借出款、存货等。其中,存货是指中小学校在开展教学及其他活动过程中为耗用而储存的资产,包括各类材料、燃料、消耗物资和低值易耗品等。

学校的流动资产不同于企业的流动资产。在学校里,资金运动形式呈直线式,在经历投入、使用、核销三个阶段之后,资金往往已被消耗,无法从产品中得到补偿,不再也不能再转化为流动资产。相比企业的流动资产而言,学校的流动资产具有流动性较小,周转期限较长,变现能力较弱的特点。校长在进行流动资产管理的过程中,必须掌握这些特点,才能合理配置流动资产资源,发挥流动资产在学校教育、科研等各项事业中的作用。

(二)固定资产

固定资产是指一般设备单位价值在 500 元以上、专用设备单位价值在 800 元以上,使用期限在一年以上,并在使用过程中基本保持原有物资形态的资产。单位价值虽未达到规定标准,但耐用时间在一年以上的大批同类物资,作为固定资产管理。

中小学校的固定资产一般分为六类:房屋和建筑物;专用设备;一般设备;文物和陈列品;图书;其他固定资产。中小学校应根据规定的固定资产标准,结合本校的具体情况,制定各类固定资产的明细目录。固定资产的租赁,应经过有关部门批准,并向租赁者收取租赁费。租赁费计入经营收入。中小学校固定资产的报废和转让,一般经单位负责人批准后核销。大型、精密、贵重的设备、仪器报废和转让,应当经过有关部门鉴定,报主管部门或国有资产管理部门、财政部门批准。固定资产变价收入计入修购基金。

(三)无形资产

无形资产是指不具有实物形态而能为使用者提供某种权利的资产,包括商标权、著作权、土地使用权、非专利技术、商誉以及其他财产权利。中小学校转让无形资产,应当按照有关规定进行资产评估,取得的收入除国家另有规定外计入事业收入。中小学校取得无形资产而发生的支出,计入事业支出。

（四）对外投资

对外投资是指中小学校利用货币资金、实物、无形资产等向校办产业、勤工俭学项目和其他单位的投资。

中小学校对外投资，应当按照国家有关规定报主管部门、国有资产管理部门和财政部门批准或备案。中小学校以实物、无形资产对外投资的，应当按照国家有关规定进行资产评估。对校办产业和勤工俭学项目投资取得的收益，计入附属单位上缴收入；对其他单位投资取得的收益，计入其他收入；国家另有规定者除外。

二、学校资产与学校发展

学校不是以营利为目的的机构，但学校的正常运行却离不开充足的资产作支撑。因此，学校资产对于学校的生存与发展具有不容低估的价值。

（一）流动资产维持学校日常运转

要保证一所学校的正常运转，必要的流动资产是必不可少的。一所学校好比一个家庭，总是需要一定的可以耗用的资产，否则家庭就很难应对突发事情，更有甚者会使整个家庭都陷入"危机"状态。一般来说，学校拥有的流动资产越多，偿还短期债务的能力越强，财务风险则越低。

加强流动资产管理，有助于促使学校合理配置资源，加速流动资金的周转，减少流动资产占用数量，达到少花钱、多办事、办好事的目的；同时，还有助于促使学校保护国有资产，确保其安全与完整，防止流失。可见，校长应重视流动资产及其管理的意义，加强对流动资产的管理，维持学校的日常运转，发挥流动资产在学校教育、科研等各项事业中的积极作用。

（二）固定资产保障学校物质基础

学校固定资产是学校资产的一部分，是学校发展的物质基础，它也有助于保证学校正常的教学和科研等活动。学校的发展离不开必要的资产。试想，如果学校没有了校舍，学生该如何上课；学校没有了实验设备，学校该如何进行实验操作；如果学校没有了图书，学生该如何拓展知识面，摄取更多的知识？可见，没有了固定资产，学校就会脱离正常的运行轨道，无法正常开展教育、教学工作，而学校的发展更是不可能了。

同时，学校规模的扩大也需要学校固定资产相应增长。以房屋和设备为例，作为学校固定资产重要组成部分的房屋及建筑物，是学校开展教育教学活动不可或缺的物质基础和保障。因此，各地都十分重视校舍的新建与改造。

除了房屋和建筑物外，学校的固定资产还包括大量的专业设备、一般设备、文物及陈列品、图书等,它们也是学校从事教学、科研最直接的物质基础和保障。

(三)无形资产打造学校品牌

学校的无形资产不同于流动资产,也不同于固定资产,它一般具有以下特点:①非实体性是指学校的无形资产所代表的是一种权利,尽管有些无形资产需要证书、图纸、著作之类的物质载体来体现,但是自身并不像流动资产和固定资产那样具有物质实体。②垄断性是指学校的无形资产通常是由学校垄断占有的。③高效性是指学校无形资产能够为学校带来远远高于其成本的经济利益。④不确定性是指学校因受较多的可变因素的影响,无形资产所提供的经济利益具有不确定性。①

在市场经济条件下,无形资产逐步开始成为学校生存、发展不可忽视的重要资产。一些学校通过长期努力,在无形资产方面积累了巨大财富,成为学校资产经营中"不战而屈人之兵"的神奇法宝。以学校品牌为例,国内外有许多学校通过经营无形资产获得了成功,从而建立了良好的学校品牌,成为学校发展的领先者。比如,上海南洋模范中学从以下几个方面打造自己的品牌:①选定一位专业基础好、事业心强、有自己的教育理想并坚持躬身实践的学校校长;②打造一支献身教育并在教育实践中形成自己独特性和创造性的教师队伍;③学校在教育实践中逐渐形成自己的办学特色,也就是能显示学校自己的个性,这种特色与个性主要体现在学校特有的教育传统、教育环境和教育优势。经过长期的努力,南洋模范中学成为了名牌学校,是众多学子一心向往的学府。

(四)对外投资开辟学校新财源

学校的对外投资行为是以获取经济效益为主要动机和目的的。一般而言,投资产生的效益可以分为经济效益和社会效益两种类型。其中,经济效益表现为投资项目的盈利能力、投资回报能力、偿债能力等。社会效益体现为投资项目对国家、民族以及公共福利、生态环境、教育、科学等社会公益事业的贡献。但是,社会效益往往不能直接为投资者提供经济回报。所以,学校对外投资的主要动机和目的是遵循并运用社会主义市场经济体制下的价值规律,通过对外投资的合理配置与使用,将学校的部分非经营性资产转为经营性资产,尽可能多地赚取利润,以支持学校教育事业发展。②

三、校长的学校资产经营力

从上面的论述可以发现,学校资产与学校的发展息息相关,所以校长应该掌握

---

① 陈谦余.学校资产管理[M].北京:高等教育出版社,2000:56~57
② 陈谦余.学校资产管理[M].北京:高等教育出版社,2000:65~66

学校资产的经营力,推动学校向前发展。

（一）资产占有力

占有力是指校长占有学校资产的能力,即在事实上或法律上控制学校资产的能力。占有力是校长经营学校资产中最重要的能力,是使用学校资产和处置学校资产的前提。如果校长没有占有学校资产的能力,就无法以最佳的状态来使用或者处理学校资产,更不用说从学校资产中获益了。可见,校长要想经营好学校,首先要确保自己具有学校资产的占有力。

（二）资产使用力

使用力是校长经营学校资产的一项基本能力,是指按照学校资产的性能和用途分别予以利用,以满足学校物质和精神需要的能力。使用和占有是有密切关系的,没有占有就无从使用。校长不仅仅可以使用学校资产,也可以依据合同或法律,将使用权转交给其他人使用。比如:现有不少学校将食堂、宿舍等资产转交给专业人士使用并管理,确保学校学生能够享受到最佳的物质生活。

（三）资产获益力

获益力是指校长通过对学校资产的使用,获得相应的经济利益的能力。获益,一般包括经营性获益和非经营性获益。经营性获益必须是依法享有权利进行该项目营业者在法定范围内的获益。获益力与使用力具有密切的关系。其中,使用是手段,使用某财产的最终目的是获得利益。但是,获益必须基于合法性。校长的获益力只能在合法的前提下才能得到最充分的展现,否则,该校长以及其学校将会得到相应的"惩罚"。比如:黔阳一中因大量招收复读生,已被取消"湖南省重点中学"资格。攸县一中寒暑假成建制组织学生补课、县有关部门平调学校收费,全省通报批评。①

（四）资产处置力

处置力,是指校长对学校资产在法规规定的范围内进行处理的能力,包括对学校资产转让、消费、出租等能力。校长的学校资产处置力包括事实上的处置力和法律上的处置力。事实上的处置力是指校长将学校资产直接用于学校的教育教学,在教育教学过程中受到损耗;法律上的处置力是指通过某种法律行为对学校资产进行处置的能力,比如:转让等。其中,很关键的一点,就是校长一定要把握住法律规定,以其为前提进行处置学校资产。

---

① 李伦娥. 重点中学乱收费,摘牌! ［N］.中国教育报. 2002 － 8 － 20(2)

四、校长对学校资产保值增值的考核与评价

当学校资产经过经营性活动之后,不仅必须确保取得一定的经营收益,而且必须确保这部分学校资产的保值增值。所谓学校资产的保值,是指在一定时期终了时,学校的全部资产要保持在这一时期初始的水平;所谓学校资产的增值,是指在一定时期内,在占用的学校资产保值的基础上,实现一定幅度的财产增长。

国有资产保值增值的考核评价指标很多,各学校应该根据国家国有资产管理局的规定和学校具体管理的要求建立考核评价体系。从财务的角度看,国有资产保值增值可以通过一定的财务指标体系来加以考核。[①]

考核分两种情况,一种是不考虑货币时间价值或物价变动因素的国有资产保值增值,可以按照以下公式来计算:

$$国有资产保值增值率 = \frac{期末所有者权益总额}{期初所有者权益总额} \times 100 - 1$$

另一种情况是考虑货币时间价值或物价变动因素下的国有资产保值指标,则应在上述公式基础上对数据做剔除物价影响或时间价值的贴现处理。

上述考核指标考虑货币时间价值或物价变动因素后,如果国有资产保值增值率大于零,说明国有资产不仅得到保值,而且还实现了增值;如果等于零,说明国有资产得到了保值,但并没有增值;而如果小于零,则说明国有资产不仅没有增值,而且也没有得到保值,反而减值了。

第二节 学校资产经营的法规政策基础

学校的资产经营是一种政策性很强的活动,必须在相关法律、政策和规章制度的限定范围内进行。作为校长,必须了解这方面的相关规定。在我国,涉及学校资产的法律法规主要有:①教育法律,如《义务教育法》、《民办教育促进法》。②教育行政法规,如《中外合作办学条例》、《学校卫生工作条例》、《学校体育工作条例》。③教育部门规章,如《校园环境管理的暂行规定》、《学校食堂与学生集体用餐卫生管理规定》。

一、教育法规与教育设施的设置

校长要熟悉有关教育设施设置的各项法律法规,正确地经营这些学校资产,使其更好地服务于学校的教育教学。

---

① 陈谦余.学校资产管理[M].北京:高等教育出版社,2000:118~119

（一）校舍及环境管理

关于校舍以及学校环境的管理,在《学校卫生工作条例》、《中小学校园环境管理的暂行规定》、《小学管理规程》等多部法律法规中有所规定。

1. 确保校舍的正常使用,为学生营造良好的育人环境

《小学管理规程》(1996 年)第四十六条规定:"小学应遵照有关规定管理使用校舍、场地等,未经主管部门批准,不得改变其用途。要定期对校舍进行维修和维护,发现危房立即停止使用,并报上级主管部门。对侵占校舍、场地的行为,学校可依法向侵权行为者的上级主管部门反映,直至向人民法院提起诉讼。小学要搞好校园建设规划,净化、绿化、美化校园,搞好校园文化建设,形成良好的育人环境。"

2. 符合卫生标准,确保学生能够在健康的环境中学习、生活

《学校卫生工作条例》(1990 年)第六条规定:"学校教学建筑、环境噪声、室内微小气候、采光、照明等环境质量以及黑板、课桌椅的设置应当符合国家有关标准。新建、改建、扩建校舍,其选址、设计应当符合国家的卫生标准,并取得当地卫生行政部门的许可。竣工验收应当有当地卫生行政部门参加。"然而,一些地方和学校未能严格执行有关规定,对学生的健康构成了威胁。比如,南昌市的一项调查发现,小学低年级课桌椅多数不符合标准,这已成为诱发小学生近视眼发病率升高的一个主要因素。

卫生部 1988 年发布的学校课桌椅卫生国家标准,确定了 9 类不同身高的学生使用的桌椅高度标准。按照规定,中小学校使用的课桌椅型式可以任选,但桌高、桌下空区高和椅面高等主要尺寸必须符合国标要求。

但调查却发现,南昌市各小学低年级使用的木制普通课桌椅高度、桌下空区高度多数不符合国家课桌椅卫生标准。南昌市一所小学为一年级新生配备的课桌高67.5 厘米,桌下空区高 46.5 厘米,椅高 34.5 厘米。江西省预防医学会儿少卫生专业委员陈宪解释说,这种桌椅高度的搭配属于课桌高而椅子低,极易造成小学生用眼距离不足,并有很大可能导致学生因超近用眼患上近视眼疾。[①]

3. 要有教育意义,使学生能感受到教育在学校中"无处不在,无时不有"

《中小学校园环境管理的暂行规定》(1992 年)第九条规定:"学校要按规定悬挂领袖像,张贴中华人民共和国地图和世界地图,张贴中、小学生日常行为规范和守则,并积极创造条件设置板报、阅报栏、供展览用橱窗,开辟图书室、阅览室、团队活动室和教育展览室。"学校的校舍与环境不仅要安全、舒适、美化,还应富有教育

---

① 刘菁.南昌小学低年级课桌椅多数不符合标准[N].中国教育报,2002 - 8 - 13(1)

意义,力求实现苏霍姆林斯基所说的"让学校的每一面墙壁都说话"。

(二)学校设备

学校设备是学校教育与管理工作必需的基本物质条件,主要由教育设备、实验室设备、电化教育设备、图书馆设备、体育运动设备以及办公、卫生保健、食堂、宿舍等设备组成。在《学校体育工作条例》、《学校卫生工作条例》、《学校食堂与学生集体用餐卫生管理规定》、《中华人民共和国义务教育法》及《中华人民共和国义务教育法实施细则》等多部法规中都有规定。

关于教学设施,《小学管理规程》第四十七条规定:"小学应加强对教学仪器、设备、图书资料、文娱体育器材和卫生设施的管理,建立、健全制度,提高使用效率。"

在学校体育场地和器材方面,《学校体育工作条例》(1990年)第二十条和第二十一条分别对学校体育场地和器材做出了规定。"学校的上级主管部门和学校应当按照国家或者地方制定的各类学校体育场地、器材、设备标准,有计划地逐步配齐。学校体育器材应当纳入教学仪器供应计划。新建、改建学校必须按照有关场地、器材的规定进行规划、设计和建设。在学校比较密集的城镇地区,逐步建立中小学体育活动中心,并纳入城市建设规划。社会的体育场(馆)和体育设施应当安排一定时间免费向学生开放。""学校应当制定体育场地、器材、设备的管理维修制度,并由专人负责管理。任何单位或者个人不得侵占、破坏学校体育场地或者破坏体育器材、设备。"

对于卫生设施,《学校卫生工作条例》第七条规定:"学校应当按照有关规定为学生设置厕所和洗手设施。寄宿制学校应当为学生提供相应的洗漱、洗澡等卫生设施。学校应当为学生提供充足的符合卫生标准的饮用水。"

另外,2002年教育部颁布了《学校食堂与学生集体用餐卫生管理规定》,其中第二章对食堂建筑、设备与环境卫生提出了详细的要求。

在进行校舍及学校环境管理时,校长的主要任务包括:创造良好的学校环境,使教育教学工作能在有利的条件下进行;提供教学用品、改善教学设施,充实教学设备,为提高教学质量当好先行官;改善师生生活,增进师生健康,保证师生精力充沛地完成教育任务。

二、学校教育经费管理

校长对学校教育经费的管理主要包括对经费来源的管理和对经费使用的管理。关于学校经费的管理,在《中华人民共和国义务教育法》、《中华人民共和国义务教育法实施细则》、《小学管理规程》、《民办教育促进法》、《中外合作办学条例》、

《中小学财务管理》等多部法律法规中都有所规定。

（一）学校经费的来源

《中华人民共和国义务教育法实施细则》（1992 年）第二十八条规定：“地方各级人民政府设置的实施义务教育学校的事业费和基本建设投资，由地方各级人民政府负责筹措。用于义务教育的财政拨款的增长比例，应当高于财政经常性收入的增长比例，并使按在校学生人数平均的教育费用逐步增长。社会力量举办实施义务教育学校的事业费和基本建设投资，由办学单位或者经国家批准的私人办学者负责筹措。中央和地方财政视具体情况，对经济困难地区和少数民族聚居地区实施义务教育给予适当补助。地方各级人民政府应当鼓励各种社会力量以及个人自愿捐资助学。”

《小学管理规程》第四十八条规定：“公办小学免收学费。可适当收取杂费，小学收费应严格按照省级人民政府制定的收费项目和县级以上人民政府制定的标准和办法执行”；第四十九条规定：“小学可按有关规定举办校办产业，从学校实际出发组织师生勤工俭学。严禁采取向学生摊派钱、物的做法代替勤工俭学”。

《中外合作办学条例》（2003 年）第三十八条规定：“中外合作办学机构的收费项目和标准，依照国家有关政府定价的规定确定并公布；未经批准，不得增加项目或者提高标准。中外合作办学机构应当以人民币计收学费和其他费用，不得以外汇计收学费和其他费用。”

（二）学校经费的使用

关于学校经费的使用，《小学管理规程》第五十条规定：“小学应科学管理、合理使用学校经费，提高使用效益。要建立健全经费管理制度，经费预算和决算应提交校务委员会或教职工代表大会审议，并接受上级财务和审计部门的监督。”《民办教育促进法》第三十六条规定：“民办学校存续期间，所有资产由民办学校依法管理和使用，任何组织和个人不得侵占。任何组织和个人都不得违反法律、法规向民办教育机构收取任何费用。”《中外合作办学条例》第三十九条规定：“中外合作办学机构收取的费用应当主要用于教育教学活动和改善办学条件。”

根据法律法规，作为校长在加强学校教育经费的管理方面主要有以下两个任务：

第一，掌握政策动态，按规收取费用。关于学校教育经费的来源，国家或地方都有明确的规定，校长应该要实时地把握政策动态，按照规定来收取费用。校长不能为了填补学校资金紧缺或者为了缓解学校经济问题而收取费用。比如：上海市松江区教育局制定了《义务教育阶段“一费制”收费办法的实施细则》（2007 年），其中对学校的收费管理做了严格的规定。

第二,合理使用教育经费,提高效益。校长应该把教学的需要作为使用重点,具体来说有如下几个方面:①保证教师业务进修费用,提高教师的教学水平。除了国家将逐年增加教师的工资外,学校也应以部分经费补助或奖励那些在教育、教学第一线作出显著成绩的教师,充分调动他们的积极性。②购买急需的教材、教具、教学参考资料、图书资料和实验仪器,比如:幻灯机、投影机、电视机、录音机以及小型电影机等。③学校助学金要拿出一部分来改为奖学金,把助学金与奖学金结合起来使用,奖励德智体全面发展的优秀学生。

三、学校的产权属性

在计划经济时代,学校的产权问题并未引起人们的关注。进入市场经济时代后,学校的产权关系变得复杂,需要加以明晰以顺应构建现代学校制度的要求。

(一)公办学校产权分析

公办学校指完全由国家出资举办的学校,学校的产权和经营权都属于国家,其资源配置机制主要是政府机制,其办学主体是国家及地方政府。

1.产权结构剖析

尽管公立学校的投资主体是单一的,但在一些学者看来,其产权结构却并不简单。在这里,如果套用杨晓民、周翼虎对传统事业单位产权关系的理解,可以将公办学校的产权关系分为三个层次:①国家通过工资关系保留了对成员的基本行政控制。这是最基本的产权关系,称之为行政产权。②单位成员领取奖金和内部补贴的同时,也确认了对单位领导的服从。这是第二层产权关系,即福利产权。③单位内部成员之间还存在着一个可以"讨价还价"的产权边界,称为协作产权或派系产权,决定着各个成员在单位内部的实际位置和福利状况。① 协作产权并不限于特定单位内部,还可以发生在单位成员和政府之间。

2.产权关系中的困境

有研究人员指出,我国公立学校的产权关系面临着困境,突出地表现在以下两个方面:

其一,关系不清晰。有人认为,国家作为公办学校的唯一投资者,资产归国家所有,学校办学过程中积累的财产归社会所有,不存在产权归属不清问题。其实,在一些学者眼里,这种貌似正确的观点既违背民法基本原理,又不利于建立产权明晰的新型学校制度。

---

① 杨晓民,周翼虎.中国单位制度[M].北京:中国经济出版社,2002:320~321

学校作为独立的法人实体必须赋予其相应的财产所有权,即学校的财产独立权。要解决这个问题,重点就在于解决有限教育资金投入与巨大的教育市场需求不一致的矛盾。公办学校转制就是在这种背景下的大胆尝试。明晰产权是公办学校转制的重点,也是公办学校产权制度改革的重点。

其二,主体单一化。长期以来,我国实行由政府包办的教育运行机制,导致我国公办教育缺乏活力。单一公办体制,有校园里的"国企病"之说。通过转变投资体制、转换运行机制、转变学校资产的所有制可以激发社会、学校、家庭等多方面的积极性,有利于学校探索新的办学模式和办学思路,进一步深化办学体制改革,促进教育的整体协调发展。

(二)民办学校产权分析

改革开放以来,我国曾先后颁布过一些关于民办学校的部门规章、条例或法律。其中比较受人关注的是2002年由全国人大常委会颁布的《民办教育促进法》和2004年由国务院颁布实施的《<民办教育促进法>实施条例》,这两部法规分别对民办学校的产权作了相应的分析。

1. 产权关系的法规规定

民办学校的产权关系是否明晰直接关系到民办学校的生存状态,因此,《民办教育促进法》对此作出了详细规定。

第十二条规定:"申请筹设民办学校,举办者应当向审批机关提交下列材料:(1)申办报告,内容应当主要包括:举办者、培养目标、办学规模、办学层次、办学形式、办学条件、内部管理体制、经费筹措与管理使用等;(2)举办者的姓名、住址或者名称、地址;(3)资产来源、资金数额及有效证明文件,并载明产权;(4)属捐赠性质的校产须提交捐赠协议,载明捐赠人的姓名、所捐资产的数额、用途和管理方法及相关有效证明文件。"

第三十五条规定:"民办学校对举办者投入民办学校的资产、国有资产、受赠的财产以及办学积累,享有法人财产权。"

第五十八条规定:"民办学校终止时,应当依次进行财务清算。民办学校自己要求终止的,由民办学校组织清算,被审批机关依法撤销的,由审批机关组织清算,因资不抵债无法继续办学而被终止的,由人民法院组织清算。"

第五十九条规定:"对民办学校的财产按照下列顺序清偿:(1)应退受教育者学费、杂费和其他费用;(2)应发教职工的工资及应缴纳的社会保险费用;(3)偿还其他的债务。民办学校清偿上述债务后的剩余财产,按照有关法律、行政法规的规定处理。"

2.产权关系中的问题揭示

虽然《民办教育促进法》对产权关系做了上述一些规定,但是实际情况并不乐观,主要表现在以下四个方面:①

其一,民办学校的财产来源有举办者投资、学生家长缴的建校费、国家政府政策优惠三个主要渠道,把这三部分都归属给举办者,不合道理;若不都归属举办者,家长捐资部分由于主体分散很难监督,国家政策优惠形成的资产也不好计量,加上"寻租行为",容易虚化,因而很难做到归属清晰。

其二,无论投资结构如何,学校应享有法人财产权。尤其是按照所有权与经营权分离的治理机制运作的民办学校更应如此,但是,为了利益,投资者大多牢牢控制学校的一切管理权,把学校办成"学店",他们的素质决定了学校的发展。

其三,无论是政府、举办者还是学生家长,不仅对教育中的产权保护意识落后,而且知识欠缺,即使用法律保护起来,其交易成本也会大得惊人,使人不得不放弃使用法律保护。

其四,从流转顺畅的层面看,在民办学校中大多没有实行股份制,即使是股份制,教育产权的交易和流动对民办教育界来说也还是一种新鲜事。

凡此种种表明,在我国民办学校的产权关系远非人们想象的那般容易处理,其中的许多问题有待理论界作出解答,在实践中形成规范的操作流程。

(三)转制学校产权分析

1.转制学校的产权界定

按照《国有资产产权界定和产权纠纷处理暂行办法》第二条规定,产权界定是指"国家依法划分财产所有权和经营权、使用权等产权归属,明确各类产权主体行使权力的财产范围及管理权限的一种法律行为。"②据此可知,转制学校产权界定是指依法划分转制学校财产所有权和经营权、使用权等产权归属的行为,也就是确定转制学校财产属于谁以及谁对学校财产拥有何种权利的行为。但是,转制学校的法规还不健全,有待进一步的完善。

2.转制学校的产权结构特点

第一,产权结构多元化。这是转制学校产权变化的一个基本逻辑,投资主体的多元化导致产权主体的多元化,产权主体的多元化必然导致产权结构的多元化。转制学校产权结构的逻辑起点是蕴涵其中的委托—代理关系,其委托代理结构模

---

① 明航.民办学校经营的产权经济学分析[J].大学·研究与评价,2007(6)
② 王贤军.中国产权交易、经纪与拍卖实务简明读本[M].北京:经济科学出版社,2004:78

式是:全民——国家——政府——社会——学校法人。在这个代理结构模式中,第一级委托人为全体公民,其代理人为政府,次级委托人为政府,其代理人为社会某一公民或某一法人,三级代理人为学校法人。根据产权委托代理的关系,国有资产的终极所有权为全民(其实为名义所有权),政府为实际所有权者,其他代理人根据具体的产权制度安排,享有其他产权权能。

第二,产权主体人格化。只有产权人格化后,才能彻底改变那种"国有资产,产权均等,人人有份,谁都不管"的产权所有者缺位现象。产权的激励功能也只有在产权人格化后,才能达到其峰值。转制学校通过产权制度改革使学校产权主体人格化,最大限度地调动产权所有者和学校教职工的积极性、主动性和创造性,让管理者和教职工直面市场经济,行使主人翁的责任感,通过外在责任内在化来引导、规范学校办学行为。

第三,产权组织形式多样化。何谓公办学校转制? 就组织形式而言,目前尚未统一。有的公办转制学校转变原来的管理体制,采用承包制,实行所有权和经营权的分离;有的公办转制学校转变投资体制和所有制,实行合办制或股份制,如学校与外部法人联合承办,吸入新的举办者,吸收部分民间资金参与办学,学校性质属于民办学校;有的由政府、学校教职工、社会团体或个人投资入股,把学校改组为股份制学校,学校性质属于混合型;还有的学校实行转让制,转让所有制和管理体制,将原公办学校的全部资产转让给其他具有法律主体资格的法人或公民举办。[1] 不管采取哪种形式,实际上都是将原来完全由国家投资和举办的学校,转为非完全由国家投资和举办的混合型学校,其产权组织形式是多样化的。

第三节　学校资产的内部管理

学校的特点决定了校长要搞活学校资产的外部运作,但更要做好学校资产的内部管理。只有建立完善的管理制度、健全监督机制、强化日常管理,才能使学校的资产管理井然有序。

一、建立资产管理制度

学校的资产管理要由人来执行,但同时必须靠制度来加以保障,否则必然难以长久和有效。

---

① 黄道香.公办转制学校产权制度研究[D].扬州大学,2006

（一）完善学校资产管理制度，实现管理价值增值

1.学校资产管理制度是资产管理工作的基础

制度建设是管理工作的基础。资产的购建、验收、入账、使用、处置、报废、转让、调出、变卖和闲置资产调剂使用，都应有健全的管理制度。因此，校长应努力完善学校资产管理的制度。

首先，校长要做到资产管理制度的明确性。在资产的各个管理层次、各个管理环节都有具体明确的、可操作的管理制度，各个管理层次都有明确的职责、权限，要有明确的资产管理活动程序；其次，校长要做到管理制度被广大管理人员知晓、认同、接受，定期或不定期组织管理人员学习和探讨相关制度。只有建立于优秀的学校资产制度之上，才能真正较好地落实学校资产管理制度，并执行资产管理，使资产管理趋向于规范化、科学化、制度化，最终实现管理价值的增值。

2.学校资产管理制度是学校制度体系的重要组成部分

学校的管理制度是对学校各项经营活动的管理规范，学校管理可以分为对人的管理、对事的管理以及对物的管理等活动。因此，学校的管理制度也就相应地分为对学校人员管理的制度、对学校事务性管理的制度以及对学校资产管理的制度等。如今，学校管理的目标并不是学校价值最大化或者校长价值财富最大化，而是学校资产的增值，这也就是学校资产管理的根本性目的。学校的各项管理制度都是以其资产价值的增值为导向的，其管理目标与学校资产增值的目标是一致的。同时，这些学校管理活动是学校资产增值的体现和反映。从中我们可以发现，学校资产管理是学校管理活动的重要方面，所以，学校资产管理制度也就理所当然地成为了学校各项管理制度中不可缺少的构成要素。

作为一校之长，要首先树立资产管理的意识，以资产管理制度为核心，推动学校的全面发展。

3.学校资产管理制度能够实现管理价值增值

完善学校的资产管理制度，可以使学校管理有章可循，进行有效管理，实现管理价值的增值。校长在确立学校资产管理制度、实现学校管理价值增值的过程中，应把握以下几个方面：

第一，加强学校的流动资产管理，在学校的正常运转中提升流动资产的价值。加强流动资产管理，促使学校合理配置资源，加速流动资金的周转，减少流动资产占用数量，达到少花钱、多办事、办好事的目的；加强流动资产的管理，促进学校保护国有资产，确保其安全与完整，防止流失。

第二，加强学校固定资产管理。在保障学校物质的基础上，提高其利用率，以

充分发挥各类固定资产的使用效益和经济效益,努力提升固定资产的利用价值。

第三,加强学校无形资产的管理,打造学校良好品牌。让品牌为学校带来收益,赢得管理价值的增值。

(二)校长要把握学校资产管理制度的原则

1.确保学校资产管理制度的政策性

政策性,是指学校规章制度必须同党的路线、方针、政策和国家的法律、法令、条例等法规保持高度的一致性,不能有所背离。校长首先要根据党和国家的教育政策、教育法规确立学校资产管理制度的总方向,同时,因地制宜,根据学校的优劣势,实事求是地制定学校资产管理制度。

2.确保学校资产管理制度的可行性

校长在组织制定学校资产管理制度时,要结合本校的实际情况。由于学校在基础、规模、环境及其他种种条件上的差异性,同样的资产管理制度在此校可行而在彼校就不一定行得通。所以,制定的资产管理制度必须要符合当地、当时和当时人的实际,不能脱离学校实际。

3.确保学校资产管理制度的目的性

学校制定资产管理制度的根本目的是学校资产的保值和增值。因此,校长在组织制定学校资产管理制度时,必须明确为什么要制定这种制度,其意义何在等等。只有这样,才能提高其目的性,达到有效管理的目的。

4.确保学校资产管理制度的稳定性

稳定性,是指学校资产管理制度必须在一定时空条件下保持相对不变,不能随心所欲,朝令夕改。只有保持相对稳定,才能充分发挥学校资产管理制度在保值增值过程中的作用。

(三)学校资产管理制度的内容

1.明确管理责任制度

中小学校应按照有关规定,明确学校资产管理机构和人员,建立学校资产使用管理责任制度:(1)根据行政事业单位国有资产管理的有关规定,制定本单位国有资产使用管理具体办法;(2)组织实施本单位国有资产账卡管理、清查登记、统计报告及日常监督检查等工作;对所占有使用的国有资产定期进行清查盘点,做到家底清楚,账账、账卡、账实相符,防止国有资产流失;(3)在中小学校内部,要建立严格的国有资产使用管理责任制,明确使用人员和保管人员的具体职责和责任,将国有资产使用管理责任落实到人;(4)做好本单位国有资产的购置、验收、维修和保养等日常管理工作,保障国有资产的安全、完整;搞好本单位国有资产的有效利用,参与大型仪器、设备等资产的共享、共用和公共研究平台建设工作;(5)办理本单位国有资产使用过程中的处置、出租、出借等事项的申请报批手续;(6)接受主管部门和同级财政部门的监督指导,并向其报告本单位国有资产使用管理情况。

深圳市湖贝小学制订了《固定资产管理制度(试行)》,明确了校长、总务主任等人的管理工作职责,值得借鉴。这里以校长的财务管理工作职责为例。

校长的财产管理工作职责

1. 校长对我校国有资产管理负完全责任。严格管理、有效使用、保证财产安全完整是校长任职期内重要的经济职责,也是审计和考评的重要指标。

2. 固定资产管理是学校重要的经济岗位,校长当任用德才兼备、认真负责、具有一定专业基础的管理人员,不得聘临时工担任保管员。

3. 组织建立有效的内部财产管理制度和监督检查制度,明确相关部门和人员的职责权限、工作程序和纪律要求,并有正常途径了解上述制度的执行情况和相关人员履行职责的情况,以保证其管理意图的实施。

4. 协调、处理财产管理的重要问题,处罚或处分违规违纪、玩忽职守的有关责任人。

5. 校长可以亲自主管财产管理工作,也可以书面授权其他负责人代理行使该管理职责,但应当对其代理人在授权范围内的行为承担责任。

2. 登记制度

设立学校专(兼)职资产管理员岗位,建立健全学校资产账卡和低值易耗品的备查登记簿,对其所占有的学校资产按存量、分布以及增减变动情况进行如实登记,从根本上解决账实不符的现象。

3. 赔偿制度

对学校资产管理、使用造成损失者,应该按照学校的有关规定和责任大小追究当事人和主管领导的赔偿责任。

4. 维修保养制度

对学校资产建立必要的维修保管制度,可以有效防止丢失或损毁,便于学校资产管理部门及时掌握学校资产的闲置情况,并进行相应的调剂。使用部门要定期对本部门保修期以外的资产进行检查、检验,做好日常的维修保管制度,制定操作规程、使用、保管以及交接班制度等等。

《湖贝小学固定资产管理制度(试行)》对资产的保管、清查和处置(包括调拨、转让、报损、报废等)作了如下的规定:

1. 纠正"重购轻管、只用不管"的错误倾向,按照归口管理、分级负责的原则,落实责任制。其中,使用部门负责固定资产的保养和保管,执行技术操作和维护规程,确保所使用财产的安全完好。

2. 每年十一月年终财产清查时,清点结果必须进行账账核对。(略)

3. 教学楼、功能室、校门等一经改造或修缮以后,除了存有安全隐患外,原则上至少要使用五年后才可申请进行二次修缮或改造。

4. 单位将需报废的固定资产分类整理后,于十一月底前,按照审批权限分别报单位负责人、区教育主管部门或财政部门审批。其中,未达到固定资产标准的大批同类物资(非固定资产)可由单位负责人审批报废。

5. 单位处置财产(包括调拨、转让、报损、报废等),单价或批量价值在3万元(含3万元)以下的,报主管部门审批;超过3万元的或批量价值在10万元以下的(含10万元),由主管部门审核后报区财政部门审批;超过10万元以上标准的应由主管部门派人实地检查鉴定后,经区教育局党委讨论通过后报区财政部门审批;低值易耗品报废由单位负责人办公会议集体讨论审批。未经审批不得随意处置。

6. 单位内部各部门闲置的固定资产应及时通知保管员调剂使用,使用部门无权自行处置本部门的财产。单位库存或在本单位不能使用的固定资产应当妥善保管并及时上报主管部门视情况核定报损或统筹调剂使用。未经教育主管部门和财政部门批准,不得擅自处置和转让固定资产。

7. 单位处理经批准报废的贵重或大批固定资产时,应公开招标,以便取得比较合理的变价收入。

4. 保值增值制度

在市场经济条件下,为了提高学校现有资产的使用效益、经济效益和社会效益,在完成学校教学、科研、行政事业任务前提下,部分资产可以以投资、出租、出借等形式转为经营性资产,增加收益以补充教育经费的不足。比如:教室可以对外办班,实验室可以对外开放,房屋可以对外出租等等。

二、健全监督机制

一旦失去监督机制,资产管理就会陷入混乱状态。因此,校长有责任健全学校的监督机制,使资产管理避免陷入泥沼。

(一)监督机制的含义

"监督",就是对个体或团体行为的察看和督促。学校管理中的"监督"是对教育管理体制运行过程中出现各种问题或过程本身进行进一步的考察和督促;对存在问题进行追问,深入调查,分析其中发生的积极或消极因素,进而采取措施阻止消极因素引起不良影响或采取措施发展积极的因素。

学校资产管理的各项规章制度一经确立,学校师生员工就应该按照规定来执行,此时,就需要有效的监督机制来保障资产管理的执行行为。学校资产管理监督制约机制就是通过行为约束,增强自我控制和自我约束的能力,规范学校资产管理行为朝目标机制指引的方向高效运行。

完善的学校资产管理监督制约机制应当包括内部和外部两套系统。外部的监督制约首先是法规政策的制约,其次是宏观调控制约,第三是督导评估制约。学校资产管理监督制约机制的关键是学校内部,不妨从以下一些方面着手:一是教师承诺制约,二是岗位责任制约,三是评价与奖惩制约,四是学校主要领导尤其是校长的自律制约,五是党组织的监督保证制约,六是教师代表大会的民主监督制约。

总之,健全学校的监督机制,可以约束学校师生员工的资产管理行为,促进资产管理制度的实施,实现学校资产的保值和增值。

(二)加强机构与制度建设

1.资产管理体系的确立

随着学校规模的不断扩大,学校资产的监督管理变得越来越复杂,但资产管理又是一项十分严谨的工作,所以学校必须确立资产管理体系。

学校资产管理体系明确了学校资产分管人员之间的关系,以及各项资产管理工作的顺序,有助于理清管理思路,推动资产管理的有序性。在资产管理体系的引导下,学校师生员工可以按照一定的流程来操作。有研究人员设计了一个学校财务管理体系(下图),可以为学校资产管理体系的确立提供参考。

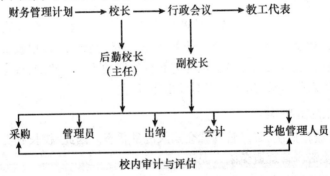

图 7-1　学校财务管理体系

资料来源:袁洪吉.中小学财务管理(二)[J].吉林教育:现代校长,2005(1)

2.组织机构的建设

学校在确立学校资产管理体系后,根据这一体系建设学校资产管理的组织是必不可少的。通过组织建设,有助于教师或管理者明确自己的职责与权利,实现分级管理。

学校资产的监督是一项十分复杂的工作,如果对管理者和教师的监督工作没有作出明确的规定,就有可能导致部分资产的流失或损坏。只有当管理者和教师各司其职,做好自己的工作,监督好自己负责的资产,才能保证学校资产的保值甚至增值。

上海市七宝中学就学校财产物资的管理作出了规定,其中提出了"分级管理",明确了总务处、组室部门以及班级的管理,从而确保学校财产物质在教育教学过程中充分发挥作用,更好地为教育教学服务。

七宝中学财产物资管理制度
分级管理原则

(1)总务处是学校财产物资的总管。总务处设置专职财产管理员和仓库保管员,依据财产物资的分类建立各类账册,做好财产物资的验收、登记、计账工作,定期清点工作,报损、报废、销账工作。

(2)组室部门管理。财产物资使用部门落实部门兼职财产管理员,依据财产物资分类建立部门分类账册,做好新添置财产物资的登账工作,配合总务处财产管理员清点财产,做好报修工作以及报废销账工作,做到账物相符。

(3)班级管理。班主任是班级财产物资管理的直接责任人,班主任要落实班干部一起管好班级财产,要对学生进行爱护公物的教育,防止班级财产的丢失和人为损坏。①

3. 规章制度的建立

学校应该要结合学校资产的特点,建章建制,用制度来管理、监督学校资产,做到制度面前人人平等,尽量减少或避免资产管理中的随意性或主观性。

有研究人员指出,必须制定和执行的财务规章制度有:《资金管理制度》、《报销制度》、《采购制度》、《校舍管理制度》、《设备使用保管制度》、《财务审计制度》、《奖惩制度》、《责任追究制度》等②。另外,图书馆、实验室、卫生室、电教室、微机室、语音教室、美术教室、音乐教室、体育场、食堂、宿舍等部门、部位,也都要建立相应的规章制度。可见,学校资产管理制度要体现资产管理的各个方面。其中,学校监督制度是资产管理制度中的重要组成部分。

---

① 七宝中学财产物资管理制度[EB/OL].http://www.qibao.icampus.cn/shownews.asp? newsid = 3789, 2004 - 11 - 12

② 袁洪吉.中小学财务管理(二)[J].吉林教育:现代校长,2005(1)

(三)做好全程全员全方位监督

1.事中、事后监控

校长要加强资产管理的事中和事后的监控,主要包括以下几个方面:一要健全资产的保管制度,做到购置时有验收,领用时有登记,保证学校资产管理的有序性;二要规范学校资产的日常核算,健全资产总账、明细账,做到账实相符;三要建立资产管理的使用人责任制度,确保资产按规定用途合理使用;四要对造成资产损失的有关责任人进行责任追究,对随意侵占、挪用、非法交易以及损坏、窃取、丢失的违法违纪和失职等行为进行严肃处理。《浙江大学附属中学财产管理制度》就体现了学校资产管理事中、事后监控的原则。①

第五条:"各教研室、办公室使用的财产,由使用人员负责保管,编制财产清册一式两份,一份交总保管员,一份交组长保存。财产不得任意变动,如要变更,应经总务处负责人同意。"

第六条:"各教室的课桌椅和其他财产,学期初由总务处配齐后交班主任及班组财产保管员管理,责任到人,由使用人保管,损坏财产要查明原因,并作赔偿。班级财产每学期检查评比一次。"

第七条:"学校的计算机、收录机、VCD 机、光盘、磁带、照相机、计算器、录像机、录像带等贵重专用设备,由专人保管。教学上需要使用时,经领导批准后,向保管员办理使用手续,平时由使用人保管,学期结束交有关保管员保管。禁止公物私用。"

2.人人参与监督管理

长期以来,学校资产管理都是学校管理中较为薄弱且容易忽视的方面,往往会发生"上有政策,下有对策"的现象,没有人认真地监督管理。其中的根本原因就是,学校师生员工的观念淡薄。校长必须带领全校的师生员工树立较强的资产管理意识,清醒地认识到资产管理工作的必要性和重要性。因此,学校首先要加大力度宣传加强学校管理的重要性,使大家充分认识到加强学校资产的必要性,违法违纪的危害性,提高大家遵纪守法的自觉性。上海市田家炳中学的《学校财产管理制度》要求学生师生员工一起参与管理,监督保管、检查记录,确保学校资产得到合理的使用和维护。②

---

① 浙江大学附属中学财产管理制度[EB/OL].
　　http://www.hzzdfz.com/article/xwgk/cwgl/2006/03/30/121538814.html,2006 – 3 – 30
② 上海市田家炳中学.学校财产管理制度[EB/OL].http://www.tjb.edu.sh.cn/eis/tsjy/show.asp? id
=224,2006 – 6 – 26

3. 积极应对资产管理制度中的不相容现象

在学校的资产管理中，经常会出现不相容的现象，比如：资产投资预算与审批的不相容，资产的取得、验收与款项支付的不相容，资产投保的申请与审批的不相容，资产的保管与清查的不相容，资产处置的申请与审批以及审批与执行的不相容等。

校长应正视以上这些不相容情况，并采取相应的解决办法。学校可以由同一部门或者个人来办理以上这些学校资产管理的两项甚至更多。同时，为了使资产更好地实现保值增值，学校的资产管理人员不仅要做好日常的核算工作，还要适时、适度地协助学校领导管好、用好学校的资产，发挥出资产的最佳效应。因此，校长要加强对学校资产管理人员的培训，增强他们的资产管理相应知识，使学校资产管理队伍实现专业化、知识化和规范化。

三、加强日常管理

在学校的资产管理中，有一些集中的突击性的任务，如年底的结算和盘点，但更多的是日常的持续性的工作。

（一）加强学校校舍的日常管理工作

校舍的日常管理工作，包括校舍的建设规划以及校舍的使用和保护。校舍的建设规划是由教育主管部门制定的。在此期间，要确保修建质量，加强施工监督检查，搞好工程验收，坚决消除危房，保证师生安全。校舍的使用和保护要求学校制定校舍的管理办法，实行积极管理，提高校舍的利用率；防止单位或者个人强占或者损坏校舍，影响教学和育人活动；同时，要指导和监督学校用好、管好校舍，定期检修，注意维护保养。

四川大地震多数学校的教学楼坍塌死伤无数的学生，而安县桑枣中学校长叶志平所领导的学校师生毫发无伤。

1997年，他把与学校那栋没有通过验收的实验教学楼相连的一栋厕所楼拆除了。因为他发现，厕所楼的建筑质量很差，污水锈蚀了钢筋。他怕建筑质量不高的厕所楼牵连同样质量可疑的新楼，要求施工队重新在一楼的安全处搭建了厕所，这样，虽然高层教室上课的同学上厕所不太方便，但是，孩子们安全。

1998年，他发现新楼的楼板缝中填的不是水泥，而是水泥纸袋。他生气，找正规建筑公司，重新在板缝中老老实实地灌注了混凝土。

1999年，他又花钱，将已经不太新的楼里原来华而不实、却又很沉重的砖栏杆拆掉，换上轻巧美观结实的钢管栏杆。接着，他又对这栋楼动了大手术，将整栋楼的22根承重柱子，按正规的要求，从37厘米直径的三七柱，重新灌水泥，加粗为50

厘米以上的五零柱,他动手测量,每根柱子直径加粗了15厘米。

对新建的楼,他的要求更是严。楼外立面贴的大理石面,只贴一下不行,他不放心,怕掉下来砸到学生,他让施工者每块大理石板都打四个孔,然后用四个金属钉挂在外墙上,再粘好。建筑外檐装修的术语讲,这叫"干挂"。因此,即使是如前些天的大地震,教学楼的大理石面,没有一块掉下来。

可见,校长应该要重视加强校舍的日常规划工作,从一开始的建设规划到之后的使用与保护,都要时刻不忘"为学生服务"的理念,使学校的校舍能发挥其最大的作用。

(二)加强学校设备的日常管理工作

学校设备有多种种类,管理的具体内容和方式不一。但主要有以下两个方面,即确定设备标准,制定规章制度;筹措设备资金,丰富校内设备。

学校设备的日常管理主要是要"保障供给",即凡有条件的地区,力求做到设备配置的标准化,如图书馆的藏书量、实验室及实验器材配备等达到教育行政部门的要求。以图书馆的藏书量为例,根据教育部2003年新修订的《中小学图书馆(室)规程》的要求,图书馆(室)藏书量如下:

表7-1 图书馆(室)藏书量要求

	完全中学		高级中学		初级中学		小学	
	1类	2类	1类	2类	1类	2类	1类	2类
人均藏书量(册数)(按在校学生数)	45	30	50	35	40	25	30	15
各类报刊	120	100	120	100	80	60	60	40
工具书、教学参考书种类	250	200	250	200	180	120	120	80

校长要根据学校所在地区的特点加强对学校设备的日常管理,包括设备的配置、设备的使用、维修以及保管。因此,校长应该建立相应的学校设备管理制度,比如:设备保管责任制度、设备使用借用制度、实验室制度等等。

(三)加强学校经费的日常管理工作

1.拓宽经费来源

校长可以通过财政补助、学费、捐赠款项、经营收入、借贷款项等多种形式筹措经费。但是,不同学校会因为性质和类别的不同,而在经费来源上存在较大的差别。

根据《中小学财务制度》的规定,公立中小学的收入包括:①财政补助收入,即:中小学校从财政部门取得的各项事业经费,包括教育事业费、教育费附加、地方教育附加费、公费医疗经费、住房改革经费等。②上级补助收入,即:中小学校从主管部门和上级单位取得的非财政补助收入。③事业收入,即:中小学校开展教学及其辅助活动依法取得的收入,包括义务教育阶段学生缴纳的学费,非义务教育阶段学生缴纳的学费,借读学生缴纳的借读费,住宿学生缴纳的住宿费,按照规定向学生收取的其他费用等。④经营收入,即:中小学校在教学及其辅助活动之外,开展非独立核算经营活动取得的收入。⑤附属单位上缴收入,即:中小学校附属独立核算的校办产业和勤工俭学项目按照规定上缴的收入。⑥其他收入,即:上述规定范围以外的各项收入,包括社会捐赠、投资收益、利息收入等。①

2. 完善经费分配

拓宽了学校来源,可以帮助学校增加经费,为学校的发展提供有利条件。但是,如果经费使用分配不当,也难以取得最佳的效果。因此,在学校经费的分配活动中,校长要研究合理标准,并分配经费,这也是一项重要而细致的工作。比如,武汉62中用20万元"镶嵌"校园文化墙,对学生产生了潜移默化的教育作用。② 显然,这样的经费分配是合理的。

据《楚天都市报》报道,武汉市62中日前请雕塑家建成校园文化墙浮雕,教学楼挂了38幅名画名书法真迹。该校校长雷锦表示,学校为此共花去近20万元。如此"大手笔",是为了给学生"买熏陶"。

记者在该校看到,一幅79米长、3米高的《烛光颂》的新建浮雕镶满校园东墙,有雷锋、长城、拉琴等画面,分德、智、体、美、劳五部分。据介绍,该浮雕材料为仿钢玻璃铜,为目前武汉市仅次于龙王庙浮雕的第二大浮雕,价值30多万元,但雕塑家们只收了12万元成本费。同时,该校教学楼墙壁上也挂满了书画,都是书法家的真迹,且大多是从初中课文中取材立意而成。这些作品实际价值达15万元。

学生们对此举也较欢迎。该校初二学生王文婷说,同学们从书画作品中受益匪浅,这笔钱大家都觉得花得值。下课后,同学们爱围着书画,揣摩其用笔和立意,无形中受到了熏陶和教育。

能力训练项目

作为一校之长,不能只担任"坐校长办公室"的角色,同时还得担任"到处走走"的角色。通过到处走走,可以看到学校资产的使用情况,随后便能对学校资产的管理做出合理的规划,从而确保学校资产的保值增值。

以下列举了一位校长的走动情况:

a)挑选不同的时间段,到处逛逛;

---

① 吴志宏等.新编教育管理学[M].上海:华东师范大学出版社,2008:273
② 武汉62中:20万元"镶嵌"校园文化墙[N].中国教育报,2002 – 5 – 26(2)

b）实行无聚焦的访问（包括：漫无目的的和有计划的）；

c）教授一个班级的课程；

d）与教师或者学生进行短暂的聊天；

e）监视学校某些区域的走廊、操场或者教室；

f）有目标地接见学生；

g）随意地与学生会面——你的班级怎么样；

h）抽样调查上课设备利用情况；

i）收集具体的全校性数据；

j）深入地进行工作分配；

k）逛逛"太空中的黑洞"——你不经常监视的地方；

l）继续到附近走走；

m）观察展示窗中的失误，思考他们谈了些什么；

n）检查厕所的整洁；

o）检查操场设备的安全性和走廊照明设备；

p）检查洒水装备，确保给园林经常浇水；

q）当问候学生时，检查公共汽车载客、下客地点的安全性；

r）下大雨时，检查以前有问题的屋顶。

实践：

1．以上的这些"走动"项目中，你认为哪些是最容易受到忽视的？你平时又忽视了哪些呢？

2．如果让你把如上的这些"走动"项目安排到一周的工作中，你会怎样来安排？为什么？

3．你觉得还有什么"走动"项目吗？

第八章　校本课程的建设力

校本课程的生命力在于学生的兴趣。

——崔允漷

●引导性案例

构建校本课程建设体系 满足学生发展需求①

华师大二附中作为上海市"二期课改"的研究基地学校,在课程改革方案的试验过程中,充分注意到在课程管理方面实行国家、地方与学校三级课程管理制度,将校本课程的建设作为试验工作的一项重要任务。

从2000年开始,华师大二附中启动了建设"百门校本课程"的工程。为了提升教师们对课程改革的认识,学校组织全体教师参与校本教研与接受培训,使他们对开发与建设校本课程的重要性和必要性达成了共识。

通过征求学生、教师和专家的意见,华师大二附中制定了校本课程发展的总体框架,主要由以下四个课程平台组成:科学·技术·社会(STS)类课程;大文化类课程;社团活动类课程;荣誉课程。

校本课程的开发产生了多重效能:①尊重了学生的选择权,为他们的个性发展建立了课程基础。②教师转变了角色,教育观念和教学行为发生了积极的变化。③实现了拓展型课程与研究型课程的整合。④为教师进行课堂教学改革提供了舞台。⑤深化了办学思想,实现了办学特色,提高了管理水平。

上海市华师大二附中通过建设校本课程,既满足了不同层次学生的发展需求,开发了教师的潜能,同时发展了学校的特色。作为一校之长,应该学习该校的校本课程建设理念和方法,通过运用正确的校本课程建设理念和课程开发建设的方法策略,引导学校走向校本课程建设的成功之路,培养优秀的学生,使学生能够立足社会、服务社会。

第一节　校长与学校的课程管理

《国务院关于基础教育改革与发展的决定》和《基础教育课程改革纲要》明确指出,为保障和促进课程对不同地区、学校和学生的要求,要实行国家、地方和学校

---

① 上海市中小学(幼儿园)课程改革委员会办公室.上海二期课程教材改革的探索与实践——来自课改研究基地学校的报告·高中篇[M].上海:上海科技教育出版社,2006:125~134

的三级课程管理。这赋予了校长在课程管理方面比以往更大的权力,也意味着校长在学校课程体系的构建(尤其是校本课程的开发)中要发挥更大的作用。

一、学校的课程体系解读

长期以来,我国的课程体系基本上是固定不变的。但是,在课程改革的进程中,学校的课程体系随之发生了重大的变化。

(一)国家课程

国家课程是一个国家基础教育课程方案的主体部分,对于基础教育的发展,特别是人才培养的质量和规格具有决定性作用。国家课程有广义和狭义之分。广义上,国家课程是指国家有关部门制定和颁布的各种课程政策、课程方案,各类课程的比例和范围,教材编写、审查和选用制度等。狭义上,国家课程是指国家委托有关部门或者机构制定的基础教育的必修课程或核心课程的课程标准或大纲。总之,国家课程是体现国家意志,决定国家基础教育质量的主要因素。

(二)地方课程

地方课程又称地方本位课程,是指地方各级教育主管部门根据国家课程政策,以国家课程标准为基础,在一定的教育思想和课程观念的指导下,根据地方经济、政治、文化的发展水平及其对人才的特殊要求,充分利用地方课程资源而开发、设计、实施的课程。它是不同地方对国家课程的补充,反映了地方和社区对学生素质发展的基本要求,具有鲜明的地域色彩。地方课程是宏观课程结构中的重要组成部分。

地方课程从当地实际出发,设计各门课程,充分挖掘当地所存在的各种潜力,利用本地的教育资源,它的开发和实施以本地区的教育行政部门、专业研究者和教育工作者为主。

(三)校本课程

校本课程是学校课程体系中的一个重要组成部分,它与国家课程、地方课程共同组成了在学校中实施的"三级课程"结构。校本课程是以学校为课程编制的主体,自主开发与实施的一种课程,是相对于国家课程和地方课程的一种课程。

比如:南洋模范中学十分重视理科和文科课程的关系,科技和人文素养并重,因此,学校精心组织了一大批拓展与加深性的理科课程,以充分满足学生提高科技素养的需要;同时,又积极地开设了一大批高水平的文学与艺术类课程,如:西方文学史、影评、唐诗宋词欣赏、新派武侠小说阅读等课程,以着力培养学生的人文素养[①]。

---

① 陈玉琨,杨永博.中华名校管理集萃[M].上海:华东师范大学,2000:121

二、课程改革背景下的校本课程

在课程改革的各项举措中,校本课程的开发无疑是其中的一大亮点。课程改革为校本课程创设了条件,而校本课程也推动了课程改革的深化。

(一)课程改革为校本课程提供了空间

从课程管理体制类型上看,我国建国以来一直实行的是高度集中的课程管理模式,其特点在于:①课程设置标准、课程计划和教学计划合为一体,由国家(主要是中央有关部门)制定并通过政令颁布实施,地方政府和学校只能依照执行,无权作出调整。②对于科目设置、课程内容、教学时数以及学年周数、各学年培养目标、升学与放假等具体事宜,都有统一、详尽的规定。③教科书的管理采用国定制和统编制,由国家组织有关部门和人员根据教学大纲的规定进行编写,并指定专门的机构出版发行。① 这种模式有利于实行统一的教育标准、维护教育平等,但却压制了地方和学校的作用,不利于学生个性化的成长。

表8-1　两种课程开发模式的比较

项　　目	国家课程开发	校本课程开发
课程目标	以开发全国共同、统一的课程方案为目标。	以开发符合学生、学校或地方特殊需要的课程方案为目标。
参与人员	课程开发是学者专家的权责,只有校外的学者专家有权参与课程开发。	所有的课程利害关系的人士均有参与课程开发的权责。因此学校成员与校外人士均可参与课程开发。
课程观	课程即书面的课程文件,是计划好的课程方案。	课程即教育情境与师生互动的过程与结果。
学生观	学生无个别差异,是被动的学习个体,课程可以在事前做好详细、完善的计划。	学生不但有个别差异,也有主动建构学习的能力,课程因学生需要进行调整。
教师观	教师仅是课程的实施者,教师的职责就是依照设计好的课程方案加以忠实地呈现。	教师是课程的研究者、开发者与实施者,教师有主动诠释课程、开发课程的能力。

资料来源:崔允漷.校本课程开发:理论与实践[M].北京:教育科学出版社,2000:16

从上表中不难看出,校本课程是国家课程和地方课程的延伸和补充,是对国家课程的拾遗补缺,有助于确保整个课程体系的完整性。

---

① 郭继东.我国课程管理体制改革刍议[J].教学与管理,1998(7-8)

基于校本课程和国家课程的利弊分析,我国的课程改革正在从单一的国家课程模式走向国家、地方和学校三级课程体制的管理模式,这就为校本课程提供了广阔的空间。正因为课程改革提出了国家、地方、学校三级课程管理体制,从而使学校拥有了自主开发课程的权利,所以学校可以根据当地的社会发展、学生的个性需求开发相应的课程。

(二)校本课程推动了课程改革的深化

校本课程的价值并不仅仅是对国家课程的一种补充,在某种程度上,它是整个课程改革中的一块"试验田",推动着国家课程的深化改革。正在进行着的课程改革强调,教师是学生学习的合作者、引导者和参与者,教学过程是师生交往、共同发展的互动过程。而传统意义上的教师教和学生学,将不断让位于师生互教互学,彼此形成一体的"学习共同体"。教学过程将是师生共同开发课程、丰富课程的过程,课程是一种动态的、发展的,教学真正成为师生富有个性化的创造过程。课程改革要求树立"课程是生活、是经验"、"是知识与技能、过程与方法、情感态度与价值观的统一"的新课程观,改变课程内容"繁、难、偏、旧"和过于注重书本知识的现状,加强课程内容与学生生活以及现代社会和科技发展的联系,关注学生的学习兴趣和经验,精选终身学习必备的基础知识和技能。同时,学校不再单纯以学科为中心组织教学内容,不再刻意追求学科体系的严密性、完整性、逻辑性,而是注重与学生的经验结合在一起,使新知识、新概念的形成建立在学生现实生活的基础上。

课程改革的理念与方向无疑是正确的,但要在国家课程体系中突破人们根深蒂固的传统观念是有一定难度的。如果在校本课程中进行尝试,所遭遇的阻力和承受的压力会小得多。这种由外围向核心逼近的策略有助于提升课程改革的可行性,在校本课程中积累的经验也能对国家课程的改革有所启示。

三、校长在校本课程开发中的角色

在校本课程开发中,校长居于十分重要的位置,必须明了自己的角色定位,引领着师生进行开创性的工作。

(一)理念的领航者

校本课程的开发意味着一种新思想、新理念进入学校,作为校长要以身作则,学习新的理论,充当学校校本课程开发的学习者与反思者。校长要有选择地学习国内外校本课程开发的理论,扩展课程的理论视野,确立自己学校的校本课程新理念。同时,校长也要学会反思,与教师共同探讨校本课程开发中遇到的困难与问题,如为什么校本课程的复杂性、艰巨性和长期性正在影响并消磨教师对新课程的热情和信心。

经过学习和反思之后,校长要根据学校的实际情况确定最适合本校的校本课程理念,比如:上海市第三女子中学的校本课程建设立足于学生不同层次的发展需求,着眼于学校的特色发展和学生的个性发展,紧紧抓住"观念、全员、制度、科研"四个关键,构建符合女生发展的课程体系,促进学校的特色发展,带动教师的专业化发展和班组建设的发展。

校长确定学校的教育理念和校本课程理念之后,要通过"校长——教师——学生"这条线进行演绎,实现校本课程更好的开发。同时校长要辨析学校新旧课程宗旨、新旧课程要义、课程理想与现实,向学校师生员工解释这些区别,让他们更好地掌握学校的教育理念和校本课程理念,并根据这些理念带领学校师生员工来设计校本课程,带动整个教师队伍,与学校一起发展。

同时,在校本课程开发中,校长要重新树立新的领导观,成为校本课程的领导者。校长要以"领头雁"的风范去投身校本课程,带领广大教师践行校本课程,并成为课程资源开发利用的引领者。校长要在广泛听取各方面意见的基础上,确定校本课程的目标、方案和评价体系,引导教师充分挖掘学校的课程资源,合理利用教育资源,为实施校本课程创造一个良好的工作平台。

(二)组织的管理者

学校组织是有效开发校本课程的基本保证,"课程改革若不同时改革组织的制度特征,将流于表面或无疾而终","课程改革不仅只是将一个课程元素代替另一个课程元素,这种新的元素也需要相符合的组织结构才能维持下去。不改变新方案赖以生存的环境脉络,课程改革将是短命的"。课程专家比彻姆(George Beauchamp)认为,有五类人员参加课程决策:专业人物、团体代表(包括专业人士和一些任课老师)、专职人员、非专业的市民代表、学生。这就要求学校内部的组织形成一种合作、开放、多元的权力结构。

组织管理机制是保障组织稳定的前提条件。为了保证校本课程的开发,校长要组织完善学校的组织管理网络,形成由校长、教师、学生代表、校外专家等组成的校本课程管理小组。同时确立校本课程开发的目标、阶段与内容,使组织内成员能够明确自己的职责和分工,制定校本课程开发制度与计划,建立校本课程的决策程序和内部课程监督机制。

在确定组织管理机制之后,校长还要设计并变革学校的组织结构,改革学校的机构设置,建立并完善适合校本课程开发的各种科研室。

(三)人力资源的开发者

校本课程开发是教师、校长、家长、学生、社会人士、课程专家广泛参与的活动,因而需要校长充分发挥组织职能的作用,群策群力、智慧分享,从而促进校本课程的顺利开发。

在校本课程开发中,校长要靠借力——靠发挥广大师生的聪明才智,向别人借脑借力,在实践中促进公开的交流,并且与教师、学生和行政人员共同分享决策权,从政策执行者到政策参与者。

上海市继光高级中学在校本课程开发中注意加强领导,成立了学校校本课程开发领导小组,集合了各方面的力量,为校本课程建设提供了人力资源的保障。

继光高级中学校本课程开发的领导小组由校长挂帅,教导主任、科研主任、政教主任、教研组长、年级组长、学科骨干教师、课程专家、学生、家长和社区教育委员会领导组成。其主要任务是:

- 校本课程开发的校情调查与分析;
- 校本课程方案目标的确立;
- 拟定校本课程的开发计划;
- 校本课程的编制和实施;
- 制定校本课程的教师培训计划;
- 组织校本课程的总结与评价工作。

第二节　校本课程的体系构建与资源开发

校本课程的建设是一项复杂的工作,构建完善的课程体系和做好课程资源的开发,是其中两项十分重要的任务。

一、交互分析法在校本课程体系构建中的运用

在一些学校开发校本课程的过程中,往往只关注一门门孤立课程的建设,而忽视它对培养目标的贡献,以及与其他课程之间的关联。要避免这一现象的出现,可以借助交互分析法来构建校本课程体系。

(一)交互影响分析的基本思想

课程计划一般包括培养目标、学习年限和实践分配、课程设置等多个方面。其中,占主要地位的是培养目标,占核心地位的是课程体系。培养目标是课程计划的灵魂,它决定了课程计划的其他方面,学校教育的各种活动从根本上说都是为了实现这一目标的。因为课程计划作为行动的蓝图,必须保证这一目标的实现。课程设置是课程计划的核心。

所谓课程计划的交互效应分析就是通过分析课程与目标的交互作用关系,以确定课程对目标的支持程度的信息,获得优化课程体系的依据;以及通过计算支持

目标的课程的多少和程度,以确定教育目标可能实现的程度。[①]

通过课程交互效应,能够更好地认识到目标与校本课程之间的关系,更能使目标发挥其指导作用,从而帮助校长准确地把握校本课程目标的设置以及校本课程内容的安排,以最终培养优秀人才为宗旨。

(二)交互影响分析的基本步骤

陈玉琨等学者对交互分析法运用于课程体系构建进行了深入的研究,提出了具体的操作步骤:[②]

1. 确定学校教育的培养目标

学校的培养目标要反映学校的特色。校本课程的构建与实施,主要是为了适应学校教学理念和培养目标的需要,通过特色课程来创建学校的特色,培养特色人才。因此,校本课程的目标应内在地体现学校的教育哲学、办学理念和培养目标,也就是"学校精神",这也是校本课程的特色和灵魂所在。

所以,校长应该认真研究、确定本校的办学理念和培养目标,并把它内化在课程的目标中,把它外化为教师的行为和学生的素质,使校本课程成为学校办学思想得以实现、办学特色得以形成的重要载体。

2. 将总目标分解成 N 个子目标

将学校培养目标分解成 N 个子目标 $O_1, O_2, \cdots\cdots, O_n$。目标的分解,要严格按照目标自身的逻辑关系有秩序按层次进行。一般情况下,子目标的个数控制在25－30 个较为适宜。

南洋模范中学将学校的培养目标分解为:政治方向、人生观、事业心、奉献精神、文明礼貌、自立能力、知识技能、自学能力、学习方法、创新精神、解决问题、体锻习惯、保健能力、保健能力、审美能力、意志品质、应变能力、劳动观点、择业能力、生活技能。

3. 确定各子目标的优先顺序

确定各子目标的优先顺序,并给出 N 个子目标的权重 $W_1, W_2, \cdots, W_n$。子目标优先顺序确定的方法,主要有特尔菲技术、层次分析法等。

在课程体系的交互分析中,确定子目标优先顺序必须遵循以下三条原则:①充分考虑子目标自身的重要性,这是确定子目标相对优先顺序的基本依据。②充分考虑子目标之间的关联性。③充分考虑课程对实现目标的有效性。

---

① 陈玉琨等.课程改革与课程评价[M].北京:教育科学出版社,2003:94～95
② 陈玉琨等.课程改革与课程评价[M].北京:教育科学出版社,2003:95～99

4. 进行课程与目标交互效应的分析

表 8-2　目标可实现性程度分析表

	政治方向 O_1	人生观 O_2	奉献精神 O_3	自立能力 O_4	学习方法 O_5	创新精神 O_6	解决问题 O_7	保健能力 O_8	审美能力 O_9	……	O_n	D
	W_1	W_2	W_3	W_4	W_5	W_6	W_7	W_8	W_9			
政治 C_1	A_{11}	A_{12}	A_{13}								A_{1n}	D_1
语文 C_2	A_{21}										A_{2n}	D_2
数学 C_3												
外语 C_4												⋮
……												
合计	A_{m1}	A_{m2}									A_{mn}	D_m

资料来源:陈玉琨,杨永博.中华名校管理集萃[M].上海:华东师范大学,2000:96,123

在上表中,行头 O_1,O_2,…O_n 为 N 个子目标,W_1,W_2,…W_n 为相应各子目标的权重;列表头为 M 门备择课程。表格中 A_{ij} 是第 i 门课与第 j 个目标的交互作用元,它由课程对目标的支持程度决定。D_i 为课程的直接关联指数,它表明第 i 门课程对目标系统的直接贡献。

$$D_i = \Sigma A_{ij} \times W_j$$

5. 做课程与课程交互效应分析

根据直接关联指数下结论,理由是不充分的。事实上,有些课程虽然对培养目标的实现没有直接作用,但它们通过支持其他课程对目标的实现有着不可缺少的间接作用。为此,还需要进一步分析课程与课程之间的交互作用。所谓"课程与课程的交互作用",是指学习一门课程对学习另一门课程的积极影响。这一分析可以用下表的形式的进行。

表 8-3　课程与课程交互效应分析

	C_1	C_2	C_3	C_4	C_5	C_6	C_7	C_8	C_9	……	C_m	T
	W_1	W_2	W_3	W_4	W_5	W_6	W_7	W_8	W_9	……	W_m	
C_1	B_{11}	B_{12}	B_{13}			……					B_{1m}	T_1
C_2	B_{12}					……					B_{2m}	T_2
C_3												
C_4												
……												
C_m	B_{m1}	B_{m2}				……					B_{mm}	T_m

资料来源:陈玉琨,杨永博.中华名校管理集萃[M].上海:华东师范大学,2000:98

6. 课程体系优化和结果分析

课程体系的优化和结果分析是本方法的最后一个步骤,在这一步中,将了解"为了实现预定的培养目标,在有限的时间内开设哪些课程最合适"。

在上述三种信息中,第一种信息由综合 T 和 D 值获得。这里需要分四种情况加以讨论:①T 和 D 值均较大,表明该课程对目标的贡献大。②T 和 D 值均较小,表明该课程对目标的贡献小。③T 值较大而 D 值较小,应该对这些课程加以保护,因为它们一般是基础性课程。④T 值较小而 D 值较大,需要慎重对待这些课程。

(三)校长对课程交互分析法的运用

课程交互分析法是一种有用的工具,但它也对校长提出了更高的要求。从课程决策的性质看,课程决策的方法支持应是定量与定性结合,或依据模糊性原理作灰色梯度分析;对定质性和模糊性话语通过一定途径操作化分解,然后量化处理,以确认第 i 门课程对人才培养目标的直接贡献程度为目的的课程与目标交互效应分析法,以及以确认第 i 门课程对第 j 门课程的支持程度为目的的课程与课程交互效应分析法,都是质性方法中的量化处理技术。[①] 可见,当校长面对由众多课程组成的校本课程体系时,一定要掌握一些信息处理技术,推动学校校本课程的发展。

校长要善于分析结果,优化校本课程。运用到校本课程的决策中,校长首先要根据学校的资源情况以及学校未来的愿景来确定学校的培养目标;然后将该培养目标分解成诸多子目标,包括针对教师群体的子目标或者针对学生群体的子目标;之后,进行校本课程与培养目标之间的交互分析,以及不同校本课程之间的交互分析;最后,校长应该根据两个交互分析的结果,优化校本课程。

二、校本课程的文件编制

校本课程开发和实施期间,校长应该重视文件的撰写,比如:《校本课程开发指南》《课程纲要》等。这样,既可以让教师明确学校校本课程开发的方向,又可以鼓励教师进行校本课程的开发。

(一)课程文件及其类型

规范的校本课程建设要形成一批课程文件,其中主要有《校本课程开发指

① 李巧林,刘佳. 高校课程(教学计划)交互效应分析法的研究与应用[J]. 合肥工业大学学报(社会科学版),2005(6)

南》、《校本课程开发方案》、《课程纲要》。①

《校本课程开发指南》是学校在校本课程方面的一般性规定,是用来培训教师的基本依据。它包括需要评估,校本课程开发的总体目标,校本课程的大致结构,校本课程开发的基本程序,校本课程开发的管理条例等。

《校本课程开发方案》是指在《课程计划》规定的范围内由学校自主开发的课程计划。它的内容包括:需要评估;校本课程开发的总体目标;校本课程的结构与课程门类;课程实施与评价的设想;保障措施。

《课程纲要》是教师对自己任教课程的一种设计。它包括以下内容:课程目标、课程内容或活动安排、课程实施建议,以及课程评价建议。

(二)编制课程文件的原则

1.立足本校实际,体现本校特色

校本课程的开发、编制和实施,主要是为了促进学校的发展。因此,校本课程文件的撰写应该要立足本校的实际情况,以学校为主体,体现学校特色,并着眼于学生的全面的发展。其中,《校本课程开发方案》的撰写要求校长针对学校学生的差异性情况,编制出能够满足不同学生需求的课程目录,从而保障学生的潜力得到最大的发挥,学生的个性得到全面发展。上海市大同中学在其校本课程文件中鲜明地体现了校本的理念,尊重学生的全面发展,为每个学生展示和发展自己的特长与个性创造了条件。

该校的课程结构框架如下:

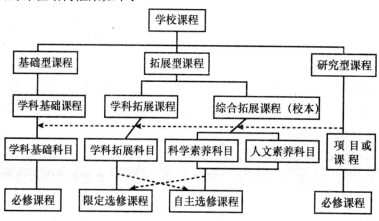

---

① 钟启泉,崔允漷,张华.为了中华民族的复兴 为了每位学生的发展——基础教育课程改革纲要(试行)解读[M].上海:华东师范大学,2002:397~398

2. 循序渐进,完善校本课程文件

校本课程的文件撰写,是一个不断改进、逐渐完善的过程。校长在进行校本课程的文件撰写时,不能止步不前,满足于眼前的成功,而要对其不断更新、完善,使其永远都能以最佳的状态服务学生。

根据泰勒的目标模式,课程编制的模式从教育目标的确定开始,最后以课程评价结束。课程评价不仅仅会发现其中的优点,同时还会揭露此次教育目标中的一些问题,而克服这些问题就可以成为下一次的教育目标,随后进行新一轮的课程编制。校本课程的文件撰写也同样如此。校长要在课程文件的撰写过程中,不断发现不足,并改进其不足,提升校本课程文件。所以,校长需要根据实际情况不断对校本课程文件撰写的各个环节进行调整,并且要利用评价结果来改进并完善校本课程文件,从而实现学生和学校的共同发展。

(三)课程文件的内容与体例

1. 校本课程开发指南

《校本课程开发指南》通常包括:需要评估,校本课程开发的总体目标,校本课程的大致结构,校本课程开发的基本程序,校本课程开发的管理条例等。以下我们以《温州八中校本课程开发指南(试行)》为例,对《校本课程开发指南》的内容与体例作一些说明。①

关于需要评估,温州八中是从四个角度进行评估的:①国家和地方的文件规定;②学校的办学理念,即"以学生发展为本";③学校的课程资源情况;④学生个性发展的需要。

在校本课程开发的总体目标方面,温州八中提出:我校校本课程开发的总体目标是运用学校课程,结合我市、我校的客观实际,实现对国家有关课程教学的全面拓展,为每一位学生搭建一个发展潜能的舞台,以达到充分发挥教师智慧、发展学生潜能、全面发展学生综合素质和个性特长的目的。

温州八中的校本课程开发流程如下图所示:

---

① 完整的校本课程开发文本参见温州八中校本课程开发指南(试行)[EB/OL].
http://blog.wzbz.net/user1/19/archives/2005/13.asp,2005 - 9 - 21

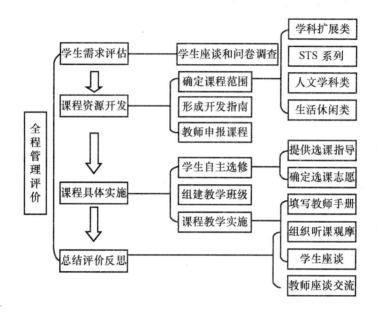

2. 校本课程开发方案

学校层面的校本课程开发总体方案称之为《校本课程规划方案》,它是学校关于校本课程开发的总体思路的概括性描述。它的内容包括:需要评估、校本课程开发的总体目标、校本课程的结构与课程门类、课程实施与评价的设想、保障措施。

第一,需要评估。这一内容与《校本课程开发指南》相似。

第二,校本课程的总体目标。对校本课程的总体目标有一个大致的描述,但目标不宜太多和太复杂,有几项简要的描述即可,如江苏省锡山高级中学校本课程开发的总体目标涉及交往、自信、探究、技能和意识等方面。

第三,校本课程的一般结构与门类。校本课程的结构,包括校本课程的门数,每门课程的课时要求以及限制性条件等。随着校本课程的深入,特别是在一些规模较大的学校,开发的校本课程门数越来越多,学生的选择余地越来越大,操作和交流就会变得复杂。为了方便操作和交流,就应该考虑将校本课程适度结构化。确定课程结构之后,学校应该确定课程门类,决定课程内容。

第四,实施与评价。这一环节是校本课程开发的关键环节之一。学校实施校本课程,同时对其进行评价,发现问题,改进校本课程。

第五,保障措施。学校应该设立校本课程开发的组织机构,由专人进行管理。同时,学校也要制定相应的管理制度,确保校本课程的开发与实施。

华师大松江实验中学拓展课程开发方案①

一、指导思想(略)

二、工作目标(略)

三、领导小组(略)

四、研发小组(略)

五、研发项目

(一)定向拓展课程

语文类:诗词吟诵、家书抵万金、阅读名人、杂文阅读;

数学类:走进数学世界、奇妙的数学、数学思维与生活智慧、生活中的数学;

英语类:英文歌曲赏析、英美经典童话故事欣赏、礼仪英语、生活交际英语。

(二) 自由拓展课程

手工类:剪纸、丝网花、缤纷纸艺、十字绣;

艺术类:漫画社、舞动青春、天籁合唱团、健美操、音乐剧工作室;

科技类:三模、科技发明、清洁空气挑战、气象科学、网页制作;

体育类:FIFA 足球社、篮球社、排球社。

六、具体工作

(一) 制定校本课程开发方案

(二) 校本课程研发项目申报

(三) 制定校本课程项目方案

(四) 召开校本课程成立大会

(五) 建立课程研发例会制度

(六) 评比校本课程研发成果

3. 课程纲要

教师层面的校本课程方案又称为《课程纲要》,它包括以下内容:课程目标、课程内容或活动安排、课程实施建议,以及课程评价建议。② 其编制技术与教学方案的编制技术大致相同,但是与教学方案不同的是,《课程纲要》更加关注课程的四个基本要素(目标、内容、实施与评价),特别是课程目标,而教学方案关注更多的往往是内容。

---

① 华师大松江实验中学拓展课程开发方案[EB/OL]. http://www. hsdzx. sjedu. cn/jxky/xbkc/35240. shtml,2007 - 10 - 26

② 钟启泉,崔允漷,张华. 为了中华民族的复兴 为了每位学生的发展——基础教育课程改革纲要(试行)解读[M]. 上海:华东师范大学,2002:397 ~ 398

第一,分析资源,确定课程目标。一门校本课程的具体目标,是指一定时间内学生通过一门校本课程的学习在认知、情感、行为的发展上应当和可能达到的基本要求。具体课程目标的确定,要反映学生对这一门校本课程的特别需要,要体现这一门课程特有的育人功能。

第二,拟定课程内容的纲和目。课程内容的"纲",是指这门课程内容所包含的一系列主题或课题。这些主题或课题来源于儿童生活、社会生活和自然界,要以学生的愿望与兴趣、学生的认知特点、学生的知识经验以及学校和社区的课程资源为依据。课程内容的"目",就是各个主题或课题所包含的要点。

第三,采取恰当的学习方式。"在活动中学",是校本课程中学生"学"的本质特征。这种"学"主要不是接受性的,而是发现式的,是学生自主的体验式和探究式学习活动,包括实际操作、评论创作、调查研究、科学探究和社会服务等方式。设计学习方式的主要依据是:①体现这门校本课程的目标和特点;②符合所属活动主题或课题的要求;③适合学生的年龄特征。

第四,提出课程实施的建议。其要点是:关于编写教学指导书的要求,关于学生学与教师教的基本原则和方法,以及教学评价的建议等。①

三、校本课程建设中的资源利用与开发

在校本课程的建设中,需要有充足的资源。否则,校本课程开发就会成为无源之水、无本之木。资源是客观存在的,但能否敏锐地发现、充分地利用、有效地开发,则取决于课程建设者的眼力与能力。

(一)校本课程的资源分析

随着对课程的重视,众多学者开始关注课程资源。虽然不同的学者对于课程资源的表述不尽相同,但大多认同课程资源是指课程构建、课程实施和课程评价等整个课程发展过程中所需的一切人力、物力以及自然资源的总和。

徐继存指出,课程资源可以按照不同的标准进行划分。根据来源不同,分为校内课程资源、校外课程资源、网络课程资源;根据性质不同,分为自然课程资源和社会课程资源;根据物理特性和呈现方式不同,分为文字资源、实物资源、活动资源和信息化资源;根据存在方式不同,分为显性课程资源和隐性课程资源。②

(二)校本课程资源利用、开发的途径

校长要充分、合理地利用课程资源,使教师教学的素材更加丰富,使学生能够

① 廖哲勋.关于校本课程开发的理论思考[J].课程·教材·教法,2004(8)
② 闫红敏,范蔚.刍议课程资源及其有效开发[J].教育理论与实践,2006(2)

接受到多方面的知识。与学生息息相关的课程资源主要包括社会资源、学校资源以及网络资源。

1. 挖掘社会资源

社会是一本内容丰富的百科全书，充分利用社会中的资源，能够帮助学生获得更多的知识，而这种知识来得更直观、更生动，更易于学生掌握，且经久不忘。所以，校长要鼓励教师打开社会的大门，让学生参加各种生活体验和实践，开阔学生的视野，使学生既积累了丰富的社会经验，又培养了对周围事物的关注、观察、探究的习惯和能力。在这方面，上海市市北中学的"四个一"社会实践活动为我们提供了一个成功的案例。

课程开发目的：

以"每天为家庭做一件实事，每周为里弄做一件好事，每月参加一次街道社区服务，每学期进行一次市区社会实践"为载体，增进对社会和文化传统的了解，通过系列体验活动取得使德育内化的效果。

课程实施：

(1) 从社会生活、社会现象中选择感兴趣的专题进行调查研究，培养学生获取知识、应用知识、解决问题的能力，更重要的是使学生通过自主的探究和体验取得德育内化的效果，这是社会实践活动的一种主要形式。

(2) 各年级分别联系一些固定活动点，以集中、分散等活动形式开展内容丰富的活动项目(如慰问孤老、民警和环卫工人)。

(3) 多数活动由学校学生处负责策划和安排，每次活动都有记录，评价实行"档案袋"管理模式。学生处根据掌握的第一手材料对学生进行多元评价。①

2. 开发学校资源

学校作为一个专门的教育机构，本身蕴涵着许多可以利用与开发的资源。学校的环境和活动，就是一种宝贵的资源。校长要努力为学生营造一种浓厚的文化氛围，使学生在耳濡目染中受到熏陶，在各种活动中得到学习和锻炼，展示自己的才能，提高学习的兴趣。

一方面，学校可以利用长期以来的各种活动，丰富校本课程的内容，提高学生能力。如学校每年会在学期中举行系列化的活动，如演讲赛、课本剧表演、十佳主持人大赛、诗朗诵、十大歌手赛、舞蹈比赛、篮球赛、毽球赛等活动，以及演讲类课程、歌唱类课程、舞蹈类课程等等。

① 上海市中小学(幼儿园)课程改革委员会办公室.上海二期课程教材改革的探索与实践——来自课改研究基地学校的报告·高中篇[M].上海:上海科技教育出版社,2006:141～142

另一方面,学校可以利用内部环境,拓展校本课程的内容。学校可以充分发挥校内特有环境的功能,开设相关的课程,使校本课程与学校环境真正融合起来。比如:济南市大明湖路小学利用校内的一处古建筑——文庙开设了《国学》课,让学生了解国学的博大精深。①

3.关注网络资源

随着信息化时代的到来,多媒体的应用使教学内容、教学手段和教学形式越来越丰富。校长要鼓励教师在课堂教学中充分利用多媒体来帮助教学,鼓励学生合理利用网络资源,使教学内容和学习内容变得更为生动、直观、丰富,使学生更容易、更深入地理解知识。

(三)校长在课程资源利用、开发中的任务

1.从自身出发,树立新型的课程资源观

课程资源观是人们对课程资源的态度和看法。校本课程的建设必然要求学校必须积极开发,合理利用校内外的一切课程资源。在新课程资源观下,课程资源以其具体形象、生动活泼和学生能够亲自参与等特点,给学生多方面的信息和刺激,调动学生多种感官,激发学生兴趣,使学生在愉悦的情绪体验中增长知识、培养能力、陶冶情操,形成正确的态度和价值观。

2.从学校出发,开发特色的课程资源

学校的特色也就是学校的资源优势,这种优势既可以是精神文化等软件方面的,也可以是设施设备等硬件方面的。充分利用学校课程资源的优势,是对学校进一步形成和深化办学特色的促进。比如:有些学校文化积淀很深,形成了与众不同的悠久人文传统,那么在课程资源的开发方面,学校就可以通过各种文字、图片、影像以及校友们的讲述,让学生了解学校辉煌的过去,让学生在浓厚的学校文化氛围中生活和学习,被这种多年形成的文化所熏陶和感染。因此,校本课程资源的开发应该扬长避短,发挥优势,展现每个学校的特色,只有这样,才能发挥不同学校的角色功能,为社会培养出各级各类合格的人才。

3.从教师和学生出发,挖掘适宜的课程资源

教师是课程的实施者、组织者,是其他课程资源发挥作用的关键,教师的价值观、知识观、学生观、发展观等都会影响他们对课程资源的认识水平、开发利用方式和开发程度的大小。而所有的课程最终都要落实到学生的身上,开发出来的课程资源也是为学生服务的。所以,校本课程的建设要从教师和学生的特点出发,根据

---

① 宋全政."四书五经"走进小学课堂文庙与《国学》课[N].中国教育报,2001-12-15(1)

教师的潜能开发校本课程,根据学生的需求设计校本课程。

4. 从管理者出发,完善课程管理制度

为了使有限的课程资源发挥出最大的效用,需要对课程资源进行有效的管理。有效的管理可以使课程资源的开发和利用制度化、规范化、合理化和高效率。首先,要整体构建课程资源的结构,准确认识校本课程中的人力资源、物力资源以及自然资源,并最大限度地开发和利用这些资源,从而丰富教学内容。其次,要对已有的课程资源进行合理妥善的配置,建立课程资源管理数据库。教师们在开发课程资源时需要什么,就到这个库里进行检索和点击,这样不但可以节约大量寻找资源的时间,而且有助于提高资源使用效率。

第三节 校本课程的建设流程

校本课程的建设流程包括:环境分析、课程目标设置、课程组织、课程实施和课程评价。这是一个循环往复的过程,从环境分析开始,经过目标设置、组织和实施,最终到达课程评价。其中,前一次的课程评价结果是后一次的环境。

一、环境分析与课程目标设置

环境分析有助于校长了解学校的优势和劣势,并在此基础上设置课程目标,这是学校校本课程建设的前提。

(一)学校环境分析,明确校本课程开发前提

1. 学校的办学条件

学校的办学条件包括学校的经费、学校的硬件设施,比如:相关的图书、仪器、文体设备等。校本课程的开发需要一定的专用经费和物质保障。所以,在进行学校的校本课程开发之前,必须先要明确学校是否有能力来进行此校本课程的开发。一旦学校不考虑学校的办学条件而盲目开发校本课程,就很有可能导致校本课程流于形式,草草收场。

在开发校本课程时,上海市育才中学对自身的办学条件进行了客观、全面的分析:社区力量——地处上海近郊,嘉定区马陆镇,它是全国经济最发达的城镇,附近有著名的葡萄生产基地、万亩苗圃、F1赛车场,但地理位置离市中心较远,交通不方便;学校规模——占地269亩;教育设施——现代化设施较完善,有各种体育场馆(如室内游泳馆、网球场、射击场等),同时学校投资新建了一批特色实验室(如生命科学实验室,数码互动实验室,机器人实验室,现代分子实验室等),但各项设

施建立时间较短,还有待进一步开发利用。①

2. 师资状况

校本课程的开发对教师的素质要求很高。首先,教师要善于结合学生需求和学科特点确定教学内容;其次,教师要能编写教材,至少能根据参考书目编写教材,有驾驭教材的能力。所以,校长要先对学校的教师素质进行调查,了解学校教师的总体水平,然后在此基础上考虑校本培训,以及校本课程的开发。

上海市育才中学对该校的教师队伍的分析如下:教师平均年龄34岁,教师队伍年轻有活力,一些有名望的特级教师已然站在教学第一线;新教师中,研究生和名牌综合大学毕业生多,具有特色专长的教师较多;但是,新教师教学经验不足,教育理论与实践结合不够。

3. 学生需求

由于校本课程的重要价值之一是课程的设置要尽可能满足学生的差异性,充分体现以人为本,促使学生的个性得到发展。因此,校本课程的设置必须考察学生的需要,使课程成为对学生而言是"真正有意义"的课程。

学生的需要是指中小学生在国家课程、地方课程中没有得到充分满足的有关他们身心发展的那些合理的需求。校长应该带领学校教师,深入调查学生的各种需要,考虑其合理性,并尽量满足学生的需求。

(二)设置校本课程目标,明确前进方向

1. 校本课程目标设置的原则

(1)以学校为本位

校本课程的开发,应该根据学校的实际情况,量力而行,切忌盲目照搬。不同的学校所面临的课程问题不同,所拥有的校内课程资源和地方课程资源都有所不同。因此,进行校本课程开发时学校必须正确评估自身的优势与劣势,要依据学校自身的特点,尽量突出学校的优势,以提高校本课程开发的成功率。

(2)以和谐为宗旨

校本课程开发,不仅会引起学校组织机构的某种程度的变革,而且还会触及到学校原有教育经验的方方面面。所以,校长要确保学校三级课程之间的和谐以及不同学科之间的和谐。

上海万航渡路小学对美术与音乐这两个分科课程进行了整合与研究。首先,

---

① 上海市中小学(幼儿园)课程改革委员会办公室.上海二期课程教材改革的探索与实践——来自课改研究基地学校的报告[M].上海:上海科技教育出版社,2006:49

这两个课程都是艺术类课程,有着共通之处。其次,这样的整合具有和谐之美,能更好地让学生在体验中学习。如:艺术综合课《春天在哪里》,将学生喜爱的歌曲《嘀哩、嘀哩》作为主唱歌曲,将学生喜欢的插花、贴画、剪纸、画画等艺术形式结合进去,在音乐课堂里让学生欣赏美、享受美,促进学生的兴趣爱好向个性特长发展。

2.关注学生,确定校本课程目标

(1)把握学生兴趣

课程要关注学生的兴趣,这是 20 世纪教育发展史上课程变革的一个核心问题,也是我国义务教育面向 21 世纪课程改革的方向。校本课程开发在形式上是"以校为本",其背后的真正哲学理念是"以学生的兴趣为本"。

所以,校长要鼓励教师多与学生家长或者学生本人展开深入的、广泛的交流。从交流中,感受学生的需要,认识学生的兴趣。在掌握学生兴趣的基础上,分析其需要的合理性,找到校本课程开发的真正切入点,激发其学生学习的积极性。

(2)鼓励学生参与

在确立校本课程目标时,校长应该要通过多种形式,让学生参与讨论。只有学生才最了解课程,也只有他们才最了解自己的需要。校本课程最终是要为学生服务的,对学生的意见不加以重视就会从根本上失去校本课程存在的意义。

但是,目前很多学校在制定目标时根本就没有让学生参与,或者是把学生的意见仅仅作为参考,或者忽视学生的存在。校本课程开发的成员中很多是没有学生的,或者就是象征性地让个别学生参与。这样所确立出来的目标很有可能会偏离学生的需求,而不能实现学生个性化、全面化的发展。

二、课程组织

课程组织就是选择和确定校本课程的构成要素、课程内容及其呈现方式,分析学校环境和确定课程目标是课程组织的基础。

(一)课程组织的关键

1.多样的构成要素

课程的构成要素通常包括课程标准、教师用书、教科书、练习册和辅助材料。关于其中的教科书,校本课程与国家课程相似,也要有校本教材,如报纸、期刊、电影、图片、参考书、实物等。课程标准也表现出同样的特点。由于校本课程是根据学生的特点予以设置的,所以它的标准会根据各门课程的特点而有所不同,相比较国家课程来看,更为多样了。可见,校本课程的构成要素表现出来的形式更为多样化,而不局限于单一的要素。

2. 全面的课程内容

校本课程的内容是校本课程开发与实施的关键,它直接体现着校本课程的理念和目的。由于不同学校的资源不同,所以在课程内容上会表现出差异性,但是主方向是一致的,即:将课程内容划分为必修课、活动课和选修课。

其中,选修课的目的是传授给学生基本的知识以及技能,包括:语文、数学等,帮助学生掌握基本的生活技能。活动课的目的是帮助丰富学生生活,提高学生的综合素质,促进学生的全面发展,比如:通过社会实践活动,让学生体验社会、感受社会,并从中得到人际关系的锻炼。选修课旨在拓展学生的知识面,培养学生的兴趣爱好,并激发学生的创造力。

3. 丰富的呈现方式

校本课程组织中的呈现方式是丰富的,包括:案例教学、课堂讲授、主题探究等。校长通过多种形式的课程呈现方式,适应不同学生的发展需求,提高学生研究性的学习能力,使学生得到全面的发展。

以探究型课程为例,它旨在课程活动中以挑战性的研究课题为核心,以学生围绕课程进行自主探究、聘请名师指导为主要形式,激励学生主动参与、主动实践、主动思考、主动探索、主动创造。其中,教师成为了引导者,帮助学生从课题中不断学习、不断成长;学生成为主动学习者,通过自己的思考来设计并完成课题,从而提高研究能力。

(二)校长在课程组织中的作用

1. 组织教师培训,获得教师的支持

教师是校本课程开发中起着决定性作用的要素。在教育过程的推进中,教师最能了解学生的知识、能力、兴趣等,并按学生的需要设计教育活动。学生在这一层面上,也最容易认可和接受那些由教师制定的课程决策。在校本课程组织中,教师要先了解本校学生的能力形成趋势,还要把握学生的个性发展状况和发展需要,挖掘本地区、本学校的优势课程资源,收集整合相关资料,以开发备用。可见,教师的教育理念、能力素质、课程技能等都将直接影响到校本课程的组织。所以,校长要重视对教师的培训,一方面更新教师的教育教学观念,帮助教师树立现代的教育观和课程观;另一方面提高教师的课程开发技能,培养教科研发"多合一"的教师。在教师得到发展的同时,校长也获得了教师的支持,帮助自己更好地建设校本课程。校长进行教师培训时还要注意培训模式的多样性,从多个角度来培训教师,确保教师可以掌握全方位的知识。

2. 重建课程文化,营造文化氛围

课程文化是人们在创造课程的过程中所形成的精神财富和物质形态的总和,

涉及课程建设制度的变革和随之产生的新的课程产品,以及伴随这一过程而形成的新课程理念等。

当国家、地方、学校课程三位一体共处学校课程体系之中时,学校在课程开发上的权利得到了确定。学校独立开发课程的过程,实际上是一个课程文化重构的过程,旨在提高课程的适应性;如果是由学校自己开发有特色的课程,就需要创新的、独特的、"为我所需"的课程文化。

校本课程的组织实际上是学校整体发展的一次重新定位和自我设计,其目标是形成学校文化,重塑学校形象。学校通过组织校本课程的开发,有助于凝炼出学校发展的核心价值观,以及学校校本课程的新理念,从而培育出新的学校文化氛围,影响全校师生员工,并引导大家一起朝着新的理念迈步。

三、课程实施

课程实施是校本课程建设的重中之重。校长要把握课程实施的关键,引导学校教师共同参与校本课程实施,实现校本课程的价值。

(一)课程实施的关键

1. 按需教学

按需教学就是课前教师要充分把握每个学生的认知基础,认知规律和心理特点,利用现代教育技术,多媒体组合,科学设计,创设情景,搭建求知平台,激发学生强烈的求知热情,使教师所教的就是学生所需的,产生"教和学"的高度合拍,产生共振,实现教学的高效率、分层次评价,使每个学生尝其成功的体会,激起更大的情感动力,实现教学的良性循环。

按需教学就是要构建能满足不同学生对课程的不同学习需要的系统的教学组织形式。这种教学组织形式,能够体现学生对课程的选择性和课程对学生的适应性,反映校本课程要满足不同学生的学习需要,促进学生主动的、富有个性的学习,使每个学生都能得到充分发展。

2. 因材施教

因材施教不仅意味着要针对不同性格特点的学生采用不同的方法,而且也意味着对于不同程度的学生群体采用不同的课程、教学方法和教学目标。对于较高程度的学生群体,可以采用拓展性较强的内容,同时提出较高的期望目标和要求,因为这也是在他们能力范围内可以实现的。而对于程度一般或者比较低的学生,则要根据他们的兴趣、自制力以及理解力来设置课程,课程的内容可以根据他们的程度适当安排一些操作性、趣味性更强的内容,并且教师一定要给予更多的鼓励与帮助。

把握因材施教原则,可以保证每一个学生在学习过程中得到公平的教育机会。因材施教的本质是尊重每个学生的个性和差异性,从每一个学生个体的实际情况出发,凸显人本化的教育,展现校本课程的宗旨。

(二)校长在课程实施中的作用

1.凸显研修引领,加深教师对校本课程的认识

在课程组织过程中,校长通过组织教师培训,使教师对校本课程有了一个全面的认识,但是由于还没有深入到实践中,所以总会有"纸上得来终觉浅"的感觉。一旦教师真正地进入到校本课程实施阶段,自然而然地会面对很多实际性、操作性的问题。所以,校长在这个阶段,要组织教师进行科研,以研修引领教师,加深对校本课程的认识与理解。

研修引领的方法是多样的,比如:邀请课程专家组织专题论坛,针对较多教师所面临的具体的问题展开专题性的讨论,同时专家深入展开该问题,并给予理论支持,有效促进学校教师校本课程实施能力的提高。另外,课题研究,也是较多学校所采用的研修引领的方法。校长根据学校的主课题,启动较多的子课题,并交由学校教师负责,积极推动校本课程的实施以课题引领的形式进行。

上海市朱家角中学在试验"二期课改"高中课程方案过程中,学校强化了"以学生发展为本的理念",以校本研修制度建设为着力点,聚焦课堂教学,关注教师的专业化成长,采取充分发挥教师个人、教师集体和教育教学专家作用的策略,采用了以下几种有效的校本研修模式:①师徒结对的"传、帮、带"研修模式;②备课组群体的"同伴互助、合作反思"研修模式;③专家引领的"三实践二反思"研修模式;④教师与学生合作的"义务门诊"研修模式;⑤跨学科教师合作的"集体会诊"研修模式。

2.构建激励制度,推动教师参与课程开发

对于教师来说,校本课程的实施是比较困难的。如果校长没有给予教师一定的激励措施,学校缺乏相应的激励机制,教师实施校本课程的想法可能会被磨灭,甚至会出现抵制的态度。因为学校教师长期在国家课程的实践中,已经形成了一套相当行之有效的教学技能和教学风格。在一部分教师看来,校本课程的开发意味着必须放弃或改变他们业已形成的某些固有的价值观念、工作方式、教学技能、教学风格、个性特点和同事关系,迫使他们采用新的课程教材,熟悉新的校本课程,所有这些不仅要花费大量的时间和精力,带来额外的负担,而且一些参与校本课程实施的教师也没有得到相应的职称晋升和物质奖励。

所以,在校本课程实施过程中必须建立一套完整的激励制度,来确保校本课程

实施的顺利进行,提升教师参与校本课程实施的热情、投入度、参与度和责任感。首先,学校要设立晋升奖励制度,奖励对校本课程实施做出贡献的教师,以及积极投身于校本课程实施的教师;其次,校长自己要起到带头作用,以身作则,参与到校本课程的实施中。

四、课程评价

课程评价是指运用评价手段,促成校本课程的有效开发研究。它具有指导、监控和激励等功能,因此校长要建立、健全校本课程开发的评价体系,有效保障校本课程的开发和实施。

(一)课程评价的关键

由于校本课程从目标确立到组织、实施,都是由学校自己来完成的,所以学校在校本课程的评价过程中有着较大的自主性和灵活性,学校应充分发挥评价在课程中的核心地位,利用评价的导向和监控作用,促进校本课程目标的真正落实和实施。校本课程的评价是一个全面的过程,从校本课程目标的确定开始直至校本课程成果的诞生,所以其评价一般包括背景性评价、实质性评价以及结果性评价。

1. 背景性评价

在校本课程开发的准备阶段,要首先进行背景性评价,即对编制的课程材料的特点与质量、对地方需求和期望、对学生群体的兴趣状态等都要进行明确的考察。

这个阶段的课程评价的内容包括课程目标设置的是否科学合理、内容的选择是否从学生需求出发、内容的难易排序是否符合学生的认知发展规律等等。

2. 实质性评价

在校本课程开发的编制阶段,要进行课程的实质性评价,着重于对校本课程的实行过程进行评价。考察校本课程开发产品的构成部分或构成因素,以及一连串的学习活动安排是否合理,参与课程开发的教师的工作绩效,等等。实质性评价考察的是课程目标的合理性、目标与教学材料内容的一致性、内容的准确度以及课程的开发实施状况。

这个阶段的评价内容主要是:是否选择了最恰当的课程组织形式、课时数的落实情况、是否选择了最恰当的教学方式实施教学。

上海师大附中非常注重过程评价。学校借鉴斯坦豪斯课程开发的过程模式,以课程在多大程度上实现了过程原则为依据,关注学生的学习的过程,并从课程规划和课程实施两个层面对拓展型课程实施评价。

评价内容	评价指标		好	较好	一般	差	总评
课程目标	知识与能力目标的科学性、合理性						
	过程与方法	实验与体验过程目标适宜操作的情况					
		科学、创新思维培养目标明确的程度					
	情感态度与价值观目标的具体程度						
教材、教学计划与教案	呈现方式以及完整性						
	内容选择的先进性、有用性						
教学策略和教学过程	体现研究性教学特点的情况						
	学生学习主动性						
	现代化教育技术应用状况						
教学成果	教师教学水平及其提高状况						
	学生学习成果评价						
其他状况							
咨询室意见							
学校意见							

3. 结果性评价

对课程实施过程中的优缺点进行评价,着重于对校本课程实施后的实际效果进行评价。其评价结构在肯定教师的开发工作成果的同时,也为下一轮的课程开发提出建议。同济大学第一附属中学十分重视校本课程的评价工作,并为此专门制定了相关管理措施。其中明确规定,课程项目完成后,项目负责人必须按时填写《校本课程开发与校本教材编写报告书》,并将完整的教材文本、《课程说明》或《教材使用说明》、《教学计划》连同电子文档一并报送校本课程开发指导组。[①]

这一阶段的评价内容包括学生能力和学业有无发展、是否选择了最恰当的评价模式、评价目标是否多元化、评价手段是否多样等等。

(二)校长在课程评价中的作用

1. 领导多元评价主体,诊断校本课程

校本课程实质上是一个以学校为基地进行课程开发的开放民主的决策过程,

---

① 上海市中小学(幼儿园)课程改革委员会办公室.上海二期课程教材改革的探索与实践——来自课改研究基地学校的报告·高中篇[M].上海:上海科技教育出版社,2006:424

评价主体应体现多元性,教育行政机构、校长、教师、课程专家、学生以及家长和社区人士都是校本课程评价的主体。校长要善于领导多元的评价主体,让他们各司其职,对校本课程做出全面的诊断。

其中,教育行政机构以及课程专家等要对校本课程开发的具体环境以及所设置的课程目标和方案做出评价,判断其校本课程的可行性;教师要对校本课程的具体实施过程和实施效果进行评价,从而改进、提高和完善校本课程的实施;学生也要对校本课程的实施过程和实施效果做出评价,并提供反馈意见,为下一轮校本课程的开发和实施作准备。

2. 加强对外沟通,改革学校课程

虽然校本课程是以学校为主所进行的课程开发和实施,但是校长还是要加强与外界的联系和沟通,取得外界的支持和信任。以上级教育行政部门为例,如果他们可以充分相信学校,那么学校就可以真正发挥自我评价的积极性、充分尽到学校自我评价的责任,从而增强校本课程评价的适应性。这也是有效地进行校本课程评价的先决条件。

学校是整个社会大系统中的一员,校长要保持与外界的沟通与联系,实时获悉外界对学校校本课程所做出的评价,并给予相应的回复,确保学校在整个社会中的地位。

能力训练项目

2005 年 11 月 7 日,南京十三中为庆祝建校五十周年举办国际教育(中学)改革与发展论坛,来自英国、日本、加拿大、新加坡等国以及省内外 100 多所中学的校长齐聚一堂,就学校自己开发的课程(即校本课程)进行研讨和交流。

英国:学生选课拥有充分自由

来自英国罗切斯特独立学院的副院长布朗罗说,他们学校一般每个班 8 名学生,氛围更像大学,学校提供了 38 门高级水平课程,但没有统一的时间限制,这样学生就可以建立起个性化的档案,自由选择课程。学校还专门研究了短期课程的教学,即使一个学生想在学习这门课的第二年开始时改变选课,也基本上没有问题。

日本:想进什么大学选择什么班

日本相洋高级中学的加藤宥真校长介绍,他们的校本课程着眼于满足学生多样性学习要求,如课程中分为升学课程、综合课程及商业科,分别为满足希望升入入学考试最难的大学及普通大学、专门学校及就业的学生而开设。特别升学班是为了希望升入入学考试最难的大学而开设的班级,从第一学年开始,花费充分的时间,学习数学、理科、英文、语文、社会 5 门主课,使用自编教材,授课进度也很快,为了满足学生需要,学校还开设各种形式的补习课。

加拿大:教师是学习引导者

加拿大安大略省邦德国际学院的当·赛克斯校长说,安省教育最大的特点是互动式学习,老师会针对不同的学生,根据学生的需要,广泛采用不同的教学策略。安省课堂中教师是一名引导者,学习则是互动的过程。安省学校有各种类型的课,有些课程为上大学的学生而设置,有些为上大专的学生设置,还有些课程则为那些高中毕业就进入社会工作的学生设置。

中国:校本课程刚刚起步

南京十三中的王军校长说,校本课程在中国仍然处于尝试阶段,十三中是从1992年开始探索的,校本课程主要围绕学生"学会做人"、"学会生存"、"学会学习"及"个性特长发展"而展开。上海建平中学的程红兵校长则介绍说,他们学校的课程强调开放、选择及综合。比如选修"长江行"的学生,老师就带着他们包一艘船,逆江而上,老师一路讲述长江两岸的风土人情,甚至还靠岸让学生去采风。这种学习方式让学生收获非常大。①

思考题

1. 国外的校本课程建设有些什么特色?

2. 校长在建设过程中以什么为校本课程建设的关键? 为什么?

3. 作为刚起步的校本课程,中国校长应该注意些什么?

---

① 张琳.学校怎样开发课程 且听洋校长趣说"校本课程"[N].扬子晚报,2005-11-08

第九章 教学质量的掌控力

> 质量是教育的核心。它影响到学生能学到什么,学得
> 怎样以及他们能从教育中得到什么样的益处。
>
> ——联合国教科文组织

●引导性案例

洪家中学的 ISO9000 质量认证[①]

洪家中学是浙江省台州椒江的一所综合高中学校。学校从自身发展的需要出发,选择并确立了把 ISO9000 质量标准体系引入到学校全面质量管理体系中来。学校根据中长期的办学规划,提出并确立了相应的教育质量方针,收集现行教育质量体系中的有关资料,明确薄弱环节。对照 ISO9000 标准,确定选择符合学校综合高中教育实际的要素,分析职责、职权和资源配备情况。最后,成功地组织人员编制质量体系文件。

为了确保质量体系文件的运行,学校采取了以下一系列步骤:①指定党支部副书记为管理者代表,成立 ISO9000 办公室作为管理者代表办事机构,负责质量体系管理工作中的具体事宜。②实行边培训边试运行。在完成内审员培训后,由内审员与外请专家一起对各部门人员以及全体老师进行培训。③当体系运行一段时间以后,在部门自查的基础上,对体系运行以来的状况进行内部审核和管理预评审,以验证质量管理体系的适应性和有效性。④向具备实施教育行业认证资格的认证机构——万泰认证中心提出认证申请,适时组织现场审核。学校于 2001 年 6 月份正式通过现场注册审核。

在实施新的质量管理体系的两年中,学校的招生形势喜人,高考成绩呈稳步上升的态势,社会声誉日渐提高。此外,学校的办学理念也获得极大的转变,学生、家长、教师确立了“以学生为本”的服务观念,提高了学校的管理水平。

从案例中可以看出,ISO9000 质量认证给洪家中学的教学质量带来了显著而可喜的变化。当然,ISO9000 质量认证并不是唯一的质量管理模式,学校可以根据自己的具体情况来采用不同的管理手段,以便有效地控制和持续性地改进教学质量。

---

① 陈永明.基础教育改革案例[M].天津:天津教育出版社,2006:189

第一节　校长与教学质量的掌控

作为一个育人机构,教学质量始终是学校必须关注的问题。联合国教科文组织在《教育:财富蕴藏其中》中指出,我们无论怎样强调教学质量亦即教师质量的重要性都不会过分。作为行政负责人,校长在学校的教学质量掌控方面肩负着重要的职责。

一、教学质量管理及其意义

学校的教学管理包括教学计划管理、教学组织管理、教务行政管理和教学质量管理等多项内容,教学质量管理在其中居于核心的地位,它是其他各项教学管理工作的出发点和归宿。

(一)教学质量的涵义

我们认为,所谓教学质量是指教学活动及其结果,满足社会需要和学生个体成长发展需求的程度。这一定义符合一般质量的科学概念,反映了教学的本质特征,包含着以下几层重要的意思:①

1. 教学质量是各种教学活动及其结果的固有特性

这种固有特性是指教学本身具有的基本特性,包括:①教学的主体特性,要求高质量的教学必须充分发挥教师和学生的主体作用,调动其主观能动性,激发他们的积极性、创造性,教学质量的评价要突出教师教的质量和学生学的质量。②教学的发展特性,是指教学以促进学生的全面发展为宗旨,教学过程是学生发展的过程,衡量教学质量要看在教学中学生发展的程度。③教学的系统特性,决定了教学质量是教学系统全要素、全方位的质量,不仅指教师教和学生学的质量,还包括教学管理工作、保障工作的全面质量。④教学的过程特性,反映了教学质量是一个不断积累的过程,生源质量对学生学习质量有影响,前续课程的质量对后续课程的质量有影响,毕业生的质量依赖于平时各门课程教学质量。因此衡量教学质量既要看人才质量,又要看培养人才的教学过程的质量。

2. 教学质量最终要以是否满足社会的需要来衡量

教学是为社会培养人才的活动,各种教学活动共同追求的最终目标是要使培养的人才适应社会的需要,因此,教学质量最终要以是否满足社会的需要来衡量。在学校教学的具体活动中,通常把社会的需要具体化到人才培养目标、课程教学目

---

① 刘邦奇.学校教学质量保证体系[M].北京:解放军出版社,2005:15

标中,分解到具体的教学过程和教学环节中,往往用课程标准、教学目标、教学制度等形式反映出来。

3. 教学质量要看满足学生个体成长发展需要的程度

教学的直接目的是为了促进学生个体素质的发展,其活动效果首先体现在学生个体素质的发展上,衡量教学质量也要看学生个体成长发展需要满足的程度。需要明确提出的是,满足学生个体素质发展的需要与满足社会的需要在根本上必须是一致的,我们在强调满足社会需要的同时不能忽视满足学生个体素质发展的需要,否则,最终会影响根本目标的实现。

(二)教学质量管理的意义

教学质量管理,就是通过有效的管理、协调和控制,促进教学效果达到课程计划、课程标准和教科书所规定的要求。[①] 教学质量管理对于改进学校质量工作、提高教学质量,具有非常重要的意义。

1. 教学质量管理是提高教学质量的重要保证

教学质量管理在学校管理中的核心地位,归根结底是由它对实现学校教育培养高素质人才这个主要目标的重要性所决定的。从学校内部来讲,影响教学质量的各种因素涉及到"教"、"学"、"管"、"保"诸方面。在各种影响因素中,管理因素十分关键。

2. 教学质量管理的规范化是实行学校规范化管理的前提

规范化管理的本质是科学化管理,就是要按客观规律办事,不断探索和遵循新形势下学校管理的特点和规律。它的主要标志是法制化和标准化。法制化就是依法管理,按法规制度办事。标准化是指各方面的工作要制定出明确的目标和标准,并按照这些目标和标准要求来考察人们的绩效。

3. 教学质量管理是推进学校质量建设的重要举措

加强质量建设,是学校生存和发展的客观要求。学校质量建设体现在学校工作的各个方面,包括管理工作,以质量为核心进行教学管理是学校质量建设的必然要求和重要内容。

二、校长在教学质量掌控中的作用

校长是学校的掌舵人,也是学校质量管理的第一责任人。在教学质量管理中,校长应将自己定位为科学质量观的塑造者、质量管理组织的构建者和质量文化的培育者。

---

① 吴志宏等.新编教育管理学[M].上海:华东师范大学出版社,2008:206

(一)确立科学的教学质量观

提高教职工的质量意识、培植正确的质量观,是校长在教学质量管理方面的第一要务。因为意识单薄,会无视质量问题;观念偏差,更会贻误学生。结合现实,校长自身必须牢固树立、并在学校中积极倡导以下的质量观:

1. 全面化的质量观

在我国,质量观被窄化的现象十分普遍,因此,校长更要积极引导各方确立科学的质量观。不仅要重视学生的智育,也要关注学生在道德品质、行为习惯、人格修养、心理健康、思想境界等方面的发展;不仅要重视考试成绩,还要关注学习动机、学习方法、学习习惯等考试成绩以外的东西;不仅要重视分数这一显性的质量指标,更要关注主体精神、可持续发展能力等隐性质量指标的达成度。

2. 差异化的质量观

每名学生都是一个独特的个体,有着不同于他人的认知能力、性格气质、道德情操和行为习惯,但人们往往忽视这种差异性的存在,试图把所有的学生塑造成为一个个"标准件"。用统一化、标准式的质量观去观照学生,会扼杀许多学生的天赋,因为人的智能事实上是多元化的。

3. 发展型的质量观

学生是身心尚未成熟的人,学校教育就是要让学生得到全面而个性化的发展。因此,衡量教学工作的好坏,就是要看它对学生发展的促进程度。这是发展型的质量观的一层涵义,而另一层涵义是指在考察学生时,要关注他是否在原有水平上获得了提高。

(二)构建教学质量管理的组织体系

教学质量管理活动的开展,必须依靠一定的组织机构。在构建质量管理机构时,有以下三种思路可供选择:

1. 理念渗透式的组织体系

理念渗透式的组织体系是在不打破原有的组织体系的前提下,将学校质量管理的理念渗透其间。其特点是充分利用学校原本建立起来的教学管理机构,对学校造成的冲击较小,易于被教职工接受,但质量管理理念的渗透较为困难和缓慢。

2. 机构重组式的组织体系

机构的运行有其惯性和惰性,全新的质量管理理念在向传统的组织机构渗透时往往会遭到阻抗,或者会变形走样。为此,可以按照质量管理的前沿理论彻底重组管理机构,以保障教学质量管理的有效开展。这一方式力度强,效果显著,但对学校原有秩序的冲击也大,往往会有一段时间的震荡调整期。处置不当的话,会对学校组织造成破坏性影响。所以,需要综合考虑各方面因素,谨慎采用。

3. 组织微调式的组织体系

理念渗透式的组织体系运行平稳,但见效迟缓;机构重组式的组织体系立竿见影,但风险较大。为此,可以采用组织微调的方式在两者之间寻求平衡。其思路是不打破原来的组织框架,只进行微小的调整。为弥补现有教学管理组织体系在教学质量管理职能方面的不足,成立必要的教学质量管理专门机构,履行教学质量管理职责。

(三)打造学校的教学质量文化

教学质量文化是指学校师生员工在长期的教育教学实践中,创造、积淀并共同遵循的关于质量的价值取向、质量意识、质量管理制度、质量监控体系、质量行为模式等方面的内容,它包括观念文化、制度文化、行为文化和技术文化等。

1. 教学质量观念文化

所谓教学质量观念文化,就是以教学质量价值观或者教学质量意识为基本元素的,并以观念形态作为存在形式的学校教学质量文化形态。学校教学质量文化的内核是学校教育质量观念或者称为学校教育质量价值观,这是教学质量活动的动力系统。

2. 教学质量制度文化

这是教学质量文化由内而外的第二个层次,是指学校的教学质量体系和各种质量管理制度。其中最主要的是教学质量责任制及其运行机制,其主要作用是保障作用。因此,可以把它看作是教学质量活动的保证系统或者制约系统。

3. 教学质量行为文化

行为文化是指人在教学质量活动中所表现的行为特征的总和,是在观念文化和制度文化共同作用下产生的,是两者的行为化或者外在化。所有与教学质量有关的行为都是教学质量行为文化的内容,其中,对于质量投诉的处理最能体现学校质量行为文化的特征。上海市北郊学校在面对家长投诉时展露了出色的行为表现,既倾听了家长的意见,又维护了学校的形象,还改进了教师的工作。

4. 教学质量技术文化

技术文化是整个学校质量文化的最外层,是学校质量观念文化、制度文化和行为文化的物化。学校质量技术文化有两个主要特点:一是时代性,即不同的时代有不同的经济发展水平及相应的教育环境设施,同时也有不同的质量管理水平;二是外在性,即教育质量的技术文化是可以观察到、触摸到和感觉到的,因此,也可以称为教育质量的"硬文化"。

第二节　教学质量标准的设定

教学质量标准,既是教学质量管理的具体目标、要求,又是进行教学质量检查和评价的基本依据。因此,设定教学质量标准,是实施教学质量控制、开展教学质量保证的基础和前提。

一、教学质量方针的确定

质量观是无形的、内隐的,教学质量方针实际上是将质量观外化与显性化的产物,它在学校的质量管理中具有重要的作用。

(一)教学质量方针及其构成

教学质量方针是学校在教学质量方面的宗旨和方向,是学校教学质量工作的准则和行动纲领,也是教学质量管理体系的依据和目的所在。

一般来说,质量方针主要包括两个方面的内容:一是质量宗旨,包括对质量和质量管理的态度,对家长、学生和社会的质量承诺,实现质量承诺的主要措施和方法;二是质量方向,包括质量目标和实现质量目标应遵循的原则和途径。[①] 以下是一些学校制定的教学质量方针,可资参考:

浙江省杭州市人民路小学的质量方针:以面向全体、全面发展、关注成长、服务至上为原则,坚持以服务对象为本,以成长为中心,以可持续发展为本、促进学校综合素质全面提高为本的教育思想。

上海市建平中学的质量方针:提供优质教育服务,开发学生智力潜能,培养学生个性特长,造就社会优秀人才。

(二)教学质量方针的制订

制订教学质量方针是一件很慎重的、需要做大量工作的事情,教学质量方针在质量管理体系中具有"根本大法"、"纲领"的意义,不能拟几句顺口溜就算教学质量方针。所以,校长在制定教学质量方针时要充分考虑各方面的因素。校长在制订质量方针时可以按照以下步骤进行:

第一步:利用SWOT,诊断学校具体情况学校的管理者通过理清学校的内外部环境中存在的机会以及威胁,突出学校的优势方面,弥补学校的劣势方面。

第二步:起草、修改、形成教学质量方针。教学质量方针的起草,需要学校教代会的讨论,广泛征求方案或草案,获取全校师生的意见进行起草。另外,起草后的

---

① 陈孝彬,程凤春.学校管理专题[M].北京:北京师范大学出版社,2002:105

教学质量方针要经过反复的讨论和修改才能得以推广。

第三步:由校长批准后正式发布。教学质量方针应当是独立成篇的文件,必须经过校长批准才能公布。

第四步:教学质量方针的贯彻。教学质量方针的贯彻是方针制定的最后一个步骤,也是最重要的一环。学校的管理者应使学校中的教师、学生、家长以及相关人士理解该方针,并在实际工作中以教学质量方针为工作、学习的宗旨;其次,学校应有目的地将教学质量方针的思想贯穿于教师培训计划中,通过培训让教师理解方针,并指导他的实际教学工作;第三,应用各种宣传工具来宣传教学质量方针,如会议、广播、板报、标语等形式。

二、教学质量标准的构成

如果说教学质量方针是质量观外化与显性化的产物,那么,教学质量标准就是质量方针进一步细化与具体化的结果。

(一)学生质量标准

学生是教学活动的承载者,学生的质量是衡量教学质量最直接、最直观的指标。因此,学生质量标准理应成为教学质量标准中最重要的构成部分,它是"消费者"需要的集中体现,是在对学生、家长和社会需求调查、分析的基础上确定的人才"产品"的"规格"和"指标"。

(二)工作质量标准

所谓工作质量标准,是指根据人才培养目标的要求而制定的对各种工作质量进行控制的具体尺度。如果说学生质量标准是关于最终输出产品的质量标准,那么,工作质量标准就是产品质量形成过程的质量标准。应该说,没有严密监控的过程,就不会有高质量的终端产品。企业质量管理的历程,正是从结果检验走向过程控制的历史。

(三)效率标准

教学是要投入大量的人力、物力、财力和时间的,这就必须考虑一个投入与产出之比(即效率)的问题。在投入巨大但产出有限的情况下,尽管也有产出,但存在着效率低下、大量浪费的现象。因此,如何提高教学效率就成为摆在校长和教职工面前的一个重要的课题。

三、教学质量标准的编制

在学校的教学质量管理活动中,教学质量标准的编制是一项重要的工作,需要校长和教师共同努力,以科学的精神做好这项工作。

（一）深入解读教学质量方针

教学质量方针是学校教学质量管理的宗旨,更为学校的教学质量管理指明了方向。在制定教学质量标准中要遵循学校的教学质量宗旨,也要沿着学校的教学质量管理的方向。换句话说,就是在教学质量标准的编制过程中,要强调、突出教学质量方针的指导性作用。所有制定的教学质量标准都应该符合教学质量方针,体现教学质量方针的导向性。

为此,在编制教学质量标准时,校长应当组织相关人员认真学习、深入解读学校的教学质量方针。因为"标准"须以"方针"为基础,是将"方针"具体运用于各学科、各年级的结果。学习教学质量方针的重点不在于能够背诵其文字,关键在于深刻理解和领会文字背后所蕴涵的质量观。

（二）发挥教师在教学质量标准编制中的作用

教学质量标准的编制是一项专业性很强的工作,教师应是这项工作的主角。校长在其中应更多地做好组织、协调、服务的工作,而不要无端地干扰和插手教师的工作。

1. 教师是教学质量标准编制的主力军

在编制教学质量标准的过程中,应摒弃一些错误的观点。教学质量标准的编制不是少数人的工作,而是全体教师的任务;这个工作并不是权威人员的工作,而是所有教师的工作。虽然学科专家、资深教师在这方面会更有经验,但是这样的标准编制完成后能否适合所有人呢? 答案显而易见。处于不同发展阶段的教师对自己的教学行为有自己的体验,也有自己的成功之处。因此在编制的过程中,要让各个层次的教师参与其中。

2. 教师是教学质量标准编制的建议者

教师不仅可以以参与者的身份出现在教学质量编制中,还能以参谋的身份出现在其中。在教学质量编制过程中,需要深入到教学第一线,收集关键的数据和条件。这不是靠一个人就可以全部了解的,需要广大的教师群策群力,将自己的经验、方法贡献出来,组成教学质量标准的编制的智囊团。学校可以通过召开教师代表大会、年级组会议、备课组会议,将教师的建议收集整理,也可以将制定好的教学质量标准放在这些活动中讨论,利用头脑风暴法来为教学质量标准提供建设性意见,形成优质的教学质量标准。

3. 教师是教学质量标准编制后的检验者

教学质量标准的最后使用者是所有的教师,因此教师不仅是教学质量标准的受益者,更是教学质量标准的检验者。学校将制定好的教学质量标准运用到学校教学质量管理的常规工作中去,从活动中评判教师在某方面的工作状况。将评判结果告知教师,一方面可以指导教师教学行为的改进,另一方面也能及时地回收教师对评判结果的意见,寻找标准设定时不合理的内容,将这些反馈用于教学质量标准的改进。学校在这样的使用和反馈过程中,才能设定出真正符合学校发展的教学质量标准。

(三)规范教学质量标准设定的流程

制定教学质量标准是一项规范性、系统性要求很强的工作,要采用科学的方法进行分析和制定,有目标、有计划、有步骤地进行。教学质量标准制定的一般步骤和方法如下:[①]

1. 明确任务,拟定计划

各类教学质量标准的制定,一般都要由学校中的资深教师和教学管理人员组成标准制定小组。在明确任务的基础上,应提出具体的制定标准实施计划,报请主管部门批准执行。制定标准实施计划应包括下列内容:教学质量标准项目名称——项目总名称及所辖分项目标准的名称;任务要点——制定教学质量标准的依据、目的、意义及主要工作内容;工作步骤及计划进度;工作单位及分工;制定教学质量标准过程中可能存在的问题及准备采取的对策、措施等。

2. 深入调查,收集资料

调查研究的内容包括:国内外有关的学校质量标准资料;学校质量标准化对象的历史和现状,有关方面的科研成果、实践经验和技术数据的统计资料;有关方面的意见和要求等。在调查方法上要做到三个结合:收集资料与现场调研结合;典型调查与普查结合;内部资料与外部资料结合。注重深入教师队伍,深入教学第一线,掌握一手资料。调查工作完成后,要进行归纳、总结,写出调查报告,报主管部门。

3. 编写质量标准初稿

在掌握情况的基础上,对各种资料、数据进行统计分析和综合研究,然后着手编写教学质量标准初稿。编写的初稿应附《编写说明》,主要内容有:制定该标准的依据;编制的简单经过;主要数据的确定原则;主要分歧意见及处理;贯彻措施建议与贯彻中可能出现的问题;存在的不足与需要上级解决的问题。

4. 征求意见和修正

初稿完成后,连同《编写说明》发往有关单位征求意见,组织有关人员进行讨

---

① 刘邦奇.学校教学质量保证体系[M].北京:解放军出版社,2005:151 – 156

论。并组织在教学质量管理实践中试用,收集试用意见。然后反复修改,作为送审稿提交审查和审批。

5. 质量标准的审批

教学质量标准送审稿完成后,送主管部门审查。送审稿由各有关专家和部门参加的标准审查会议审查通过后,再整理成报批稿上报待批。一般校内质量标准由校教学质量委员会批准即可。

第三节　教学质量形成过程的控制

对于教学质量的管理,不能采用终端检验的办法,必须做好全程的控制。校长要从教学的第一个环节抓起,组织各个部门和个人层层把关,这样才能使最终的质量有保障。

一、教学准备环节的质量控制

教学由备课、上课、作业、辅导、考核等多个环节构成,备课是教学活动的准备阶段,俗话说:良好的开端是成功的一半。因此,学校管理者应采取有效的措施,保证和提升备课的质量,为后续环节打好基础。

(一)规范基本的备课流程

备课不能只走形式、草草了事,应当按照规范的程序做好每一个环节,任何一个步骤的缺失或失效,都会影响备课的质量。

1. 解读教材

备课时,教师的一项重要任务就是钻研教材,对教材进行解读。解读教材,意味着教师不能充当教科书的"传声筒"、知识的"贩卖者"角色,对教材的内容一味地接受和照搬。教师应成为教材的理解者、参与者、实践者,对教材要有自己的分析和思考。

2. 分析学生

教学本身就是为了促使学生在各方面得到发展,而学生的情况又是各不相同的,因此,备课时教师就必须做到心中有学生。教师要把握学生的学习基础,了解学生的学习兴趣,剖析学生的学习习惯。在教学设计中,要有普遍性的要求,以满足大部分学生的需要;也要有分层化的预案,以适应不同学生的特殊需求。

3. 确立教学目标

在确立教学目标时,要做到完整、明确、集中、适切和可测。"完整"是指教学目标应当包括"知识与技能"、"过程与方法"、"情感、态度、价值观"等三个部分,缺一不可;"明确"是指每一节课要求做什么,要清楚明白,不能笼而统之,更不能含糊不清;"集中"是指能做到一课一重点,但要兼顾其他;"适切"是指适合本节课的需要,适合本教材的需要,适合所教学生的需要;"可测"是指可操作,可检测,课后能够根据这一目标对学生进行检测,可以及时反馈。

4. 设计教学过程

设计教学过程,要以教材为基础,以学生为基点。因此,在这一环节,要求教师对教材了然于胸,充分考虑学生的接受能力、心理特点、兴趣爱好、学习潜能等各方面因素,采用恰当的教学手段,进行合理的进程安排。当然,在此期间应对课堂上可能发生的意外情况要有所预想,进行弹性化的教学过程设计。

(二)采用灵活的备课方式

备课的方式是多种多样的,各种备课方式都有其优点也有其缺陷,学校管理者应当倡导教师多种备课方式结合使用。

1. 备课方式种种

从备课的量来分,可分为单元备课与课时备课。备课应以课时备课为主,将单元备课与课时备课结合起来,对每个单元的知识点进行合理的布局、分配。教师应注意单元内部的系统性、因果性、关联性,在单元备课的基础上进行课时备课,以便前后呼应、首尾相连、承前启后、左右配合。

从备课的时间来分,可分为集中备课与课前备课。寒暑假时间集中,教师应当提前备好一学期或前几周的课。上课前,再进行课前备课。如果说学期前备课是"粗备",那么周前备课就是"细备",而课前备课则属"精备"。课前备课要重温教案,准备教具,考虑教法,估计课中可能出现的问题,思考采取的对策。

从备课的精力投入来分,可分为一般备课与重点备课。教师理应认真备好每一个课时,但这不等于说要平均使用力量。在一个学期的教学内容中,有一些章节的作用较为突出,在一个章节中有若干单元十分重要,在一个单元中有几个课时尤为关键。教师应当准确地把握这些"关节点",把主要的精力投放在这些点上,以起到点面结合、纲举目张的效果。

从备课的人数来分,可分为个人备课与集体备课。关于这一问题,将在下文中讨论。总体而言,备课应以课时备课为主,将单元备课与课时备课相结合;以课前备课为主,将集中备课与课前备课相结合;以重点备课为主,将一般备课与重点备课相结合。

2.个人备课与集体备课

备课在本质上是一种个体行为,其他人无法代替教师进行备课,但这并不意味着备课可以闭门造车。在备课的过程中,应当通过集体备课与个体备课相结合的方式,将教学共性与个性有机融合。对于需要统一和明确的各章节、单元的目的、要求、重点等共性问题,同学科的教师可互相切磋,集思广益。在集体备课中,可以达成"四个统一",即:统一教学进度,统一教学目标,统一教学重难点,统一阶段测试。提倡"四统一"不是要"一刀切",而是应根据教学的具体情况,经集体分析作出合理安排。在个体备课时,不妨采用"同课异构"的方法,每位教师根据本班的学生实际对集体备课的教案加以添加和取舍,形成体现分层、符合本班实际的"个性化教案"。

二、教学实施阶段的质量控制

上课,是教学质量形成的最主要的环节。在课堂上,教学质量主要是由教师来直接控制的。为了有效地控制课堂纪律、清晰地讲解教学内容、有序地安排教学进程,教师需要特别关注以下两个方面:

(一)注重师生互动

在课堂教学中,教学质量是通过师生互动形成的。低效或无效的师生互动,必然影响教学的最终成效。

所谓师生互动,是指师生之间在心理和行为上的具有促进性或抑制性的相互影响和相互作用的动态过程。师生互动既有外显的行为互动,也有没有指标的心理互动,如情感互动、人格互动等,前者是外显师生互动,后者是内隐师生互动,这两方面是相关联的,在多数情况下,它们具有一致性和同时性。

要提升师生互动的水平,得从理念层面和操作层面双管齐下。在理念层面,学校管理者应当在教师中倡导民主平等的师生关系观,构建交往互动的课堂教学观,树立科学合理的教学评价观。在操作层面上,叶澜教授带领"新基础教育"的实验学校进行了卓有成效的实践探索,形成了"五还"的策略。①

1. 还学生主动学习的"时间",要求每节课至少有 1/3 的时间让学生主动学习,并逐渐向 2/3 过渡;压缩课堂上教师讲授和指向个别学生的一问一答所占用的时间。这会促进教师去思考哪些方面可以让学生在课堂上自己学、相互讨论、小组

① 叶澜."新基础教育"论——关于当代中国学校变革的探究与认识[M].北京:教育科学出版社,2006:276~277

活动,而不是按照惯性走。

2. 还学生主动学习的"空间",允许学生在学习过程中根据需要变动位置和座位的朝向,不是只能固定在一个位置上。T字形的空间结构最适合的是"合作活动",即学生需要共同设计,或者在已有设计方案的情况下,分工合作完成各项作业。但这种结构不适合课内的小组讨论,为此可以采用前排学生转身向后即组成四人小组的方式。

3. 还学生主动学习的"工具"。这里的工具不只是指学具,主要指教学应教学生学习知识结构,教会学生学习结构和掌握、运用结构的方法,开展主动、独立学习。

4. 还学生主动学习的"提问权",让学生在预习、独立思考基础上提出自己想问的各种性质和类型的问题,包括质疑和与教师不同的观点。不把提问看作是教师的特权,或只是检查学生是否掌握学习内容的手段。

5. 还学生主动"评议权",包括自评与评他、发表感受、提意见、表扬和建议。

(二)处理好预设与生成的关系

教师按照预设的方案和教材设定的内容机械地推进教学的步骤,对于越出边界的现象或问题,或者对此"视而不见"或者将其强行拉回原有的轨道,这种无视生成的教学活动注定是低质量的。要解决这一问题,就必须认识到教学是一个无法全面预设的过程。教师理当欢迎和鼓励生成性资源的产生,因为"生成"的数量与质量标志着学生主动性的发挥程度。

1. 关注学生的需要,把握生成的基点

关注生成,意味着教师上课不是执行教案而是教案再创造的过程;不是把心思放在教材、教参和教案上,而是放在观察学生、倾听学生、发现学生并与学生积极互动上。学校管理者应当要求教师在课堂教学活动中不拘泥于课前的预设,要根据实际情况,随时对设计作出有把握的调整、变更,寓有形的预设于无形的动态生成中。

2. 关注多元对话,激发生成的动力

生成的可持续性取决于生成的动力,生成的动力来源于师生间以及生生间的交往互动。通过交往,分享彼此的思考和见解,交流彼此的情感、态度和价值观,提高彼此的智慧和修养,达到彼此的共识、共享、共进。关注多元对话,能够赋予教学以新的思维方式,从对象思维到关系思维;能够构建一种新型的师生关系,从误解到理解;能够形成一种合理的教学方式,从复制到创造;能够体现一种新的教学精神,从追求整体效率到关注个体发展。让师生在多元对话的过程中碰撞思维,不断

地生成新体验、新方法。

3.关注突发事件,紧握生成的抓手

生成是一个不可预计的过程,在各种突发事件中,有学生的"奇思妙想",有学生的"锦上添花"。捕捉教学过程中动态生成的有价值的信息,将一些不可预测的事件转化为课堂教学的契机,能最大限度地提高生成的质量,使之成为教学的亮点,成为学生智慧的火种。教育的技巧并不在于能预见到课堂的所有细节,而是在于根据当时的具体情况,巧妙地在学生不知不觉中做出相应的变动。要做到这一点,在平时教师应当研究每节课中可能有哪些生成点,然后为课堂的生成留出足够的时间和空间,同时还要充分作好处理突发事件的预设以及对教学策略的准备。

总之,应当提倡让"预设"与"生成"彼此融合、辩证统一。"预设中有生成,生成中有预设"。一方面,通过预先的设计来突出教学是有目的、有计划的教学特性;另一方面,通过动态的生成来促使教师在预设方案的实施中关注学生成长的生命气息。

三、教学后续环节的质量控制

作业的布置、批改与订正,是课堂教学必不可少的后续环节。通过作业的完成,能够使学生巩固所学内容并学会初步的运用;通过对学生作业情况的批改,教师可以发现教学中的缺失并作出适当的补救。通过对作业中错误的订正,学生可以及时弥补学习中的缺陷。因此,加强作业管理是很有必要的。

1.科学布置作业

长期以来,学生作业多、课业负担重始终是人们共同关注的话题。有的研究人员指出,学校教学质量与作业量并无正比关系。[①] 因此,作业管理的重点在于控制作业量、提高作业的有效性,学校管理者可以从以下几方面去引导教师科学地布置作业:

其一,在内容上,突出开放性和探究性。教师应对作业进行精心的选择和设计,避免布置过多的重复性、操练性的题目。作业的内容突出开放性和探究性,也就是学生解答问题时要有一定的思考性、实践性和探究性,作业的答案要有一定的迁移性、开放性甚至不确定性,重视布置课外阅读、调查、实验等实践性、生活化的作业。

其二,在层次上,考虑量力性和差异性。作业的数量和难度要适度,有弹性,照

---

① 刘茗.当代教学管理引论[M].北京:教育科学出版社,1997:206

顾到不同层次的学生。在江苏省后六中学,作业中的基础题是所有的学生都要完成;有的试题优秀学生仅写出步骤即可,不用算出具体答案,或者直接写出所涉及知识在课本的哪一页、哪一章节也可以,这样能充分节省学生的时间;而最后几道难题,优秀学生必须做,实在不会的学生可以不做。①

其三,在形式上,体现新颖性和多样性。教师应当改变单一的文字式作业形式,积极探索其他的作业形式。比如,布置一些操作、实验、口头完成的作业,布置一些小组合作完成的作业。有的学校还打破了由教师作业布置的惯例,尝试了学生自主命题、同学共同评议、个人自选做题等多种形式。

2. 认真批改作业

作业批改是了解学生学习情况的重要手段,教师应当认真对待这项工作。那么,如何做好批改环节呢? 首先,教师要充分理解作业批改的价值,不能只把它当作一项不得不完成的任务而敷衍了事。其次,教师应注意作业批改中的激励性。在对错评判的基础上,不妨给学生留一些鼓励性的语言和恰当的指点。第三,在可能的情况下,尽量采用面批的方式。

总之,教师要由原来的作业评判者转化为学生思维的欣赏者、引导者、促进者、激励者,那么学生的主体性、主动性、独立性、创造性就会极大地发挥出来,师生才能够做到相长,才有可能成就每一个学生。

3. 规范作业订正

不仅教师应认真批改学生的作业,学生也应认真订正作业,这样才能使作业的功效最大化。上海市万航渡路小学对作业环节进行了研讨与交流,经过自下而上、自上而下的几轮反复,制定了订正规范,保证了这一环节的有效性。

一、数学订正要求

1. 收集整理作业中的错题。

2. 作好每次测试后的精细分析表。

3. 对于带有普遍性的问题,要理清命题思路及考查目标。

4. 设计好典型错误的变式习题。

二、各类型数学作业的订正格式

1. 各类型数学作业的订正格式

作业类型

订正格式

---

① 后六中学:做好常规就是奇迹[EB/OL]. www.ggjy.net/jydt/xydt/200701/1916.html,2007－1－31

A、B 册

擦掉错题,再写上正确答案

课练本

不擦作业本,在一次作业后订正

练习卷

在错题旁订正（也可另贴纸订正）

2.各种数学题型的订正要求

递等式计算:每步计算都应有草稿;选择题、填空题的订正:有解析过程;判断题:能举出例子证明;应用题:能写出数量(等量)关系式。

三、订正的辅导

1.根据错误原因进行辅导

粗心造成的失误:可以让学生自己查错订正;普遍出现的错误及典型错误:课堂上进行及时分析讲评后订正;周练卷中,利用变式题让学生进行练习巩固。

2.根据学生层次差异进行辅导

学困生:①加强基础题的训练。②建立解决某一类典型数学问题的思考程序。③掌握普遍适用的方法,对于速度与灵活性不做要求。④采用面批的方法,个别辅导。

中等生:如遇计算错自己检查订正。思维题先学生互助,再由老师抽讲解题过程。

优秀生:①能力较强的学生要有一定开放题训练。②要求一题多解,灵活解题。③要求自己订正,能力题适当指导。

四、订正的时间安排

1.课堂练习当堂批改,及时订正。

2.学困生作业订正优先面批。

3.回家作业每天及时批改,学生及时完成订正。

4.错题本上的题目一阶段后让学生再次订正。

第四节　教学质量的检测、分析与改进

校长在抓好教学质量形成过程的每一个环节之后,还应当关注教学质量的检查、分析与改进。检测,是要了解教学质量的实际情况;分析,是为了找出教学质量中存在的问题及其原因;改进,则是要弥补缺陷、提升质量。

一、教学质量的检测

准确地检测教学质量的状态,是进行质量诊断、采取质量改进措施的基础。在检测教学质量时,应注意采取合理的步骤、选择恰当的方法。

(一)增强考试的科学性

考试是检验教学质量和效果的最常用的手段,是教学实施过程不可缺少的环节,对教学起着重要的调节和指导作用。因此,必须增强考试的科学性。

1. 做好考试的流程控制

考试,是一项涉及面广、环节繁多、任务琐碎、要求甚高的工作。只有掌控好考试流程中的每一个步骤,才能使考试的科学性得到保证。通常,考试质量控制的主要内容包括考试的设计、命题、考试实施的管理、试卷评阅、成绩分析与反馈等关节点,南京市小营小学将考试流程设计如下:

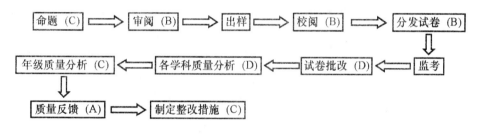

图9-1　南京市小营小学考试流程

命题是考试的第一个环节,有条件的可采用"教考分离"的方式,即试卷由不任教该年级的教师出题,这样可以确保命题的公正性、降低泄题的可能性。命题完成后,应由专人负责对试卷的题量、难度、质量等进行审阅,这项工作通常由教研组长或资深教师来承担。在做好出样、校阅、分发试卷等事务性工作之后,教导处应组织安排好监考,维护考场纪律,保证考试的严肃性。考试结束后,试卷的批改宜采取"流水批阅"的方式,这种方式一方面能够提高批改的效率,另一方面有助于保证阅卷的客观性。试卷批改只是意味着阶段性任务的完成,后续还有质量分析与整改措施的工作要做。

2. 加强命题研究

众所周知,考试具有强大的导向作用,试题的特征在相当程度上"指挥"着教师的"教"与学生的"学"。我们不是试图去消灭考试的"指挥棒"效应,而是要让它指向正确的方向。学校管理者有责任组织教师学习课程改革的理念,准确把握课程标准,提高教师的命题能力。教师的命题不应局限于检测学生对书本知识的机械记忆水平,要注意考察学生对知识的综合运用,鼓励其创造性思维。

总之,命题应依据课程标准,避免盲目的拔高;应立足基础,突出能力;应突出探究性,体现新课程的理念和特点;应联系社会实际与学生生活,体现开放性、综合性、教育性。① 此外,还要控制好题量、难度,确定好各种题型的比例,进行合理的题目编排。

(二)重视学生的意见

在以往,学生对教学质量的反馈意见没有受到足够的重视,甚至有些人认为学生没有资格和能力评判教师的教学质量。阿里莫里(L. M. Aleamoli)则指出,学生是教学过程的主体,他们对教学目标是否达成、师生关系是否良好都有深刻的了解,对学习环境的描述与界定也较客观。学生直接受到教师教学效能因素的影响,他们的观察比其他突然出现的评价人员更为细致周全。② 因此,问题的关键不在于是否需要听取学生的意见、学生能否参与对教学质量的评判,而在于如何有效地组织学生评教。

了解学生对教学质量的意见有多种方式,比如:可以召开学生座谈会、进行问卷调查、请学生在网上给教师打分。但不论采取何种方式,都必须考虑准则的问题,即从哪些方面去考察教学质量。我们认为,学生的反馈意见应着重考察四个方面:①满意度。即考察学生对教师工作的总体感受,学生是否感到满意,满意度有多高。②工作态度。即了解教师在工作中是否认真负责,对待学生是否亲切友善,是否注重教学民主。③教学方法。看教师的教学方法是否适合学生,能否调动学生的学习积极性。④教学效果。从学生的角度,评价教师的工作给予了学生多少收获。③

(三)全面检测教学质量

如前所述,教学质量标准由学生质量标准、工作质量标准和效率标准等三个部分构成,因此,在检测教学质量时,应该覆盖上述三个方面。当然,学生质量是教学质量中最重要的组成部分。而对于学生质量的检测,也必须摆脱狭隘的知识为本的质量观的束缚,全方位地检测学生在各方面的发展情况。为此,有的学校设计了学生收益情况表。

---

① 吕信芬.初中科学课程考试命题的研究[D].华中师范大学,2007
② L. M. Aleamoli,Student Rating of Instruction,in Millman,J. (ed.),Handbook of Teacher Education,1981.
③ 郭继东.试论 3600 评价法在教师评价中的应用[J].当代教育论坛,2004(12)

表9-3 学生收益情况检测表

检测项目	达到程度		百分比
基本知识与技能	完全达到大纲的要求		
	基本达到大纲的要求		
	与大纲的要求有一定差距		
	基本没有达到大纲的要求		
思维能力	得到有效培养,有明显提高		
	能模仿教学所展示的思维方式进行思维		
	少许或基本没有发生变化		
	思维能力下降		
学习兴趣	强化了原来的学习兴趣		
	保持了学习兴趣		
	学习兴趣衰退		
	仍然没有学习兴趣		
学习习惯	养成了良好的学习兴趣		
	养成了一定的学习习惯		
	意识到良好学习习惯的重要性		
	不知道何为良好的学习习惯		
学业负担的减轻	学习轻松愉快		
	学习愉快但有一定压力		
	学习轻松但不愉快		
	学习压力大,基本能应付		
	学习压力过大、不堪重负		
检测者		科目	日期

二、教学质量的分析

通过检测,可以把握教学质量的现状,将这一现状与预先设定的教学质量标准进行对照,就能看出其中的差异。教学质量的分析就是要找到这种差异,并且进一步诊断其原因,为后续的改进作好准备。

(一)建立教学质量分析系统

检测并不是最终的目的,学校管理者和教师要对检测的结果进行细致的分析。有的学校建立了备课组、教研组和学校三级质量分析系统,在备课组层面上,通过平行班之间的比较,了解各教学班的教与学的情况,互相吸取经验、教训,取长补短;在教研组层面,教师要了解出题者的命题意图,探讨各年段学生的学习问题,并对整个学科有系统的认识,形成一个"瞻前顾后"的学科指导思想;在学校层面上,需要把握学校质量的整体情况,为下一阶段的教学提出目标和相应的措施。

南京市小营小学将年级组作为教学质量分析的主要机构,每次重要测试结束后都要填写完《年级学生学习质量分析表》。《分析表》完成后,年级组长会召开年级学生学习质量分析会,主要由本年级任课教师和班主任参加,并邀请各学科教研组长参加,学校分管教学的校长和教导主任也会出席。分析会上,一是分析全年级学生学习质量状况,二是分析各学科学习质量状况,三是对整体质量水平及原因和改进措施进行讨论。借助《分析表》,学校管理者和教师能够很直观地看到各学科的基本情况,找出学校的优势学科和劣势学科,并且掌握每门学科中学生的层次分布状态,便于找准存在的质量问题。

(二)运用鱼骨图诊断原因

教学质量的分析不仅需要查找质量现状与质量标准之间的差距,发现存在的质量问题,更要诊断原因,以便对症下药。在这方面,鱼骨图是一种有用的技术方法,它是由日本管理大师石川馨率先采用的,旨在搜寻问题的根源。

鱼骨图通常由鱼头、主骨和大中小不同层次的鱼骨组成,在绘图时应保证大骨与主骨成60°夹角,中骨与主骨平行。从步骤上说,首先要填写鱼头、画出主骨,如图9-2是为了查找影响教学质量的校内因素。然后,要画出大骨、填写大要因,图

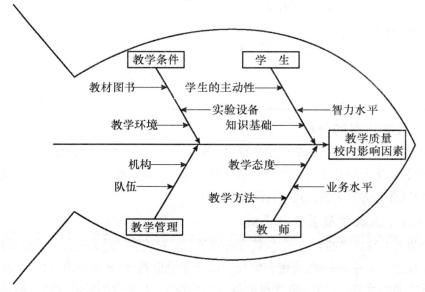

图9-2 鱼骨图

资料来源:阮承发.中小学管理学[M].苏州:苏州大学出版社,1994:139

中的教学条件、教学管理、教师和学生就是大要因。接下来,再画出中骨、小骨,填写中小要因。在图中,教学态度、业务水平和教学方法是"教师"这一大骨下的中骨,其余同理。当然,中骨可以进一步分解出小骨,如导致教学方法不合适的原因可能有:教师对学生不够了解、教学经验不足、掌握的教学方法较少等。最后,经过研究与讨论确定最主要的因素,将关键原因用特殊符号标识出来。

鱼骨图的运用是一个"先发散后收敛"的过程,但无论是在鱼骨图的绘制时还是绘图完成后的原因归结中,都应当有教师的积极参与。在绘图阶段,通常可以采用头脑风暴法,让教师畅所欲言,把各种可能的因素都找出来。在归因阶段,也应多倾听教师的意见,因为他们对于制约教学质量的原因往往有着最直接的感受。

三、教学质量的改进

质量诊断环节为教学质量的改进明确了方向,学校管理者应当采取对应性的措施来弥补弱点。需要注意的是,这样的措施往往能够迅速见效,但通常限于"治标"。要让教学质量不断得到提升,必须要"治本",为此,可以从以下几方面入手:

（一）加强领导听课

听课是一种具有现场知觉性的重要手段,是校长了解教师、了解学生、了解教学进展情况最直接、最具体、最有效的方法。苏联著名教育家苏霍姆林斯基说得好:"听课和分析课是校长最重要的工作,有许多东西——教师集体和学生集体的智力生活是否丰富,教师的教学技巧是否高明,学生的需要和兴趣是否多样和广泛——都取决于校长的听课和分析课是否有高度的科学水平。"[①]当然,对于校领导来说,听课是有具体要求的。

1. **明确听课目的**

学校管理者听课因目的不同,一般可划分为了解性听课、指导性听课、研究性听课和总结性听课。如果为了全面地、广泛地了解教学情况,听课面就要广泛;假如为了指导教学改革,就要有重点地听教改实验课,再与平行班进行比较分析;如果为了研究怎样避免某个年级大面积掉队的问题,就要坚持听这个年级各门学科的课;假如为了总结经验,就要确定重点,跟踪听课。除了一般性听课外,校领导听课时最好邀请教研组长和教学经验丰富的教师一同参加。

2. **做好听课计划**

校领导的工作千头万绪,要使听课落到实处就必须订一个听课计划。如开学初、学期中、学期末准备听什么课,重点研究解决什么问题,推动哪些方面的教学改

---

① 郭景扬.现代课堂教学与管理[M].徐州:中国矿业大学出版社,2000:333

革,都应当作出计划。然后再根据教学实际情况,按月按周地具体安排。安排要到位,做到定听课时间、定听课对象、定听课内容,以避免听课活动流于形式。

3. 提高听课质量

校长在听课前要做好充分的准备,首先要认真研究学科课程标准和教材,对所听课的教学内容要有深入、系统的了解。同时要了解任课教师及上课班级学生的情况,要了解教师的教学思路与教学设计,了解学生的学习基础和对本门学科的兴趣、学习方法,确定听课的目的。根据需要,校领导可事先邀请教研组长及有关教师共同听课。

(二)发挥课例研究的功效

改进教学质量的关键在于提升教师的专业素养,而教师的专业成长必须在对"课"的打磨中实现。因此,通过对课例的研究、探讨、实践、反思,是加速教师专业发展的有效途径。

1. 主题先定

课例研究要从主题的确定做起,没有主题的课例研究往往只能流于形式,难以对教师的教育理念和教学行为产生实质性的影响。有了明确的主题,教师可以围绕着主题进行思考、讨论、评价,使课例研究成为一个交流互动的平台。主题一般围绕新课程改革中最新的研究成果,或者在教学实践中遇到的问题而确立。在操作过程中,可以采用"规定动作和自选动作相结合"的办法。"规定动作"是指根据课程改革中教师遇到的普遍性问题而确定的主题(如"课堂教学中如何开展生生合作"),这是各科教师都必须共同探究的内容,由学校来确立。"自选动作"则是分学科确定的研讨主题,由各学科教研组根据本学科情况确立。

2. 理论跟进

经过上述方式确定的探究主题既是教师们所关注的,也往往是理论上和实践中的难题。因此,为使探究主题能够深入下去,就必须做好理论"补课"的工作。我们认为,教学实践需要在理论的指导下进行,否则,教师的教学探索和课堂行为都会变得盲目与无效。为此,可以采用邀请相关专家作报告、举行学术沙龙、进行书面学习等方式,使学科教师在听、评、研之前对所要探究的主题形成一定的理性认识,为下一步的探究奠定理论基础。

3. 实践尝试

执教教师要根据实施主题确定执教内容并认真备课,重点考虑如何针对研究主题进行课堂教学探索,比如在教材的处理、教学方法的选择上怎样有所突破。随后,由教研组共同商讨教案,商讨中不求面面俱到而应重点突出,即紧扣主题来分析教师的设计是否有效。最后,执教教师根据共同商讨的教案,结合本人的教学风格,对教案进行修改,并实施教学活动。

4.课后评议

课后必须进行评课活动,评课时同教研组成员都要参加。教研组长可事先确定主评人,由他做主题发言,其他成员随机发言。为了使评课能够真正体现出研讨的作用,我们建议所有参与评课的人在发言时采用"2+2"模式,即谈2点教学中的成功之处,同时也要谈2点不足之处,并给出相应的建议。

5.成果延伸

评课的结束并不意味着课例研究的终结,应该对其成果进行"深度加工"和进一步挖掘。成果延伸就是要避免教师因为一堂课的完结而停止探索、将成果束之高阁,学校管理者要引导教师在随后的教学中围绕主题继续尝试,将通过前期实践所得的收获推广运用到后续的课堂中,使日常的教学行为发生相应的变化。另一方面,注意将教学成果向科研成果转化,即根据主题实践活动所提供的"素材"和"养料",及时撰写教学案例或论文。对于基础较好的教师,学校应当鼓励他们将探究主题转化为科研课题,并且在研究方案的设计等方面给予必要的支持,帮助他们申报课题,争取形成有质量的科研成果。[①]

(三)细化对学生的指导

教学质量的改进取决于教师的努力,同时也需要学生的配合。每个学生的基础与条件是不同的,因此,有必要加强对学生的学习指导,给他们以个性化的帮助。

1.建立机构,配备人员

在我国,多数学校没有建立专门的机构和人员来指导学生的学习,这就使得对学生的指导处于一种自发和低水平的状态。做不做,取决于教师的个人意愿;做得好不好,由教师的自身素养所决定。而在美国,则采取的是配备专职人员、实行专业化的办法。因此,美国中学对学校指导员的素质要求很高,大多数州要求学校指导员应该是一位具有一定教学经验的学校指导工作的专业硕士。[②] 在我国,有的学校已经意识到了加强学生指导的重要性,上海市育才中学就设立了"学生发展指导中心"。

2.提供个性化的指导方案

在班级授课制的背景下,教师只能将主要的精力放在学生的共性问题上,无法彻底做到因材施教。在这种情况下,为学生提供个性化的指导方案能够有效地弥

---

① 郭继东,钱英承.公开课实施模式的新探索[J].中国教育学刊,2008(11)
② 金含芬.学校教育管理系统分析[M].西安:陕西人民教育出版社,1993:220

补班级授课制的缺陷。上海市樱花中学在这方面进行了有益的探索,学校要求教师对每一名学生的基本情况、学科情况进行分析,提出有针对性的指导方案与改进策略,并通过实施与效果分析,对学生的基础资深、基本能力和学习方法加以个别化的指导。[①]

"方案"采用表格形式,分为四大部分。其中,"基本情况分析"各学科可通用,设计了四个项目:家庭教育、本人学习、本人能力和特殊情况记录。除特殊情况记录由老师用简洁文字表述外,前三项目各选择了若干有关反映学生学习情况的元素,教师只需要根据学生的实际情况进行等级评价(A:优秀,B:良好,C:一般,D:需努力)。同时还设置了一个"整体印象"的等级评价,教师可在上述记录的基础上对学生的基本情况作出整体评价。

其他三个部分为"学科情况分析"、"指导方案与改进策略"和"实施情况与效果分析",每部分再分成"基础知识"、"基本能力"、"学习方法"三块。为体现各学科的不同特点和学生学习的个性特点,在"学科情况分析"部分的"基础知识"、"基本能力"两块中各设置"掌握情况"和"能力情况"项目,其中按学科教学要求选择若干基本元素,方便教师作等级评价。这部分三块都有"欠缺和问题",由学科老师另行表述。

能力训练项目

A 中学是县里有名的重点中学。年轻的王校长调到该校后,采取了许多改革措施。他认为教学质量的高低取决于教师学术水平的高低,抓好科研,促进教师的学术水平是提高教学质量的关键。因此他采取的一项改革措施便是把学校管理的中心由原来的教学管理转为科研管理。王校长期待着这一改革会带来学校教学质量的明显提高。然而事与愿违。许多教师埋头科研,虽然写出了一些论文,但由于没有深深地扎根于教学的土壤,缺少对教学实践问题的研究,大家都是为科研而科研,学术水平并没得到根本的提高。相反,由于学校放松了教学管理,许多教师又忙于科研,无暇认真钻研教材和研究学生,对教学只能采取应付的态度。另一方面,由于缺乏对教学的科学、有效管理,出现了教学上的紊乱无序。这些,导致该校的教学质量出现了明显的下降。

思考题

1. 为什么王校长的改革举措没有带来学校教学质量的明显提升?

2. 抓科研与促进学校的教学质量之间是否必然是矛盾的?

3. 如果要实现"向科研要质量",王校长应当怎么做?

---

① 张民生,朱怡华.现代学校发展创意设计[M].上海:上海远东出版社,2006:222

第十章　学校德育的引导力

> 教育是人的灵魂的教育。教育本身意味着：一棵树摇动另一棵树，一朵云推动另一朵云，一个灵魂唤醒另一个灵魂。
>
> ——[德]雅斯贝尔斯

●引导性案例

北京校长德育论坛——500校长共把"德育脉"①

在"北京校长德育论坛"上，主办方特别安排了一段时间，让台下来自北京各区县的500余位校长提出自己在开展德育工作中的疑惑和感受，和台上的主讲校长进行交流。

很多校长关心在日常德育工作中遇到的"家校难沟通"的问题，而在北京市朝阳区工读学校校长张美玲看来，"家校良好沟通也是我们的难题，如果家长能够承担更多的责任，学校就不会那么着急了。"她所在学校除了开办家长学校，为家长讲授子女教育的相关知识外，"我们更多的是让家长在孩子取得明显进步和受到表彰时，一起参与到对学生的表彰中来。"

有校长问到在德育工作中校长和老师应当分别承担什么样的角色？北京小学校长吴国通回答道："今天的校长不应该急于做管理者，而是应该做一个服务者。"吴校长认为，"校长应该把自己定位在为老师的教学服务，为学生的学习服务上。"他还建议，作为最了解每个学生特性的教师，在开展德育工作时一定要注意不同阶段的孩子要施行不同的教育方法。

在回答有关德育实效性的问题时，中关村第一小学校长刘畅说："首先我们的学校管理者要注意工作方法，不能让我们的孩子总是处于一种成人化的管教之下。另外，高素质的师资队伍是必需的，因为老师是孩子们接触时间最长的人。"刘校长还谈到家庭教育和社会、亲朋在孩子们成长过程中的影响。

从"北京校长德育论坛"可以看出，德育是中小学校长倍感重要却又十分困惑的一项工作。作为学校的管理者，校长在德育工作中应该充当什么样的角色，如何才能有效地管理好学校的德育工作，这些都是校长必须认真思考与回答的问题。

---

① 北京校长德育论坛——500校长共把"德育脉"[EB/OL]. http://www.modedu.com,2006-4-12

第一节　校长与学校德育管理

德育,是学校教育中不可或缺的一项内容;德育管理,是学校管理中至关重要的组成部分。校长在学校德育和德育管理中肩负着不可推卸的责任,应当引领各方人员协调努力,提高德育的实效性,为学生的幸福人生奠定基石。

一、德育与德育管理

《中小学德育工作规程》指出,德育即对学生进行政治、思想、道德和心理品质教育。中小学德育工作的基本任务是,培养学生成为热爱社会主义祖国、具有社会公德、文明行为习惯、遵纪守法的公民。在这个基础上,引导他们逐步树立正确的世界观、人生观、价值观,不断提高社会主义思想觉悟,并为使他们中的优秀分子将来能够成为坚定的共产主义者奠定基础。

所谓德育管理,就是指协调实施德育的组织与组织、组织与德育工作者之间的关系,以保证增强德育实施,完成德育任务,实现德育目标。① 它是整个德育工作的指挥和保证系统,具有协调、组织、实施和评价的功能。德育工作需要把各种影响因素有机地结合起来,形成一股合力去共同实现育人的目标,这就离不开德育管理的介入。从某种意义上说,有德育就必然要有德育管理。具体而言,德育管理的作用是:

第一,摆正德育工作的位置。德育对青少年学生健康成长和学校工作起着导向、动力、保证作用,然而在办学实践中,德育"说起来重要,做起来次要,忙起来不要"的现象依然存在。这就告诫学校管理者:如果轻视或忽视德育管理,德育工作的时间与空间就有可能被挤占,德育的重要地位也就难以真正得到落实。当然,强调确保德育的重要地位不等于说其他各育就不重要,而是要协调好德育与其他各育的关系,努力形成德、智、体、美各育和谐发展、相互促进的局面。

第二,协调德育工作的各种因素。德育的实施涉及学校党组织、行政和教导处、总务处以及年级组、教研组、班主任、科任教师等各部门、组织和人员,涉及课堂教学、课外活动、社会实践等多种途径,涉及人、财、物等各种资源的配置与使用。这决定了只有通过德育管理才能将它们有序地组织到一起,使它们在各自合适的位置上充分体现其价值,更好地发挥德育工作的整体功效。

第三,完善德育工作的功能。德育具有灌输、塑造、矫正、激励、引导、关怀、服

---

① 詹万生.整体构建德育体系引论[M].北京:教育科学出版社,2001:57

务、保证等多重功能,要让这些功能有效地发挥作用,必须靠理论来指导、靠制度来规范、靠组织来协调、靠监督来制约。① 这些功能之间如何平衡,需要依仗管理活动来加以调控。忽视德育管理,难免会出现重灌输轻引导、重矫正轻关怀、重激励轻服务的倾向,或者是产生朝另一面"一边倒"的现象。

二、德育管理的主要内容

德育管理的基本目标是:根据青少年的心理特点和德育规律,加强对德育工作的组织领导,调动一切积极因素,使它们形成强大的合力,以有效地推进德育进程,不断提高德育工作的效能。这决定了德育管理所包含的内容相当广泛,在此我们择要对其进行分析。

(一)德育思想管理

德育思想管理就是要提高全体教育者对德育和德育管理的认识,帮助他们树立正确的德育工作观,激发其从事德育工作的热情,提高其德育管理行为的科学化程度,从而增进德育管理的质量与效率。

为此,学校管理者要在广大教师中倡导理论学习之风,通过邀请专家讲课、自学有关书籍等途径,让教师了解现代德育的基本理念,逐步转变陈旧的德育思想和观念。学校管理者应鼓励教师及时进行工作反思,总结工作中的得失。尤其是对未能达到预期目标的情况,应要求教师认真剖析其中的原因,并反省自身的德育观念是否存在着偏差。通过工作反思,可以促使教师更自觉地形成科学的德育观。学校管理者自身要高度重视德育思想管理,经常性地开展这方面的专题研究,分析教职员工德育思想的基本状况,找出其中的普遍性问题,通过会议、培训等途径加以解决。

(二)德育组织管理

各个学校的德育管理机构不完全相同,但无论何种设置,都要使各个机构相对独立、互相联系、彼此支持、相互制约,形成一个功能完善、运行有序的体系,这一体系应当由以下一些子系统所构成:

其一,指挥系统。职能是制定学校德育计划和政策,指导工作实施,检查工作的进程和效果。指挥系统应由校长统一领导,党支部处于政治核心地位,参与决策。

其二,协调系统。该系统在以校长为首的决策中心领导下,负责落实全校德育工作计划,协调各部门在德育工作中的关系,制定德育工作制度和学生行为规范,

---

① 赵志军.德育管理:价值、作用、地位[J].现代教育科学,2006(1)

运筹大项德育活动,联络校外德育公共关系,组织校内德育科研。协调职能主要由教导处或政教处承担,共青团委员会和少先队大队部也承担部分协调职能。

其三,执行系统。职能是按照学校计划开展集体的或个别的教育活动,并根据自身特点和需要独立工作。这一系统主要由各年级组、教研组、班级、职能部门及所有师生员工组成,其运作状况和工作质量直接关系到德育管理的成效。

其四,支持系统。其功能是向学校德育提供各种形式的支持,各级领导机构可以为学校德育提供物质、信息、政策及行政上的支持;专家能为学校德育决策科学化提供基础;家长是参与学校德育的一支力量,能为学校德育提供多种形式的帮助;新闻媒介、社区有关单位等,可以为学校德育创设良好的外部环境。

其五,监督系统。职能是检查督促德育工作的开展,提出改进建议,对德育工作开展评价。它包括内外两个系统,内部系统由党支部领导和教职工代表大会组成,外部系统由主级领导机关、学生家长、社区公众、舆论机关组成。在实践中,两个监督系统应互相配合。

(三)德育制度管理

贺乐凡和赵幼侠在他们主编的《中学管理》一书中指出,学校应当建立以下一些德育管理的基本制度:

岗位责任制度 学校的德育工作队伍由校长、教导处主任、年级组长、班主任、团委书记、少先队辅导员等人员组成,各人的工作岗位不同,工作范围、职责要求、岗位权限等也不相同。这就需要制订明确的岗位责任制度,以规范每个人的工作行为。

检查评比制度 德育工作的进度如何,需要通过检查以及时地了解情况;德育工作的质量如何,需要通过评比以区分优劣高下。如果没有健全的检查评比制度,德育工作就会陷入放任自流的境地。

奖惩制度 检查评比的结果应与奖惩措施挂钩,这样才有利于调动人们的工作积极性。合理的奖惩制度,具有激励先进、鞭策后进的功效。

协调制度 学校的德育工作需要学生家长和社会各界的支持与配合,因此,学校管理者要建立与完善德育的协调制度,通过家长委员会、社区教育委员会等机构加强与家庭、社会的沟通,使学校德育、家庭德育和社会德育协调一致。

工作研究制度 德育和德育管理都是科学,把握其中的规律有助于工作的开展。因此,学校管理者应定期研究德育和德育管理的现状,分析德育工作面临的形势,剖析学生的思想动态,探讨改进德育和德育管理的具体方案。

（四）德育渠道管理

德育目标的实现必须通过一定的渠道去完成，在德育工作中存在着众多的工作渠道，对这些渠道的开拓、完善、协调等活动即德育渠道管理。

德育工作的基本渠道有政治课和各科教学、班主任工作、学生的自我管理和德育活动等，其中政治课和各科教学是德育工作的主渠道。如何对各种德育渠道实施有效的管理，下文将开展探讨，此处不予赘述。

三、校长的角色定位

学校是一个教书育人的场所，因此，校长不仅要对教学工作负责，同时也要对德育工作负责。在德育管理中，校长应当成为学校德育工作的示范者、德育体系的构建者和德育质量的把关人。

（一）德育工作的示范者

校长要当学校德育工作的示范者有两层含义，一是指校长本身应当成为学校的道德楷模，二是指长要做学校德育工作的践行者。

1. 校长是学校的道德楷模

作为学校的"公众人物"，校长的一言一行都会受到师生员工的关注，因此，校长应该时刻成为教师学习的榜样、学生仰慕的楷模，以有力地促进学校的德育工作。凡是要求师生做到的，校长自己首先必须做到，校长应该与师生共同遵守学校的规章制度。

从张伯苓与学生共同戒烟的故事中，我们看到作为一校之长的张伯苓并没有仰仗自己的身份和权势压制学生，而是用他的实际行动为学生树立了典范。[①] 这样的教育远比任何一本德育教材都来得生动和有力，也凸现了校长成为学校道德楷模的重要价值。

2. 校长是学校德育工作的践行者

校长不仅要加强自我修炼，提高自己的思想境界，努力成为学校的道德榜样，而且应当积极投身于德育工作，探索德育规律，随时注意对学生的教育和引导。在这方面，著名教育家陶行知为我们提供了一个"四块糖"的经典案例。[②]

"四块糖"的故事体现了陶行知对于学校德育工作的关注与敏锐，善于把握学生的心理发展规律，结合其心理特点，用欣赏和鼓励的办法来提高他们的道德水

① 其仁.张伯苓戒烟[J].教师博览,2004(1)
② 四块糖的故事可参见 http://eduzhai.net/youer/358/432/youer_147562.html,2007 - 4 - 11

准。当然,作为校长除了要自己亲身实践之外,还要组织好学校的德育工作。

(二)德育体系的构建者

德育是一项复杂的系统工程,一个完备的德育体现至少应该包括目标体系、内容体系和组织体系等部分。

1.目标体系

《中学德育大纲》和《小学德育纲要》分别对中小学的德育目标进行了论述。需要注意的是,这两份文件所提出的德育目标是面向所有中小学的普遍、统一的要求,学校应当以此为依据,设计切合自己学生情况的具体的、有特色的目标体系。

广西省江南中学提出学校的德育目标是:树立正确的学生观,确立学生主体地位,通过学生的主动参与,促进学生主体性(自主性、主动性、创造性、社会性)的发展。学校还认真分析了不同年级学生的特点,设定了不同年级的阶段目标,从而构成了前后衔接、环环相扣、逐步递进的德育目标体系。[1]

2.内容体系

我国的德育内容由政治教育、思想教育、道德教育、法纪教育和心理健康教育几大板块构成。各个板块具有各自的特定内涵,但又互相联系、互相渗透、互为条件、互相制约,构成了德育内容的统一体。其中,政治教育是根本,思想教育和道德教育是核心,法纪教育、心理健康教育是基础。这五者不可割裂,更不能互相取代。

上海市闵行二中根据学校实际,构建系统化的德育框架。[2] 学校大力建设五门课程,即学习课程:时政课,校班会,各科渗透;专题课程:请名师、专家讲座;环境课程:班级布置、校园布置;活动课程:校园文化,如读书节、艺术节、科技节、体育节、升旗仪式、十八岁成人仪式等;社会实践:社会考察与调查,军训与学农,青年沙龙等。落实六大内容,即公民"五小"教育:家庭小帮手,同学小伙伴,社会小标兵,环保小卫士,独立小主人;行为规范养成教育;心理健康辅导、咨询;"三观三义教育";民主法制教育;爱心"三帮"教育:经济上帮困,学习上帮教,思想上帮贫。

3.组织体系

学校的德育工作要以完善的组织体系为依托。通常,学校应当建立德育工作领导小组。该小组可以校长书记为组长,副校长、德育教导为副组长,行政干部、年级组长、科技、艺术总指导、心理老师、卫生老师、学生代表、家长代表为组员。领导

---

[1] 江南中学德育目标及其实施方案[EB/OL]. www.ggedu.gov.cn/web/2008 - 06/926.htm,2008 - 06 - 14

[2] 上海市闵行二中.强化规则意识 注重学生体验 提高自主教育能力[EB/OL]. http://www.mhez. com/Web/MHEZ/76061 - 760000015601.htm,2008 - 11 - 16

小组每学期要召开德育工作会议,分析学校德育工作状况、商量学校德育工作思路、研究德育工作方法,回顾并总结学校德育工作的成绩和不足。

在领导小组的掌控下,应当形成分层负责的组织机构,有研究人员提出了如下的设想:校长作为学校德育组织机构的第一级,居于核心地位,负责宏观调控。德育处、学生会、团委是第二级,发挥纽带作用,负责制定计划、监督执行、汇报总结。年级组作为第三级,承担协调功能,主要统筹年级情况、全面贯彻执行。班主任、教师是最后一级,其职责是落实,要针对班级情况具体落实到位。

（三）德育质量的把关人

一些人的头脑中存在着"智育是硬指标,德育是软指标"的错误思想,德育质量管理不如教学质量管理抓得紧,这势必影响德育的效果。为此,校长必须当好德育质量的把关人。

抓好德育质量管理,要从常规工作做起,并且注意剖析德育质量低下的原因,为后续的改进措施找准突破口。把握现代德育的特点,构建相应的德育管理体系。现代德育表现出以下一些明显的变化趋势:①德育思维:由专门转向整体。以往的德育往往通过专门的课程和专职人员来进行,忽视了学校整体生活对学生的道德影响。现代德育强调将学校建设成为文明、公正、关怀的场所,集全校之力共同做好德育工作。②德育重点:由德育活动转向"非德育活动"。专门的德育活动是对学生施加道德影响的重要途径,但"非德育活动"也会在无意识中对学生产生作用,并且它更日常、更普遍和更持久。因此,学校管理者不能忽视其存在,要让"非德育活动"发挥"润物细无声"的功效。③德育范式:提高学校生活的道德质量。学校的德育课程和活动不断得到改进,教职员工能够为学生树立道德榜样,用"教育场"的力量感染学生。

不论学校管理者是否意识到、是否承认,上述变化是客观存在的,因此,校长应当以更积极的态度来应对,认真研究现代德育的发展趋势,思考德育管理的新对策。

第二节　打造高素质的德育队伍

仅凭校长一人之力是无法保障学校德育有效实施的,德育工作必须有一支高素质的德育队伍的参与,才能使得德育工作从上到下有条不紊地推行开来。从某种意义上讲,德育队伍建设是德育管理的首要任务。

一、建设优秀的德育管理队伍

学校德育需要人人参与,但不等于不要专门的管理人员,强有力的德育管理团队有助于德育工作的组织与落实。

(一)选择合适的人员

政教主任、团委书记、大队辅导员是学校最主要的德育管理人员,如果找到了恰当的人选,他们就能协助校长工作,使学校的德育开展得有声有色。

1.确定岗位要求

不同的岗位对人的要求是有差异的。政教处是管理学生思想工作、组织学校各种德育活动的职能机构,作为学校政教处的负责人,政教主任理应具备独当一面的能力,能够领导、管理、协调好学校与德育工作相关的各个部门与各方人员。对于团委书记、大队辅导员,也有其特定的岗位要求。应当说,确定岗位要求是选好人员的第一步,它事实上提供了一把选人的尺子。

2.分析各人条件

每个候选人的特点各不相同,校长需要有一双慧眼,能够将最合适的人员挑选出来。一般而言,政教主任的候选人需要从事过班主任工作,因为这样的工作经历能够帮助他熟悉学校德育工作的常规和细节,有助于在担任政教主任时给予下属必要的指点;最好当过年级组长,因为年级组长所练就的协调能力对做好政教主任是大有裨益的。而团委书记、大队辅导员的人选应当年轻、开朗,这样的人易于接受新事物,工作起来有热情,便于和学生交流。

3.考察德育理念

在选拔德育管理人员时,德育理念往往是一个被忽视的因素,而实际上这一因素具有十分重要的价值。德育管理人员是校长德育思想的执行者,如果他们与校长在理念上不合,就很难忠实、高效地完成校长交给的任务了。即使他们的工作态度认真、组织管理能力出色,也会因理念的摩擦而使德育工作变得困难重重。例如,校长希望充分发挥学生的自主管理能力,而政教主任总是把学生看作管理的对象,那么他就不会让学生去尝试和探索,校长的想法就会落空。

(二)明确工作职责

在选定了合适的人员之后,需要明确其工作职责,这样便于德育管理人员开展工作,并且在工作中锻炼和提高自身的能力。政教主任、团委书记、大队辅导员的工作职责有相似的方面,也有各不相同的特点。在此,我们对政教主任的职责进行一些梳理,团委书记、大队辅导员可以此为参照。

表 10 - 1 政教主任的工作职责

职责类型	具 体 内 涵
计划职责	●根据学校的整体规划,提出德育工作的具体思路、重点和措施,负责制定学校的德育工作目标和计划,分为学期计划、月计划、周安排等。 ●督促年级组、班主任制定各自的工作计划,以形成完善的计划体系。 ●主持召开班主任会议等例会,传达上级精神和要求,根据学校情况落实各项德育的常规工作。 ●安排好各种教育活动、节日庆祝活动、社会实践活动和其它主题活动,充分发挥思想教育的动力与导向作用。
组织职责	●构建大德育的网络,紧密依托社区和家庭,充分运用校外德育资源。沟通联络街道、居委会、未成年人公办室、派出所等,一起做好学生的校外教育和青少年保护工作;进行家庭教育指导,建立家长委员会、举办家长学校和召开家长会。 ●支持和协调团委、少先队、学生会等各方面工作的开展,发挥团委、少先队、学生会等群众组织的育人作用。
协调职责	●协调好各年级、班级之间的关系,使德育工作能够前后衔接、彼此促进、共同提高。 ●与学校其他部门加强沟通,争取其他"条块"的理解、支持与配合,协同完成学校的德育工作。 ●深入教育教学第一线,了解真实情况,掌握学生的思想动态。
评价职责	●主持、指导学生的思想品德考核和班主任的工作考核。 ●开展班级、学生和班主任的评优工作。 ●通过多种方式和渠道,对教师、班主任、年级组长、大队辅导员、团委书记的工作给予指点和帮助。
指导职责	●根据学校德育目标和学生的特点,开展对德育工作者的校本培训。 ●了解学生需求,分析现代学生的特点,研究德育工作和德育管理的方法与途径,出台科学有效的规章制度。
研究职责	●鼓励教师、班主任等各方人员开展德育科研活动,为他们参加课题申报、学术交流、参观考察等提供技术服务和相应的帮助。 ●注意收集德育资料,进行科学的分析、整理与归档,及时总结学校德育工作的经验。

（三）打造核心能力

除了要具备作为教师的通用技能之外，德育管理人员还要有管理方面的专门技能，尤其要打造自身的核心能力，以便更好地履行自己的职责。

1. 培育组织协调能力

可以从以下几方面做起：①要知人善任。德育管理人员应了解德育工作队伍的状况，把握每个人的特点，将工作安排给最合适的人去完成，防止因用人不当而耽误工作。②要加强反馈与沟通。德育管理人员必须随时了解各项工作的进展与成效，经常和其他部门进行情况通报，对工作中出现的问题、管理上发生的疏漏，应会同有关部门和人员进行协商，争取在第一时间解决，以免因沟通不畅而引起误会。③要围绕目标进行组织协调。在工作过程中进行适度的调整是应当的，这样保持德育工作的动态性，跟上情况变化的节奏。但是，调整只有在必要的情况下才进行，并且必须围绕着德育工作的目标来展开。人、财、物的重新调配应有利于目标的达成，否则就会破坏德育的连续性，对正常的工作秩序造成破坏。

2. 提升凝聚合作能力

要提升凝聚合作能力，一方面得从目标的一致性入手。目标，是凝聚人心、加强合作最有力、最牢固的因素。德育管理人员在制订德育工作目标与计划时，要避免个人单干式的闭门造车，应虚心倾听各方的意见，将合理的建议融入具体的目标中去，提高师生员工对目标的认同度。另一方面，可从感情联络上着手。政教主任、团委书记、大队辅导员都不应摆出高高在上的架势，要实行"走动式"管理，关心师生员工的学习、工作与生活，帮助他们解决后顾之忧，拉近彼此的情感距离。

3. 强化点拨指导能力

德育管理人员不可能、也不必要事事亲力亲为，大量的工作是委派给教师和学生去完成的，但这并不意味着德育管理人员可以高枕无忧。管理人员应时时关注下属的工作，当他们遭遇难题时要及时给予指点，做到既不包办代替又不放任不管，在工作中锻炼和提高下属。

二、培育专业化的班主任队伍

班主任是班级的直接组织者、管理者、领导者和教育者，与学生朝夕相处，对学生的品德形成具有举足轻重的影响。可以说，加强班主任队伍建设是德育队伍建设的重中之重。

(一)健全选聘制度,夯实队伍基础

科任教师是专业人员的观念已经广为接受,但班主任专业化的理念尚未获得充分的认同。这使得在相当长的时间里,学校管理者以工作认真负责为选择班主任的首要乃至唯一标准,试图用班主任把学生管住而不是引导学生的发展。大量的事实已经证明,过多的管束与控制只能造成师生之间的对立,仅靠踏实负责的工作作风是做不好班主任工作的。2006年6月,教育部颁布了《关于进一步加强中小学班主任工作的意见》,明确指出班主任岗位是具有较高素质和人格要求的重要专业性岗位。

选聘制度是从源头上保证了班主任队伍的质量,学校可以考虑逐步建全班主任任职资格制度,以提高班主任岗位的准入门槛。有人设想,班主任任职资格应由班主任工作达到一定年限(三至五年)以上的教师本人提出申请,经学校考核、推荐,由上级教育行政部门统一认证、管理。对于工作不满三年的青年教师,经培训、考核合格后,应安排担任见习班主任;对经过实践锻炼、成长较快的青年教师,见习期满、取得班主任任职资格后可优先安排担任班主任。[1] 此外,应当逐步推行班主任竞争上岗制度,以形成班主任队伍的优胜劣汰机制。班主任的选聘要在学校统一领导下,采取组织推荐和公开招聘相结合的方式进行,在保证数量的基础上,不断优化结构,提高班主任的工作能力与水平。

(二)加强校本培训,提高工作技能

选聘到合适的人员只是确保了班主任队伍的起点水准,如果培训措施跟不上,班主任队伍的质量就会随着时间和形势的改变而下滑。因此,学校管理者必须重视培训,以不断提升班主任的工作技能。

1.做好需求分析,增加培训的针对性

培训需求的产生会受到多种因素的影响,需求分析就是要探明培训需求的来源,判断培训的必要性,为后续的培训工作奠定基础。需求评价的一般过程是:发现和汇集现实中的问题,认知导致培训必要的原因或"压力点",通过组织、任务、人员等评估内容和培训背景分析,确定是谁需要培训、到底在哪些方面需要培训等。

培训理当应需而行,然而,现实中的班主任培训往往忽视这一点,尤其是不太重视班主任自身的实际需求,习惯于从管理者的角度来设计培训内容与形式。这

---

① 黄静华.中小学育德新论[M].上海:上海三联书店,2008:81

种局面若不改变,必然会影响培训的效果。为此,管理者可以通过调查问卷、座谈会等途径把握班主任的培训需求,力求做到按需培训。

2. 积极探索,开展多样化的班主任培训

班主任培训不能"一刀切",学校管理者要提供多样化的班主任培训模式,给班主任充分的自由选择权。在这方面,东营市利津县北宋镇第三中学进行了积极的探索,形成了"综合＋菜单自选"、"自定义专题讲座＋研讨"和"同课异案展示＋答辩式点评"等多种模式。①

"综合＋菜单自选"模式先进行综合培训,主题为多数班主任均可接受的培训内容,如班级建设的技巧和技能、组织管理能力等。在此基础上,根据不同教龄结构、不同能力班主任的需求,同时开设不同专题的培训供教师选择,如了解和研究学生、处理偶发事件、协调各种关系的能力训练等。

"自定义专题讲座＋研讨"模式在培训前引导班主任反思自己实践中所产生的问题,然后将有共性的问题归类总结,确立几个专题作为讲座的内容。讲座结束后,受训者就共同感兴趣的专题进行研讨,有志进行深入研究的班主任可以将他们的问题转化为研究课题做进一步的探讨。

"同课异案展示＋答辩式点评"模式就是请不同的班主任以同一个课例为内容,进行管理方案设计,这样有利于班主任之间的取长补短。在点评时,由点评的班主任向展示班主任提问,还可追问,引发其他班主任的思考。

(三)改进评价机制,促进专业发展

现有的班主任评价存在着诸多问题,如重工作考评轻班主任专业发展;评价指标或过空或过细,难以给班主任实质性的引导;评价方法单一,过程不透明。因此,必须改善班主任评价,为其发展提供帮助。

1. 重构评价指标体系

目前,各个学校的班主任评价指标各不相同,但基本属于常规工作评价,其目的更多的是作为班主任奖惩的依据。② 必须看到,这种评价不能全面考察班主任的专业发展程度。它不仅不能满足班主任在专业发展上的诉求,甚至会产生一定的误导,使一些班主任满足于完成考核中的量化指标,陷于繁忙的事务性应付中,满足于做"班级摆平者"。有研究人员提出了班主任专业发展评价指标体系的构想:

---

① 武俊秋,李志欣.探索校本化班主任培训促进班主任专业化发展[J].中小学教师培训,2007(3)
② 傅桂花.构建促进班主任专业发展评价指标体系的初探[J].中国科教创新导刊,2007(16)

表 10 - 2　班主任专业发展评价指标体系(节选)

一级指标	二级指标	三级指标	评价标准(A级标准)
A1 专业情感和态度(0.3)	B1 对待学生的情感和态度(0.5)	C1 尊重(0.2)	热爱学生,能够尊重学生的人格、学生的选择,在教育教学过程中,有意识地以生为本,突出学生的主体地位。
		C2 理解(0.2)	积极学习学生心理、生理知识,了解学生的精神世界,善于倾听。
		C3 宽容(0.2)	允许学生犯错,在学生行为常规、学习等方面犯错误时,及时了解情况并给予改正错误的方法指导。对学生,激励多于批评。
		C4 信任(0.2)	相信每个学生身上都潜藏着各方面发展的极大可能。放手学生在实践中成长。
		C5 公正(0.2)	公平对待全体学生。选举、选拔做到公开、透明、民主。平等对待优秀的学生和常犯错误的学生。
	B2 对待职业的情感和态度(0.5)	C6 热爱班主任工作(0.5)	积极主动担任班主任,认真负责、开拓进取。严格按要求到岗到位,重视班风学风建设,管理效果突出。
		C7 终生学习、持续发展(0.5)	a.制定近期和长期个人提高和发展计划,计划具体,方向正确,目标明确;有详细的落实措施,措施得力,切实可行。 b.熟悉个人提高与发展计划,掌握实现计划的各项措施,愿意为之努力;各阶段计划均能如期实现,达到预期目标,实际效果好。

2. 建立班主任成长档案

　　档案袋评价法是一种近年来发展起来的评价方法,它通过系统地选择、收集被评价对象的一些文本材料和实践记录,展示被评价对象在一段时间内的发展状况。档案袋可以记录教师的成长过程,促进教师自我反思,有利于同事之间相互借鉴、取长补短,为其他评价提供依据。上海市大同中学自 2005 年起就建立了班主任"网上成长档案"。

　　每位班主任都有一个类似博客的网上个人空间,包括以下一些栏目:①个人简介,包括班主任的个人照片、工作信条、个人规划以及带班经历。在这里班主任可以全方位展示他个人的风采和魅力,也通过班主任工作信条和个人规划的制定,推动班主任专业化的发展。②日常事务,主要是班主任记载一些日常班级事务。比如,班级状况分析、班级各项规章制度、班主任每学期计划和小结等。③工作随记,这是一种类似博客上的日志。班主任在此及时记载他们平时管理班级工作中所遇到的事例,以及自己的处理方式,为以后班主任案例的写作积累素材。④个人探究,主要是为班主任论文提供一个资料储藏的空间。⑤交流平台,为班主任、家长和学生提供一个相互沟通的渠道。⑥评价指导,是年级组长、学生处主任等德育管理人员与班主任沟通的一个空间,也是管理人员对班主任进行个性化评价的一个平台。

网上电子成长档案袋的建立和使用,不但实现了工作计划、小结的网上递交,还拓展了班主任总结工作的范围,也为班主任间互相交流、取长补短创造了有益的空间。它养成了班主任及时积累工作经验和资料的工作习惯,能够促使他们及时反思工作中的得失,并为日后总结工作经验与教训积累材料。德育管理者坚持定期上网浏览全部班主任的"成长档案",并留下个性化评语,开创了对班主任评价的一种新模式。在真诚的交流中,不断帮助班主任有效地认识自己的成长,推动他们专业水平的提高。

三、建立强有力的校外德育队伍

在现代社会,校外因素对学生的影响日益明显,其中蕴涵着丰富的德育资源。因此,建立强有力的校外德育队伍可以充分借助外力来培养学生。

(一)努力形成思想共识

不同于校内的教职员工,学生家长、社会各界与学校之间不存在隶属关系,维系彼此关系更主要的是依靠共同的理念与目标。因此,相互之间达成一定的思想共识就显得尤为重要。为使校外德育队伍能够顺利组建并且发挥积极作用,校方和外界应当形成彼此需要的观念、开放接纳的观念和分层参与的观念。

毋庸讳言,在一些家长的头脑中,往往将教育完全视为学校单方面的事情,把孩子交给学校,自己则撒手不管了。而一些企事业单位也缺乏强烈的社会责任意识,认为只要做好本单位的事情就行了,培养学生的思想品德与本单位无关。这种局面显然不利于学校德育网络的构建,为此,学校管理者应当利用各种机会阐述"教育是全社会的共同责任"的观点,积极争取家长和社会各界对学校德育工作的理解与支持。另一方面,学校管理者要做好教师的思想工作,以开放接纳的心态和平等协商的姿态来对待校外德育工作者,视他们为重要的依靠力量和不可或缺的合作伙伴。校外人员能够为学校提供的资源是有差异的,但学校不应拒绝任何程度的帮助,要最广泛地吸纳他们参与学校的德育工作。

(二)积极探索多种途径

在我国,家长委员会是最主要的参与学校德育工作的组织机构,家长委员会的成员是最核心的校外德育队伍。但由于种种原因，一些家长委员会处于半瘫痪或休眠状态，家委会成员的作用也未能得到充分的发挥。为此，一方面应当激活这些机构和人员，另一方面要积极探索新的途径与方法以适应新形势的需要。在一些学校正在试行的"学生成长助教团"、教育议事会制度等，开拓了社会参与学校德育的路径。

所谓"学生成长助教团"，是指学校根据动态生成的德育及课程要求，有计划地聘请一批热心教育事业、有一定助教能力的家长及社会各界人士，与教师共同制定教育方案，从而协助教师做好教育教学工作，帮助学生实现自我教育，使学生在学校教育、家庭教育和社会教育的合力下健康成长的一个相对稳定的组织。学校借助"学生成长助教团"的力量，可以开辟点多面广的助教"基地"，形成系列化的助教网络，为学生的自主发展提供了平台。比如，学校与企业合作建立"学生社会实践基地"助教系列；与爱国主义教育基地共建"德育基地"助教系列；与街道共建"社会主义新农村考察基地"系列；与福利院等结成"青年志愿者活动基地"系列；与派出所结成"军警校共建基地"系列；与环保部门建设"学生研究性学习基地"系列；与疾控中心形成"学生健康成长基地"系列。[①] 学生利用寒暑假、节假日及学校组织活动日，去参观、调查、交流、研究，在被助中自助，在自助中助人。

（三）加强对家长的引导

由于种种原因，一些家长在教育理念与方法上与学校不相协调，以至出现了"5+2=0"的现象。为此，学校不妨通过家长学校等途径加强对家长的引导，使他们成为学校德育工作可以依靠的力量。

河南省洛阳市洛龙区第一实验小学是当地群众最为看好的学校。今年招生学校又设了一个新"门槛"：报名时要交一张全家人在书柜前的合影，以便了解学生家庭的学习氛围，从而进行默契的家校配合。洛龙一实小是河南省借力家长推动学校各项工作开展的一个缩影。

遂平二中教师赵玉荣当了18年班主任，还做了12年兼职的家长学校教师。12年里，她带的班级年年都被评为模范班集体。赵老师将之归功于家庭教育的支持。河南各地很多学校都建立了这样的机制：学校教师兼职家长学校教师，"一门两校、一校两用、一师双责"现已十分普遍，"学生入学，家长进校"已成为一种规矩。

---

① 浙江省象山县教育局.学生成长助教团：让社会参与教育，让教育走向社会[EB/OL].
www.xsedu.net.cn/zhuanti/weichengnian/jiaoliu

第三节　拓展德育工作渠道

传统的德育主要是通过思想政治课来进行的,但是学生又往往把这类课程列为"不喜爱课程"中的"首选",致使德育工作事倍功半。这一方面要求学校努力改善德育课程,另一方面要积极拓展德育工作渠道。

一、推进德育课程化

学科教育任务明确、组织有序、实施适切、检测可靠,有助于保证教学质量。为此,一些学校借鉴学科教育经验进行了德育课程化尝试,以解决德育工作中长期存在的问题。

(一)德育课程化及其价值

所谓德育课程化,就是指按照课程设计、组织、实施、评估教育活动。从狭义上理解,德育课程化不包含学科德育和专门的德育课程(如思想品德课),而是专指以往未曾课程化的诸多德育活动。比如,各种社会实践活动,如军训、学农、社区服务、社会考察等;节庆仪式,如成人仪式、劳动节、国庆等活动;校园文化活动,如科技节、艺术节等。

德育课程化的价值表现在:①它是改进学校德育活动质量的需要。目前,许多学校都开展了多种多样的德育实践活动,但这些活动往往停留在自发的、随意的、即兴的课外活动层面,影响了其实施效果。① ②课程化能够保证德育工作所需要的时间。教师都竭力为自己所教的学科多争取一点时间,受到冲击和挤压的往往是德育活动。只有将德育课程化,将德育活动安排进课表,才有可能从根本上遏止对德育工作的时间侵占。③德育课程化是争取德育工作与教学工作同等地位的基本前提。必须承认,在现实中德育工作者往往会感觉到自己比学科教师矮一截,他们大多期望自己在学科方面有所发展而将德育作为一种附带性的工作,这种状态使德育工作陷入了恶性循环。德育课程化为提升德育工作的专业品质奠定了基础,有助于帮助德育工作者建立专业自尊,从而使德育工作走向健康发展的轨道。

(二)德育课程化的实践策略

不可否认,德育课程化尚属于新生事物,因此,在实践中更应讲求组织、设计的策略,以提高其有效性。

---

① 张松德.课程化:学校德育实践活动的必然选择[J].学校党建与思想教育,2007(2)

1. 整体规划

德育课程化应当是一种学校行为,学校要对课程化的目标、要求、进度、步骤等作出周密的安排。校长要为课程化提供人力、物力、财力、时间、信息等方面的保障,使经过转化的"德育课程"服务于学校的德育目标,形成覆盖全体学生、针对不同群体、内容分层有序、载体丰富多样、形式科学合理的课程体系。

上海中学围绕着学生深层思想、外显行为、服务社会三者的有机结合来实施德育的课程化,除了理论性的政治理论课外,学校设置了以下几个课程板块:①体验性的社会实践。内容包括军训、学农、社会调查、野外生存训练,将活动场所从校园延伸到校外德育基地以至社会的各行各业。②操作性的社会活动。这一板块把学生推向社会,让他们在实践中体验社会生活,培育关爱社会的人文精神。内容包括学生的自我管理(食堂管理、宿舍管理、班级管理等)、校园文化活动(艺术节、科技节、运动会、夏令营)的组织和参与、社团活动(共青团、学生会、文学社、戏剧团)的组织和参与,以及其他社会活动。③规范性的行为规范板块。④实践性的社会服务。包括学雷锋服务队活动、社区服务活动(学校、家庭所在社区)、重大工程服务劳动、帮困助学活动(希望工程、社会慈善活动、赈灾、同学之间帮困),以帮助学生形成正确的人生观、价值观和社会责任感。

2. 逐步推进

对于多数学校而言,德育活动的设计与组织早已是轻车熟路了,但要将这些活动转化为课程并不是一件轻而易举的事情。因此,学校管理者不宜操之过急,要做到"成熟一门,推出一门"。为此,上海市华东师范大学二附中探索了一套行之有效的办法。

学校首先对各种德育活动进行盘点,将实践证明学生喜闻乐见的活动筛选出来,然后根据不同的情况分步实行课程化。第一步,将已经显现出课程趋向或特点的德育活动实行就近转化,将它改造为具有课程外貌、特征的课程。第二步,将几项德育活动加以合并,重新拟定课程名称,实行合并转化。第三步,对某些德育活动重新考虑其目标、要求、内容等,冠之以课程命名,进行顺势转化。

例如,班级德育课程就是将原有的班级德育活动(如班会课),转换为具有课程特征的班级德育课程。原先每学期十余次班会课要按照班级的德育目标,事先做好安排,确定每一次课的内容、方式、形式等,这将改变班会课放任自流、徒然耗费德育资源的情况。

3. 加强评估

对学校德育课程化的评估,可以从以下几个方面进行:①适切性、主动性。这是就德育课程对象来说的,考察其是否适合特定德育对象,对象是否积极主动参与。②设计性、方案性。这是就德育课程本身来说的,观察德育课程是否见诸完整的课程设计方案、是否具备课程要素。③活动性、丰富性。这是就德育课程组织来说的,评定课程组织形式是否动化、活化、丰富化。④感悟性、体验性。这是就德育课程效验来说的,考核是否见诸主观陈说、客观表达,是否实现物化。⑤区别性。这是就德育课程间的可辨识、有个性上说的,看课程间是否易于区分、识别。①

对德育课程化的评估可以通过三种方式进行:①专家组评估。设立学校德育课程化建设专家组,定期对学校德育课程的设计、开设予以评估,以推进学校德育课程化的健康发展。②德育主管部门评估。通过学校德育行政途径,对已开设的德育课程进行全程跟踪、检测、考评,形成与学科课程相近的评估活动。③学生代表评估。即定期由学生代表座谈或组织问卷调查,对已开设德育课程的发展状况进行了解、评估。

(三)德育课程化的框架设计

学校管理者不仅要从总体上把握德育课程化的实施策略,而且要指导教师做好课程化的工作。以下以华师大二附中的德育课程为例,概要性地说明德育课程化的过程。

1.课程名称

这是一门课程的标识,应当用一个富有吸引力的标题唤起学生关注、显现课程特征、区别其他课程。例如,《字里乾坤》课程、《一撇一捺是个"人"》课程、《树魂立根,传承金牌精神》班级课程等。

2.课程目标

即课程的指向,借助一个表达结构来显示:"通过……,获得(形成)……"。为了提高开设课程的必要性,可以有表明课程背景、价值的一些文字。比如,在《模拟联合国协会》课程设计中,教师是这样设定课程目标的:

通过本课程的学习,培养学生的国际视野,激发学生的社会责任,促进学生的交往意识,优化学生的表达能力。应该说,这是一门适应二期课改大背景和二附中校情的、适合二附中学生的拓展性课程,也是二附中实施"国际视野、爱国情怀的德育"的非常有效的教育平台。

3.课程内容

需通过一个完整的系列来表达,即将哪些东西组合为一个课程学习系列,需要精确到课时,这是课程设计的主干部分。我们还是以《模拟联合国协会》课程为

---

① 何晓文.学校德育与德育课程研究[M].上海:华东师范大学出版社,2007:13

例,教师设计了三个板块的课程结构,形成了四编十六讲的课程安排。

　　课程结构包括三个板块:①联合国是什么? ②什么是模拟联合国的规则? ③实践与演练。第一编为认识"模联"的意义,包括开展"模联"活动与我校的德育目标的关系、"模联"是什么等两讲;第二编为了解"联合国",分为"联合国"概况、联合国有效处理国际事务的案例、影响国际政治的主要宗教矛盾、世界主要政治大国的国际关系和我国的外交环境与周边政治等五讲;第三编为参加"模联"大会的技能,包含如何做好代表、如何写作大会立场文件、如何做好大会主席、如何进行外交斡旋、如何充分有效地利用网络资源,以及"模联"活动的礼仪要求;第四编为"模联"规则演练及其他,涵盖了模拟议题的操练、"模联"活动的物质准备和"模联"活动的结束工作等内容。

　　4.课程方法

　　课程将通过何种途径、策略、方法等来实施。需要具体罗列主要的几种方法或途径,并说明每一方法对应于何种内容的学习。

　　《模拟联合国协会》课程采取讲习、观摩、研究、交流与演练的学习方法。第一板块的内容,以讲习、观摩、交流为主;第二板块的内容,以讲习、研究、交流为主;第三板块的内容,以观摩、演练为主。

　　5.课程评价

　　课程完成后,要对学生参加课程的学习成效进行评估。可以有分数式、等第式等,尽量要说明采取某一评价方法的根据。

　　《模拟联合国协会》课程分两种评价方式:一种是以立场文件、会议文件等文本形式的评价,一种是以参加大会的综合表现的评价。前者以最后选优结成文集的形式出现,后者以奖状、证书和音像资料等形式为载体。

二、开展学科德育探索

　　学生的大部分时间是在课堂中度过的,因此,学科德育是学校开展德育工作的重要载体。通过对教材教育性内涵的开掘,德育内容能够潜入学生的心灵,达到增强德育实效的目的。

　　(一)明确学科德育的重要性

　　《中共中央关于进一步加强和改进学校德育工作的若干意见》提出,要"按照不同学科特点,促进各类学科与课程同德育的有机给合。"必须看到,学校的主要活动是在课堂中进行的,主阵地在学科教学。学科教师及其课堂教学建立在学生对学科知识真理性的总体信任和对教师的总体信任基础上,这种信任使教师的教学具有成效。无法想象,当一个学生对教师所讲授的知识、对教师的人格、对教师知识权威的信任发生动摇的情况下,课堂教学还能够顺利进行下去。

当有目的设计的德育目标附着在学科知识和教师的权威中,结合学生对知识真理性的信任、对教师人格的信任、对教师学科知识权威的信任,就会于无声处对学生施加影响,实现德育目标。如同食盐触化到了一碗浓汤里,盐为汤添味、盐借汤味入口,这样的德育才能真正做到无形而有效。[①] 从这个意义上说,在学科教学中开展德育工作具有得天独厚的条件,也是学科教师义不容辞的责任。

(二)研究学科德育的切入点

学科德育并不是学科知识和德育内容的简单叠加,需要找准切入点,有的语文教师对高中教材中的"德育点"作了如下的梳理:

·热爱祖国,有强烈的民族自豪感。教材中选编了部分古典诗词曲作品,以及介绍中国古典建筑、园林的课文,如《中国古代建筑格局》、《中国园林与中国山水画》等,都集中反映了中国悠久的历史文化,这些艺术瑰宝是中华民族勤劳、智慧的结晶。

继承中华民族勇敢地与外来侵略者及一切反动派不屈不挠斗争的优良传统,维护民族主权的独立性,保障人民自由和平地生活。课文《荷花淀》、《赵一曼女士》,表现抗日战士顽强的斗争精神与钢铁般的意志,以及全民皆兵、同仇敌忾的抗日激情。鲁迅先生的一系列作品,如《药》、《祝福》、《〈呐喊〉自序》等,深刻地揭露了封建制度对广大劳动人民的摧残与毒害,表现了先生勇敢坚韧的斗争精神。

热爱科学,具有科学探索精神,为祖国建设、民族振兴无私奉献。课文《哭小弟》、《邓稼先》、《杨振宁和规范场》都表现了科学工作者努力探索、不断进取,为人类的科学事业、为祖国的科技发展无私奉献的崇高精神。《模拟光合作用》等科技说明文,介绍了先进的科学技术与科学研究动态,能激发学生探索宇宙奥秘、追求真理的兴趣与欲望。[②]

(三)提升学科教师的育德能力

教师的育德行为有自然的与人为的两个方面,前者指教师在对学生进行德行指导时自然体现出的良好的德行情操、健康心理、高尚情趣品位等;后者是教师基于特定学生对象的德行与人格发展水平、特征、面貌而特意设计的,具有鲜明的教育性与针对性。[③] 这就意味着提升教师的育德能力必须双管齐下,一方面要提高

① 戚业国.把盐融化到汤里——关于学科德育的思考[J].思想·理论·教育,2006(8)
② 徐志雄等.传承创新 以德育人[M].上海:开明出版社,2002:104—105
③ 何晓文,蒋建国,魏国良.学校教师育德行为机制研究[M].上海:华东师范大学出版社,2008:7

教师的个人修养,另一方面要培养其育德的专项技能。

教师的个人修养是动态的、发展的,教师需要根据学生发展的需要与时代发展的需求不断"修炼内功"。培养教师育德的专项技能,不妨从以下几个方面入手:①对教材进行"深加工"。在设定知识目标的基础上,进一步开掘教材中的深层价值,将关涉人与自身、他人、自然、社会关系的价值隐性内容显性化。当然,这种开掘应是合理的而不是牵强附会的。②寻找学科与现实生活的结合点。学生往往对与现实生活结合紧密的学科内容充满了兴趣,找准了结合点就能够吸引学生主动地进行实践体验、心理体验,理顺思想道德成长的外显与内化机制。③把握好学科德育的"度"。在教学中实施德育时要适度,如果力度不够,就难以达到理想的效果;但一旦过了"度",又会把学科变成思想品德课,其结果往往是学科和德育两边耽误。因此,教师要深刻把握学科性质和特点,充分发挥学科优势,在不断的实践探索中学会处理学科德育的尺度,做好"到位又不越位"。

三、加强网络德育建设

随着网络技术的迅猛发展,网络与德育的结合已成必然。网络世界在给学校德育带来冲击的同时,也提供了广阔的空间。因此,开展网络德育有助于开拓德育工作的渠道。

(一)正确认识网络的作用

开展网络德育的基本前提,是正确认识网络的作用。一些学校、教师和家长将网络看成洪水猛兽,欲将学生与网络隔绝。事实上,这是不可能实现的,其效果也往往适得其反。因此,学校管理者应该引导各方正确看待网络,消除疑虑,合理运用网络解决学生的德育问题。

必须承认,对于学校德育工作而言,网络技术具有许多不可替代的优势:①网络的开放性能够扩展学校德育的内容。学校的德育资源是有限的,而网络的信息是无限的。利用网络技术可以突破学校的时空限制,将资源的获取范围延伸到世界的任何一个角落,从而能够极大地增加和丰富学校德育工作内容的存量。②网络的交互性能够改变传统德育的师生关系。在网络环境中,人们是以平等的身份参与虚拟世界的交往活动的,这就摆脱了传统德育中教师高高在上、以权威者的姿态向学生灌输思想的局面,有助于培养学生的自主性。③网络的形象性能够提高学校德育的效果。网络上有生动的文字、图像、声音等,这些媒体取代了原本教条、机械的说教,有助于吸引学生的注意,提高他们的兴趣。

(二)构建合理的网络德育管理系统

网络德育涉及面广、技术性强,需要建立强大的管理系统。需要注意的是,开展网络德育并不是要另起炉灶,建设一套完全独立的网络德育系统。相反,应当注意利用已有的德育组织机构,实行与传统德育管理系统的有效对接。这样,一方面可以避免机构林立、管理成本上升,另一方面又有助于将网络德育纳入学校德育的总体构架,实现与既有德育体系的有机融合。天津市第五十七中学较早地开展了网络德育的实践探索,建立了一套较完善的四级学校网络德育组织领导和管理体系。

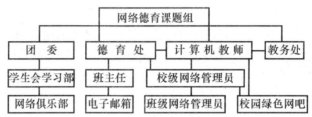

图 10-1　天津市第五十七中学网络德育管理系统图

资料来源:杨亚棠.天津市第五十七中学网络德育的实践与思考[D].天津师范大学,2006

(三)开展多样化的网络德育活动

网络在本质上是一个技术平台,它本身并没有好坏对错之分,关键要看学校管理者能否利用好这一平台,开展丰富多彩的德育活动。

1.开设网络德育课

目前,学校开设的计算机信息技术课程比较注重技术理论知识的传授,很少涉及网络道德问题,致使学生在网络领域基本处于"道德任意状态"。由于缺乏正确的引导,学生容易出现充当网络黑客、浏览不健康网站、发布不当言论、传播不实信息等道德问题,也会引发"网络成瘾症"、"网络孤独症"等心理问题。因此,通过网络德育课对学生进行"网德"教育是十分必要的。

"网德"教育的内容应当围绕《全国青少年网络文明公约》开展:要善于网上学习,不浏览不良信息;要诚实友好交流,不侮辱欺诈他人;要增强自护意识,不随意约会网友;要维护网络安全,不破坏网络秩序;要有益身心健康,不沉溺虚拟时空。

2.召开网上主题班会

成功的主题班会能够触动学生的心灵,引发学生的深层次道德思考,达到良好的教育效果。在网上开主题班会,能够在一定程度上实现师生、生生思想的充分交流甚至碰撞,为学生搭设一个交换真知、表现真我、感悟真谛的平台。在网上主题班会的实施过程中,北京市第十五中学的班主任老师尝试了三种不同的形式。①

①　王利萍.班主任网络德育工作的尝试[J].天津教育,2006(9)

第一种形式是教师主持、学生参与。由教师确定主题，引导学生参与。例如，设计系列主题"走入幸福的人生境界"，子话题分别有"从'修身'说起"、"谈诚信"、"学会感恩"等。第二种形式是师生共同主持，师生共同参与。例如，系列主题"自主学习"，其子话题可以有"三人行，必有我师"、"'学'与'思'结合"、"从学习中挖掘快乐"等。第三种形式是学生主持，师生共同参与。例如，系列主题"走进世界民俗文化"，其子话题涉及世界各地民俗风情。

3.进行网上个别指导

网络给教师和学生提供了进行一对一、背对背沟通与交流的条件，便于教师对学生进行个别化的指导。网络交流具有隐蔽性，通过网络往往能卸下学生的心理防备，促使他们与教师真诚沟通。当师生之间建立起一定的理解和信任之后，教师再以朋友的身份，在尊重、信任、保密的基础上进一步开展工作，提出自己的建议和意见，就能够帮助学生正确认识和解决成长中遇到的各种问题。

学生的培养工作需要家长的密切配合，学校德育工作的成功实施更需要家长的支持。网络搭设了"家长——学生——教师"三方沟通的平台，便于开展更富有针对性的个别帮助。因为借助网络平台，教师可以从家长那里了解学生在家的表现，从而更为全面地把握学生的特点和思想脉搏；家长能够知道教师的教育要求，更好地配合教师做好对学生的教育和引导工作；学生有什么不便于当面交流的，也可以用网络来沟通。

第四节　实践德育新方法

在今天的时代背景下，无论是社会环境还是教育理念抑或学生特点都在发生着变化，这就要求学校德育"以变应变"，不断创新德育方法。

一、参与学校的民主管理

管理的民主化是学校管理的一个基本发展趋势，学校管理者要为学生创造更多的参与途径和机会，让他们在参与管理中得到成长。

（一）认清学生民主管理的意义

学校管理者（尤其是校长）大多认同民主管理的价值，但往往将重点摆放在教职工这一头，注重为教职工开辟参与学校管理的渠道，注意倾听他们对于学校工作的意见，而对于学生的参与通常没有给予足够的重视。其实，学生参与学校的民主管理意义深远，不应遭到轻视、甚至被忽略。

应该看到，参与学校的民主管理是学生的权利。完整的民主管理不仅应当有教职工的意见表达,也应当包括学生的民主参与。学校管理并不只是管理者和教师的事情,作为学校的一员,学生有权参与学校的民主管理。另一方面,让学生参与管理有助于提高德育活动的接受度。在学校中实行民主管理有利于营造宽松和谐的组织气氛,尊重学生的个性,形成民主、平等、互尊的师生关系,发挥学生的主体性作用,使学校的德育活动更容易为学生所接受。否则,师生对立只会让学校在德育方面的所有努力化为乌有。更为重要的是,参与管理是培养学生民主素养的重要手段。民主意识与参与能力是现代公民必须具备的基本素养,而学生民主素养的培育不能仅靠理论说教,而要通过亲身实践才能养成。换言之,民主的素养只有通过民主的方式才能扎根、发芽、开花、结果。

(二)学生参与学校民主管理的方法探索

学生参与学校民主管理的方法是多样的,近年来不少学校在这方面都作出了积极的探索,其中不乏成功的事例。比如,重庆铁路中学的"后勤服务征求意见会"和"学生申诉制度",北京理工大学附中设立"校长接待日"和"校长信箱",上海市实验学校的"校长与学生校长助理定期对话制度"等。

深圳市高级中学的"学生行为自律仲裁庭"旨在培养学生的责任感和正义感及自我管理的能力,增强民主意识、法律意识和公民意识,锻炼提高学生分析问题、解决问题的能力;自主协调解决同学的矛盾和冲突,维护同学之间的团结友爱,加强师生沟通。学生法庭主要对学生中存在的难点问题和对校园的热点话题开庭,公开讨论和仲裁。该仲裁庭下设议案审议组、合议庭、告诉团、律师团和秘书处等机构。学生法庭被授予法律实效,带有较强的"立法、仲裁"的职能。它接受师生提交的议案,由当事人按照组织程序在告诉团或律师团名单中选择1—2名告诉人或律师作为自己的代理人,在开庭时进行陈述或辩驳,最后由合议庭作出裁决。学生法庭有严格的仲裁程序,裁决结果对学生和学校均具有约束力。

二、引导学生进行自主管理

在学校的管理中,管理人员和教师要承担应尽的职责,但也要引导学生开展自主管理。可以说,让学生学会自主管理是学校管理的重要追求目标,因为这达到了"管,是为了不管"的最高境界,而且也让学生在自主管理中受到了教育。

(一)自主管理具有重要的德育价值

学生思想品德的形成不仅要受到教师、家长、社会等外部因素的影响,更会受到其自身认识、态度、意志的制约。只有在学生积极主动地参与道德实践活动、深化道德体验的情况下,德育才能在这种内外结合、主动自觉的状态下达到理想的效果。陶行知先生十分注重学生的自我教育和参与管理,他在《学生自治问题之研究》一文中指出,学生自治的好处有:第一,学生自治可为修身伦理的实验。第二,学生自治能适应学生之需要。第三,学生自治能辅助风纪之进步。第四,学生自治能促进学生经验之发展。[①]

在今天,学校管理者更要大胆地放手让学生进行自我教育和管理,强化学生的主体意识和参与意识,引导他们在知、情、意、行方面实现自觉、自律、自强、自理。在认知方面,要引导学生自我观察、自我分析和自我评价,让学生自己认识自己,提高自我管理的自觉性。在情感方面,要引导学生自我体验、自我激励、自我肯定和自我否定,正确处理好自己与他人的关系。在意志品质方面,要引导学生自我监督、自我誓约、自我命令、自我控制,使自我和环境协调一致。在行为习惯方面,要引导学生自我计划、自我训练、自我检查、自我总结、自我修养和自我调节,实现自律化。

(二)采取多种方法促进自主管理

学生的自我管理和参与管理,需要由学校和教师提供一定的途径、采取必要的方法、给予适度的指导。否则,就会沦为一句空话。事实上,这方面的路径和方法是很多的,关键在于教育者和管理者能否有意识地加以设计和利用。

福建省南安市实验中学以"一切为了学生的发展"为办学理念,提出了"让学生当家作主,让学生管理学校"的模式。为此,学校采取了三大措施:

一是实施学生干部轮换竞选机制,构建学生自立管理环境。在班级层面上,班队干部通过"就职演说"、"中期评价"、"离职演说"等渠道,全部实行岗位轮换。在学校层面,由政教处和团支部拟订竞选学生会委员及实施办法,经过班级、年段和学校的逐层竞选,出现"学生会"。

二是建立学生校园生活自管制度,培养学生自我管理能力。在住校生的管理上,学校建立了学生自治组织——"自管会"。自管会坚持每周"一评一会"制度,周日召开工作会议,各楼长汇报安全、纪律、卫生检查等情况,周一公布各宿舍的量化积分。在食堂管理方面,学校也成立了有学生参与的膳管会,及时收集和反映学生的意见。此外,还实行"值周管理制度",由学生会成员和班干部轮流值勤,维护秩序、纠正不良行为、反映问题。

三是学生自主开展活动,提升学生主人意识。主要的作法包括:①积极探索丰富多彩的自主主题班会形式;②让每一年的艺术节和校运会成为学生自主管理的"练兵场"、"实验田";③让"志愿者小组"走出校门,培养社会责任感。[②]

---

① 中央教育科学研究所.陶行知教育文选[M].教育科学出版社,1981:11~13

② 改编自福建省南安市实验中学课题组的《今天是"实验"的主人,明天是祖国的栋梁》,原文载于杨小微,李家成."新基础教育"发展性研究专题论文·案例集(上)[M].北京:中国轻工业出版社,2004:204~206

上述案例充分证明,引导学生进行自主管理不仅有利于学生综合素质的提高,而且会给学校的管理带来全新的气象。当然,学生的自主管理需要校方精心组织,采取适当的举措,使它逐步从低级向高级发展、由不自觉向自觉转化,最终形成自我认识、自我体验、自我调控的自组织自适应系统,即不用他人管束,自己教育自己、自己管理自己的较为成熟的阶段。①

三、尝试德育学分制

德育引导力的形成需要德育评价的有力支撑,而在不少学校德育评价尚未找到合适的方法,因此,改革学校的德育评价任重道远。尤其是在德育工作中有许多非学科类的课程,由于缺乏统一的评价制度,这些活动学生参加与否一个样、做得好坏一个样。久而久之,学生会对这些活动产生应付心理,影响德育活动的实效性。针对这一情况,上海市大同中学开展了德育学分制的尝试。

大同中学的德育学分由"基本学分"和"奖励学分"两部分构成。基本学分以学校的德育课程(非学科类)构成分类相配套,各课修满规定课时、经过学年考评合格,即可取得相应的学分;不合格,不记学分(经补修合格后,补记相应的学分)。奖励学分的目的是反映学生各方面能力及表现的差异性,奖励学分分量一般不超过学时学分总量的20%。②

学分过程管理监测由班主任认定,交年级组审核,上报德育室、教研室。对各项德育活动学分认定的主体、奖励标准、扣分办法等,学校都作了明文规定。学生必须修满20学分,对于获得高学分的学生,学校给予"五免"(免作业、免测验、免考试、免修超前学习的课程、免试直升)等奖励。

	课　　程	高一	高二	高三	合计
拓展型	军训、学农、学工(商)	1	1	1	3
	文明行为规范教育等	1	1	1	3
	班团活动	1	1	1	3
	社会公益服务劳动	1	1	1	3
	值周班活动	1	1	1	3
	党章学习小组		1		1
	邓小平理论基本常识		0.5		0.5
	二千年前的哲学		0.5		0.5
	心理学基础		1		1
研究型	课题研究活动	1	1		2

① 吴秀娟等.中国校长工作新论[M].沈阳:辽宁人民出版社,1996:222～229
② 徐志雄等.传承创新 以德育人[M].上海:开明出版社,2002:331

能力训练项目

初二(1)班最近刮起了一股"足球旋风",同学们一下课就抱着足球往操场上跑。对此,任课老师大摇其头,班主任辛老师不得不下了一道禁令:不准再在学校里踢足球! 禁令一出,立刻遭到全体同学的强烈反对。

一天放学后,体育委员带着一帮同学围住辛老师,说:"辛老师,您是怕我们踢足球影响学习才下禁令的。如果我们保证不影响学习,您是否能取消禁令?"体育委员还几乎央求地说:"我们已经商量过了,只在每周两节的课外活动时间踢足球。谁要是没完成作业,罚他一周停止玩足球。谁如果学习成绩下降,直到他重新赶上来再允许玩足球。您看,行吗?"辛老师有些动摇,于是他为此召开班会,专题讨论如何正确处理足球与学习的关系。全班同学在体育委员所作的"保证"的基础上制定了一条初二(1)班的新班规。

谁知新班规的诞生引起了任课老师的不满,这个说:"小辛啊,对学生不可以太迁就,否则班主任还有什么威信?"那个说:"在班上,班主任的命令就是法律,哪能随便更改呢?"辛老师招架不住大家的压力,于是到班上把贴在墙上的"新班规"揭了下来,然后迎着同学们困惑不解的眼神,低沉而坚定地说:"这条班规作废!"①

思考题

1.案例中反映了老师们怎样的德育理念?

2.学校应当采取哪些措施来加强德育思想管理?

3.在德育管理中,应当如何协调班主任与任课教师之间的关系?

4.如果你是辛老师,面对学生的期待和任课教师的压力,你会如何处理?

---

① 马兰霞.班规大,还是班主任大[J].思想·理论·教育,2001(1)

第十一章　校长办学领导力的修炼

> 我不认为领导能力是能够教出来的，但我们可以帮助人们去发现并挖掘自己所具备的领导潜能。

——约翰·科特（John Kurt）

●引导性案例

校长要做好"四项修炼"①

成都市芳草小学长期坚持"机制立校，文化治校，科研强校"的办学思想，全面实施素质教育，形成了彰显个性、打造特色、追求卓越的办学风格，取得了许多荣誉。这一系列成就的获得，离不开朱祥烈校长卓有成效的领导，而朱校长的领导力得益于他的"四项修炼"。

朱校长认为，创新力是校长专业化发展的核心能力和素养，具有不可复制性。创新力的修炼要从几方面着手：一要准确把握学校内部和外部客观现实，二要深刻洞察教育本质问题，三要对问题的成因进行深刻理解与反思。

学习是创新力的基石，是发展的源泉，是校长持续终身的课题。校长的学习力主要表现在各种学习资源的占有、选择、内化和利用上。

引领力是校长专业能力的重要方面，是校长把办学思想落实为办学实践的重要力量。校长的引领力包括：一是道德引领，二是文化引领，三是学术引领，四是尊严引领。

从上述案例可以看出，校长要想实现自身专业化的发展，促进学校、师生健康可持续的发展，就必须着力于自身的领导力修炼。在这一章中，我们将着重讨论校长领导力、校长的基本素养和领导力的修炼途径。

第一节　校长领导力的基本理论

"领导力"一词来源于企业界，企业界对此研究甚多。由于企业界的成功研究和教育实践的不断探索，以及时代对于校长领导力的诉求，学校的校长领导力研究

---

① 根据以下资料编写：朱祥烈. 做好"四项修炼"实现校长专业化发展[J]. 中小学校长, 2008(7)；成都高新区芳草小学[EB/OL]. http://baike. baidu. com/view/1624911. htm, 2008-6-1

成为了近年来的一个热门话题。沿着领导力理论的思路,我们首先理清一下校长领导力的内涵。

一、校长领导力及其价值

美国一项关于"什么是有效学校"的调查显示,无论是教师、家长还是校长自己都把"强有力的领导"作为有效学校的重要方面。[①] 也就是说,校长是否具有强有力的、高效的领导与学校的效能息息相关。

(一)从管理到领导

管理和领导是我们在日常学习与工作中经常使用的词汇,二者之间的联系较为紧密,当领导作为一个过程出现的时候,与管理有许多相似之处。不过,二者毕竟是不同的概念。

1. 领导和管理的区别

领导是组织中最高层的管理人员在一定条件下决策、指挥、影响他人实现组织目标的过程,简言之,领导是领导者对被领导者施加影响以达成组织目标的过程;管理则是优化和控制各种资源以实现组织目标的过程。它们的区别如下表所示。

表 11 - 1　领导和管理的区别

项　目	领　导	管　理
主体	组织内最高层的管理者,如学校的校长,主任	既包括组织内的最高层管理者,也包括处理一般具体事务的管理人员,学校中,除校长外,教务员等都可以称作管理者
对象	领导的主要对象是人,指人与人之间的双边活动	管理的核心是事,但也包括财务、物资、时间、信息等
任务	决策,指挥,创新	除领导的职能外,还包括大量的具体的技术性工作
活动方式	间接的实践活动,主要是通过计划、决策、指挥、协调、检查等方式,影响他人工作	既有间接的实践活动,也有直接的实践活动,一般管理人员的活动主要是直接的实践活动
活动状态	促进组织创新与变革	维持组织程序与顺利运行

资料来源:范国睿.学校管理的理论与实务[M].上海:华东师范大学出版社,2003:160

2. 领导与管理的联系

从上表可以看出,领导与管理不完全等同,两者之间也存在着密切的联系,主要表现在:其一,领导是从管理中分化出来的。通常,领导被视为管理中较高层次

---

① 谌启标.美国"有效学校"研究述评[J].教育研究与实验,2003(1)

的活动。其二,在现实生活中,领导活动与管理活动具有较强的相容性与复合性。① 管理者在从事管理活动时,也承担了一定的领导工作;领导活动的目标,只有在有效的管理之下才能得以实现。

必须指出的是,我国的一些薄弱学校呈现出这样的特点:校长的远景性、规划性等战略性的领导行为太少,事务性的管理行为太多。而在管理中,又呈现出粗放、无序和随意等情况。正是因为存在这样的不足和缺陷,校长的领导才显得越来越迫切,学校也就必然从管理走向领导。

(二)领导力与校长领导力

1.领导力的涵义

关于领导力的内涵,学者们尚未达成一致看法,有研究者归纳了以下几个视角②:

其一,能力视角。美国著名学者詹姆斯·库泽斯、巴里·波斯纳修订的《领导力》第3版内容指出:领导力,是领导者如何激励他人自愿地在组织中做出卓越成就的能力。

其二,领导者和被领导者之间的互动关系。王修和认为,领导力就是实施科学领导的领导者(领导班子群体)运用领导权力影响和非权力影响在实现符合规律的领导实践中,与被领导者共同作用于客观环境并产生相应的物质力量与精神力量的总和。

其三,领导力的实质是影响力。李林等人认为,“领导力的实质就是影响力,任何人都可以使用领导力,只要能成功地影响他人的行为,就可以被视为实施了领导力。”领导力的本质是一种人际关系、一种影响力。

其四,从领导学自身概念范畴出发,领导力是综合多种因素而产生的合力。黄颖指出,“领导力是指由领导职能、领导体制、领导素养等多种因素综合作用而产生的合力,是内生于领导场并作用于领导资源配置过程的力量,是领导主体用以应对来自领导客体和领导环境带来的挑战,并引导推动一个群体、组织或社会实现共同目标的核心力量。”

可以看出,对领导力的界说很多,这就为我们深入解析领导力的内涵打下了良好的基础。事实上,对于领导力的界定可以从“力”的本意出发。《现代汉语词典》对“力”的解释为:物体之间的相互作用,使物体加速度和发生形变的外因;力量;

---

① 姜法奎,刘银花.领导科学[M].大连:东北财经大学出版社,2002:5
② 张爽.校长领导力:背景、内涵及实践[J].中国教育学刊,2007(9)

能力。从上述对"领导力"概念的梳理,不难发现,学者们往往注意到了"能力",但却忽视了"相互作用"。因此,我们认为领导力应该包括"能力"和"相互作用"两方面,是指在实现组织的目标过程中,领导者影响被领导者及部分利益相关者的能力以及领导者与被领导者及部分利益相关者之间的相互作用;领导力本质既是一种能力,也是一个相互作用的过程。

2. 校长领导力及其构成

（1）校长领导力的内涵

校长领导力是指校长在实现学校目标、推动学校发展过程中影响全体师生员工以及外部利益相关者的综合能力,以及与全体师生员工和外部利益相关者之间的相互作用。这一定义包括两个层次的意思:第一,校长领导力是一种影响他人的综合能力,而不是一般能力;第二,校长领导力是一个相互的过程,带有交互性而不是单向的,它是校长和全体师生员工以及外部利益相关者的相互作用的过程。

（2）校长领导力的构成

有学者提出中小学校长领导力应该包括校长个人的领导力和校长团队领导力,而校长个人领导力是支撑校长领导行为的各种领导能力的总称,必须具备五种关键能力:领悟力、前瞻力、决断力、感召力、执行力。[①]

我们认为,校长的领导力是体现在其具体工作中的,因此,我们将它分解为学校发展的策划力、组织变革的推动力、学校文化的培育力、人力资源的开发力、学校品牌的塑造力、学校资产的经营力、校本课程的建设力、教学质量的掌控力和学校德育的感染力。鉴于先前各章已经作了详尽阐释,此处不再赘言。

（三）校长领导力的价值体现

在现代学校中,时代的发展要求校长不断地提升领导力。提升校长领导力,可以改变管理过强、领导太弱的现实窘境,而且能够在多个方面展现出其价值。

1. 展现领导魅力

很多研究已经证明,领导者身上蕴含着很多特质,除了必须具备的专业知识以外,领导者往往在才智、自信、正直、洞察力、韧性、认知能力、宽容、社交能力、协调能力等方面超越他人。校长的领导魅力对于学校的发展十分重要,能够发挥凝聚人心、引领方向、激励士气的功效。

2. 改善组织绩效

有研究证明,构成学校效能的首要因素是强干的领导班子。领导班子理念先

---

① 邱心玫. 论中小学校长领导力的提升[J]. 当代教育论坛,2007(12)

进,对学校发展具有远见卓识,善于制定并执行必要制度的同时又充分体现人本性和创新的空间,娴熟地运用领导艺术解决复杂的教育问题,这些均是现代教育对学校领导素质的要求,也是实现学校效能提升的必要条件。

3. 培育学校文化

学校文化是学校发展的无形资产,民主、宽松、愉悦、和谐的学校文化有利于学校各项工作的完成,有利于教师的发展和学生的成长。文化是学校的精神,是学校发展的不竭动力。

4. 促进教师成长

知人善任、培养人,是有效领导力的重要方面。从本质上说,领导力是一种对人的领导和施加影响以及相互影响的过程。提升校长领导力,能够帮助校长更好地建立一支高素质的教师团队。高效的领导者,善于和教师进行双向的沟通,能够充分地授权,通过培养教师的领导力而提高学校的管理效率。

5. 提高学生学业

尽管校长较少直接参与教学活动,但他会以其他方式影响学生的学业成就。在美国,一些学者专门就校长的领导和学生的学业成就之间的关系进行了研究,他们在对 2 802 所学校、大约 140 万名学生、1.4 万名教师的 69 篇论文进行研究之后,得出了这样的结论:校长领导行为与该校学生平均学业成就之间的相关性是 0.25。[①] 这一数字表明了校长领导力和学生学业成就之间存在着不低的相关性。

二、校长领导力的相关理论

领导理论名目繁多,不同时期领导科学家提出了不同的观点,如特质理论、行为理论、权变理论等。对于这些被人熟知的理论此处不再重复,在此主要介绍几种对学校领导力影响较大的领导理论。

(一) 变革型领导

1978 年,伯恩斯首次比较系统地提出了变革型领导和交易型领导理论。而巴斯进一步指出,变革型领导和交易型领导并不是一个连续体的两个极端,而是两个不同的构念。[②] 同一个领导者既有可能是变革型领导,也有可能是交易型领导。"变革型领导"一词,是 1973 年唐顿在《反叛领导》一书中最早提出的。1978 年,伯恩斯在《领导》(Leadership)一书中将其概念化。1985 年,巴斯在《领导与超越期

---

① [美]马扎诺,沃特斯,麦克那提.学校领导与学生成就:从研究到效果[M].邱志辉等译.北京:中国轻工业出版社,2007:10

② Burns,J. M. . Leadership. New York:Harper & Row, 1978:11 ~ 121;Bass B M. Theory of transformational leadership redux[J]. Leadership Quarterly,1995,6(4):463 ~478

望的绩效》一书中对"变革型领导"完成了建构。①

以伯恩斯、巴斯、阿维奥利奥等人的著作为基础,利思伍德(Kenneth Le-ithwood)发展了学校的变革型领导模型。他指出,要迎接21世纪的挑战,由巴斯和阿维奥利奥确认的变革型领导的"4I"是不可缺少的技能。

第一,个别关怀(Individualized Consideration)。领导者要关心每一位下属的发展需求,校长必须了解教职员工的内心想法,必须为每个人(尤其是教师)提供针对个人的关心,包括那些平时容易被遗漏的成员。

第二,智力激发(Intellectual Stimulation)。领导者藉由提出问题假设、建构问题并用新方法解决旧问题的方式,来激发下属的创新意识及创造能力。有效的学校管理者必须帮助人们以新的方式思考老问题,避免思维僵化。

第三,鼓舞动机(Inspirational Motivation)。领导者要建构出伟大的理想或愿景,激励下属超越个人的私利,共同为完成伟大事业而奋斗。成功的校长往往善于向教师和学生等传达较高的期望,从而激发其热情。

第四,偶像影响(Idealized Influence)。领导者应以自信、自尊树立良好形象,成为下属的模范与榜样。通过个人的成绩和优秀的品质,有效的校长必须为教师的行为提供榜样。

(二)教学领导

受美国教育管理理论运动的影响,西方教育管理学界长期没有关注学校的教育教学方面,但这种情况在过去20年里发生了改变,教学领导成为这一时期最流行的主题。

海林杰(P. Hallinger)和墨菲(P. Murphy)等人于80年代初期提出教学领导概念后,引起了美国教育界的极大重视,至学校改革运动时期,教学领导成为学校领导研究的主要范式。在教学领导理论产生之初,人们对教学领导的内涵和角色的认识局限于一些传统的教学任务。迪博拉·金(Deborah King)指出,当初的教学领导一般都是指设置清晰的目标,分配教学资源,管理学校课程和教学计划,监督教师的教案,评价教师等内容。20世纪90年代后期,教学领导研究再度兴起后,其内涵更加丰富和广泛。

当前关于教学领导的内涵和角色较全面的认识是②:①形成建立与沟通传达学校目标。该维度包含两大功能,即确立学校目标和交流学校目标。②课程与教

①　Bass, B. M.. Leadership and performance beyond expectations. New York：Free Press, 1985：3~242
②　孟卫青,黄崴.教学领导研究的新进展:理念与技能[［J].外国教育研究,2008(6)

学管理。该维度包含三大功能,即监控与评价教学、协调课程、监督学生的进步。③提升学校的学习氛围。该维度包含保证教学时间、促进教师专业发展、保持学校的透明度、提升教师和学生的学习动机等功能。

(三)道德领导

1992 年,美国学者萨乔万尼(Thomas. I. Sergiovanni)首次提出"道德领导"概念。此后,他对此展开了持续性的研究,其理论观点受到了教育管理界的普遍关注,成为一种极具影响力的领导理论。

根据《道德领导:抵及学校改善的核心》等著作和一系列相关论文,冯大鸣对道德领导理论作出了如下的归纳:[①]

第一,探寻真正适合于学校组织的领导理论。萨乔万尼坚信学校不同于一般的工业组织,在本质上它是一种学习共同体。因此,自然就需要重新构筑一种真正适合于学校的领导理论。

第二,鉴别出更为丰富的领导来源。萨乔万尼认为领导的权威来源有五种,即科层权威、心理权威、技术—理性权威、专业权威和道德权威。前三种权威构成了现有的领导工作维度,而后两种权威是对传统领导权威来源的扩展,也正是道德领导的工作维度。

第三,将道德领导置于首位。在萨乔万尼看来,将科层权威、心理权威、技术—理性权威置于首位,那么效率就会成为组织的最高价值。只有将道德领导置于首位,才能让忠诚、和谐、道义、美、真理等价值在学校中得以彰显。

第四,把树立目的作为领导的一项重要职能。值得注意的是,道德领导的"树立目的"与传统领导的"确立目标"是不同的。"确立目标"主要依靠领导者的个人才智,往往与技术层面的元素(如绩效指标)联系在一起,内容出现教育功能与内容倒置的现象,并且目标是静止不动的。

第五,领导角色的重新定位。萨乔万尼指出,领导者的一项重要职责是把员工培养成为各自工作领域内的领导者。届时,领导者就无须扮演单打独斗的英雄,而是一批领导者的领导者。

(四)分布式领导

分布式领导的概念出现在 20 世纪 90 年代后期,但当时并没有引起学者的关注。进入新世纪后,随着教育管理和学校领导研究的深入,分布式领导的思想逐步受到重视。当前,对分布式领导的内涵,学界并没有一个比较严格的界定,研究者

---

① 冯大鸣.美、英、澳教育管理前沿图景[M].北京:教育科学出版社,2004:58~67

从不同的角度作了不同的阐释,比较有代表性的主要有以下几种:①

斯皮兰(James P. Spillance)从系统论的角度,认为"分布式领导内含领导者相加和领导实践两个层面,是在特定情境和实践领域中,多个组织层面的领导者交互影响,以增加组织领导的厚度,同时吸收广大员工智慧的过程"。

哈里斯(A. Harris)从权力分配的角度,认为"分布式领导是发生在组织层面而不是发生在个体层面或小团体层面的活动,不是分析占据领导职位的单个人或少数几个人,而是整个学校组织。具体到学校就是让教职工有一定的决策权,并承担相应的责任"。

莱克姆斯基(Gabriele Lakomski)把分布式领导概括为"领导及领导的影响分布于有结构的组织关系之中,是以组织中种种联合力量的形式表现出来的"。

尽管上述观点见仁见智,但也有共同之处,具体表现在②:他们都强调领导实践分析的组织层面,而非个人层面;关注领导实践怎样进行,而不只领导是什么;强调领导实践是领导者、追随者和学校情境交互作用的结果;认为分布式领导是一个实践层面的概念,具有很强的实践性。

三、校长领导力的形成条件

中小学校长领导力的形成,需要具备一定的条件。这其中既有理论的基础(前文已作论述),又有实践的探索;既包括成为一名校长的前提条件,又包括校长的主观因素和我国学校的现实状况,同时还需要一定的制度作为保障。

(一)前提条件

成为一名校长,这是提升校长领导力最起码的前提条件。大多数校长都是从优秀教师成长而来,在选拔时必须要符合校长的资格和标准。在此,我们比较一下中国和美国选拔校长的标准。

1.我国校长的选拔标准

选拔校长的标准是对校长最底线的要求,是最基本的。我国好校长的标准,总的来说内含六个方面③:一是坚定的政治信念、严肃的思想作风、踏实的工作作风、崇高的精神境界、高尚的道德情操;二是较高的文化业务素养,能够研究办学规律,

---

① Spillance, J. P. , Halverson, R. and Diamond, J. B. Investigating School Leadership Practice:A Distributed Perspective[J]. Education Researcher. 2001,30(3):23～28;Harris, A Distributed Leadership in Schools:LeadingorMisleadin[EB/OL]. http://www. shuac. uk/bemas,2002 - 10 - 25;Lakomski, G. Distributed Leadership:An Idea Whose Time Has Come? [EB/OL]. http://www. shuac. uk/bemas, 2002 - 10 - 25

② 梁东荣,张艳敏.英美澳分布式领导研究透视及其启示[J].比较教育研究,2007(7)

③ 中国教育报校长周刊部编.校长叙事[M].北京:开明出版社,2005:316

掌握专业知识;三是较强的组织领导管理能力;四是高度的事业心和责任感、不懈的进取精神和创新精神、坚强的意志品质和积极的情感;五是心中装着教师和学生,经常与教师和学生进行心理互置,多为教师和学生着想;六是先进科学的办学思想以及卓有成效的办学实践。

2. 美国选拔校长的标准

1996 年,美国颁布了中小学校长的评选标准——《学校领导标准》,目前已经在 30 多个州推行。其中包括六大标准,具体为:

①学校领导是通过发展、传递、落实,实现学校、社区认同并支持的学习愿景,从而促进所有学生成功的教育领导者;

②学校领导是通过提倡、培养、维持一种有益于学生学习和教师专业成长的学校文化和教学活动项目,从而促进所有学生成功的教育领导者;

③学校领导是通过对学校的组织、运作以及资源进行管理,形成一种安全、有效率、有效益的学习环境,最终促进所有学生成功的教育管理者;

④学校领导是通过与家庭以及社区成员合作、回应多元的社区利益和需要,调动社区资源,从而促进所有学生成功的教育管理者;

⑤强调学校领导的道德标准,提出学校领导是通过正直、公平、道德的行为方式促进所有学生成功的教育领导者;

⑥学校领导是通过人事,回应、影响更大范围的政治、社会、经济、法律和文化从而促进所有学生成功的教育领导者。①

从以上中美选拔校长的标准中,不难发现:美国校长主要以学生的学业成就表现(现实的可能的表现)为评判标准,而我国校长的评价标准则针对的是校长自身的素质和条件。我国对校长在政治思想方面有所要求,但各项规定较为原则化,不便于操作。

(二)主观因素

校长掌握着一定的权力,但也肩负着重要的责任。因此,要当好校长,最好有发自内心的强烈意愿和出色的领导才干,两者缺一不可。

	有领导才能	无领导才能
有做领导的意愿	I	II
无做领导的意愿	III	IV

图 11-1　人的领导才能与意识分类

资料来源:姜法奎,刘银花. 领导科学[M]. 大连:东北财经大学出版社,2002:157

---

① 赵宇新,王远. 美国中小学校长的选拔机制[J]. 中小学校长,2008(1)

由上图可知,第Ⅰ种人是最适合担任领导的,他有不错的能力基础,也有向上的发展动力,会不断地努力提升其作为校长的领导力。第Ⅳ种人显然不适宜当校长,对于这种人应当在选拔时就将其淘汰;如果"混"过了选拔关,我们要建立必要的退出机制,让其找到适合的工作岗位,而不要在校长职位上贻误学校的发展。对于第Ⅱ种和第Ⅲ种人,应当考察其工作表现,对于不能胜任和只想混日子的校长,必须让他腾出位子;对于能力有所提高的第Ⅱ种和意愿发生改变的第Ⅲ种人,应该设法保持其良性的发展势头,使他们的领导力持续得到提升。

(三)客观需要

英美国家把校长领导者的角色和教育者的角色置于非常重要的位置,尤其是领导者的角色。相比而言,我国校长的管理者角色被过度强调,而教育者和领导者的角色没有受到应有的重视。不少校长忙于事务性的管理工作,事必躬亲,或者时时处处都在忙碌,不关注学校最核心的业务——课堂教学,也没有能力引领课程与教学改革,对学校发展缺乏长远规划,没有策划学校的意识,战略管理能力也较差。这种状况与我国课程改革和教学改革的要求,与转变政府职能、加强学校自主管理的要求很不适应,亟待改变。所以,客观上也要求中小学校长能够提升自身的领导力。

(四)制度保障

校长领导力的形成,离不开制度条件的保障。有学者认为,校长管理制度应当包括以下一些方面:[1]

1.校长职责制度

校长职责制度的建立有助于校长明确自己的职业定位,形成自己的专业角色意识。

2.校长资格制度

资格制度是国家对各行各业从业人员规定的职业准入制度。校长资格制度规定了国家对校长的基本要求和获得校长工作岗位的法定前提条件。这一内容在"前提条件"部分已经进行了论述,在此不再赘述。

3.校长聘任制度

聘任制度是任用制度的一种。在我国,常用的校长任用制度有委任制、选任制、考试录用制和聘任制。聘任制也称聘用合同制,这种制度通过聘用合同规定所聘校长的任职年限、职责、职权、待遇和奖惩要求。比较其他任用制度,聘任制更能

---

① 褚宏启.走向校长专业化[J].教育研究,2007(1)

激发校长的职业热情、责任感和紧迫感。

4. 校长培训制度

培训制度是校长专业教育的重要组成部分,也是提升校长领导力的重要途径,包括入职培训和在职培训两种基本形式。参加培训是校长在自我专业发展意识指导下主动促进自身领导力等专业素质持续发展的有效方式。我国有不少中小学校长培训进修学习活动,北京师范大学和华东师范大学主要承担中小学校长的培训,各省市的师范院校也承担了部分校长的培训工作。

5. 校长评估制度

评估制度是促进校长提升领导力水平的重要制度。评估有助于校长明确自己的优点和不足,及时调整自己的专业理念及领导行为,明确发展目标,以不断提升和改善自己的领导水平。评估制度是促进校长提升领导力的重要制度,但同时也是难点。

6. 校长激励制度

校长晋升制度、校长薪酬制度以及相关的工作保障制度都属于激励制度,激励制度是校长自觉提升自身领导力的动力保障。

第二节　校长基本素质的提升

我们将从道德、学识和能力三个方面来探讨我国中小学校长的基本素质提升问题。

一、道德

校长的道德水平是校长专业素养中很重要的一个内容。我们之所以将其单拿出来加以探讨,就是为了突出它的重要性。道德修养对于 21 世纪的校长来说,其重要性主要体现为:德能生勇、德能创新、德能聚人、德能增效、德能立威等。

(一)校长道德的构成要素

中小学校长的道德包括很多方面,从一个人的外表到内心,从穿着到品位,从谈吐到做事,从家庭到学校等包括很多内容,但最基本的有以下几个方面:

1. 衣着得体的形象

校长的形象非常重要,他对外代表着学校,是学校形象的代言人。无论在校内还是校外,校长都需要注意自身的形象。在校内,良好的形象是教师效仿的榜样,也是产生领导者威严的关键。在校外,良好的校长个人形象对外传达着关于学校的信息,能够为学校赢得良好的口碑。校长的个人形象是学校形象的一部分,所以校长要特别注意打造个人的形象品牌。

2.谈吐优雅的气质

外塑形象,内炼气质。气质具有稳定性,但也可以通过打造而改变。优雅的气质,给人如沐春风的感觉。作为学校的校长,尤其要注意自己的言行举止。比如,许多人在与上海市第三女子中学校长徐永初接触的时候,都会被她优雅的气质、幽默的谈吐所吸引。

3.敬业爱岗的精神

敬业爱岗是最基本的职业操守,作为一校之长,更要敬业爱岗。江苏省溧阳后六中学校长胡建军,就是一个典型的敬业爱岗的校长。没有他的敬业爱岗,后六中学就不会由一所农村学校"破茧成蝶";没有他的敬业爱岗,后六中学也就不会一直保持着领先发展的趋势。

4.务实开拓的作风

务实开拓说的是校长的工作作风。有些校长在工作中,夸夸其谈,好高骛远,追求不切实际,这样对学校的发展有百害而无一利。这样的校长看似理想远大,实则作风浮夸,无法真正引领学校脚踏实地地向前发展。因此,校长在工作中要处理好务实和开拓的关系,既要考虑学校的实际情况,又要敢于探索创新。只有这样,学校才能逐渐走出一条有特色的发展之路。

5.诚信有礼的品质

诚信是一种品质,是一种可以立身处世的优良品德。讲诚信,守信用,可以使一个濒临破产的企业或者没有生机的公司起死回生。同样,一个有诚信的校长,必然是社会、家长和学生信得过的,这样的校长才能提供优质的教育服务,打造优质的学校品牌。

6.进取宽宏的性格

"性格决定命运",这句话不无道理。其中宽宏大量、积极进取当属中小学校长所应具备的首要性格。教育部校长培训中心的张俊华博士提出宽容的四种境界,讲的就是作为管理者尤其是学校的校长应该具备的宽容品质。[①] 同时,作为校长,要有上进之心,要努力学习、实践、反思等,将师生的发展、学校的发展作为自己的使命。

7.责任心强的态度

责任心指的是校长要对学校的发展负责、对教师的发展负责、对学生的成长负

---

① 第一种境界是海纳百川,有容乃大;第二种境界是宽柔以教,不报无道;第三种境界是闻过则喜,闻善则拜;第四种境界是以直报怨,报怨以德。

责,只有具有负责态度的校长,才能办出一所令社会各界满意的学校。如有些学校借助于"责任"来开展学校的特色教育——责任育人,以此来培养学生、教师等人员的责任心。

(二)校长道德的修炼

校长道德的修炼主要在于自觉自律,同时可以辅以相应的制度加以强化和约束。

1.道德学习

校长首先要自觉地不断学习道德的知识和技能;其次,完善校长道德学习制度;第三,不管是自律的道德学习还是他律的道德学习,校长都要认真地对待。

2.治学严谨

治学,就是管理学校和做学问。严谨,就是要严密谨慎。做事需三思而行,作出的决策必须在周全地思考、严密地论证、广泛地讨论下进行,切忌武断和一言堂。另一方面,对于自己的学问和科研能力,也要严格要求自己,做到规范、严谨、独创等。

3.工作务实

人大附中校长刘彭芝很推崇务实,认为"当校长,作风要务实,工作要扎实,要有实心,明实理,讲实话,办实事,求实效,立实功"。做一名务实的校长,就要深入群众,了解实情,解决实际问题,而不能会上讲得好,纸上写得妙,行动却做得少,措施不得力;做一名务实的校长,就必须改变会议上重视,而实际工作忽视;或者形式上重视,而内容和方法上忽视。做一名务实的校长,就要善于运用必要的经济手段,奖励先进,搞好教职工的福利,满足合理的物质需求,从而调动广大职工的积极性。①

4.以诚待人

作为一名校长,一定要以诚待人,为人师表。岳飞有言:"正己之后可以正物,自治之后可以治人。"校长首先要自己讲诚信,做到言必行。如果自己都不能做到诚实守信,又有谁还会诚信待人、诚信做事呢?学校不是监狱,校长不可能完全监控每一个人的行动,要想政令畅通,就要相信部属。因此,信任中层管理者、信任教师、信任学生,成为校长以诚待人的应有也是重要的内涵。

5.以情动人

以情动人,就是要用真实的情感来打动人。它内含以人为本、人文关怀的精

---

① 杨永昌.名校长的高绩效领导力[M].北京:九州出版社,2005:27

神,在管理中体现为充满人情味。要达到以情动人,我们认为应该做到:理解尊重师生,关心师生,热爱师生,宽宏大量和善于忍耐。

二、学识

我国的教育在经济全球化的影响下,具有很多的优势,同时也面临着多元文化的冲击和环境变化的挑战。面对紧迫的现实,中小学校长都要认识到学校教育任重而道远,而形势要求校长要具备广博的学识、超前的理念和高瞻的思维。

1.校长必须具有相应的文化水平和专业知识

要想成为校长,必须具有应有的文化水平和专业知识,这是最基本的要求和职业准入条件。

2.校长必须具有先进的教育教学理论知识和办学理念

教育理论的内容十分丰富,作为校长,首先必须掌握的是教育学、教育心理学和分科教材教法等三门学科。还要知道教育史、教育哲学、教育经济学、教育社会学、教育统计学、教育政策与法规、教育改革与形势等方面的知识。并且在这些先进理论的指导下,根据学校的实际情况,能够提炼出关于学校发展的办学理念,用以指导工作和引领学校的发展。

3.校长应该具备扎实的现代管理知识

校长应掌握的一般知识包括:管理的概念、本质;有关管理的理论;管理的过程与方法;古今中外管理思想及其发展;管理心理学等。与现代管理学相关的学科,运筹学、未来学、科学学等,了解掌握现代科学管理的技术手段,如概率论、数理统计、数值分析、计算机语言、数据库和情报检索等。

校长还应掌握教育管理学的知识,包括:教育行政学、教育经济学、学校管理学、教育评价和督导学、教育经营学等。具体到学校内部又会涉及更微观的领域,如教学管理、科研管理、文化管理、师资管理、人事管理、财务后勤管理、信息管理、时间管理、学生管理、道德管理、校园管理、资产管理等。

4.校长应该具备较强的法律知识

校长是学校的法人代表,对外代表学校。现在倡导依法治国,依法治校,校长必须懂法、知法和守法。校长需要了解的法律有:《宪法》的相关章节、教育法、各省市地方的教育法规、经济法等。

5.校长应该具有一定的艺术修养

管理是一门艺术,领导也是一门艺术。一个校长具有较高的艺术修养,才能更好地管理学校。如美学,当一个校长懂审美的时候,校园的布局、房舍的建设、教室的布置等都会体现出高水平的品位,给师生带来美的体验。

6. 其他知识

从某种意义上讲,校长应当是一位"杂家",他需要掌握多方面的知识,如哲学、心理学、伦理学、经济学、人类学、社会学、历史学等。以哲学为例,对哲学的深刻认知,可以帮助校长从深层次上把握学校管理和领导的本质、运动和发展等问题,揭示学校发展的内在规律。

三、能力

在这一部分中,我们重点讨论的是校长的基础领导力。主要包括领悟力、前瞻力、决断力、感召力、执行力和协调力。

(一)领悟力

领悟力,即在学习的基础上领会、创造性地感悟的能力,它的核心体现为创造性地感悟。

作为一个身在教育系统内的领导者,校长要有一颗善于领悟的心。不管是在学习前沿的教育理论时,还是在进行学校实践中,不管是在写工作总结时,还是在和师生相处中,都要善于感知,进而提高自己的领悟力,指导学校的管理工作取得不断的进步。

(二)前瞻力

前瞻力,就是看到未来的预测力和对学校发展趋势的把握力。它具体体现为确定具有前瞻性的办学思想、办学理念和共同的愿景。办学思想,承载着校长对教育的追求和理想;共同愿景,是校长对学校未来发展的宏伟蓝图的勾勒。这些都要求校长具有很强的前瞻力,否则将不能引导学校可持续地发展。

校长要提升前瞻力,就要关心形势——社会、政治、经济、文化的发展形势;国外学校教育的变化情况;国内学校教育的现状及形势。

校长要提升前瞻力,就要预见未来——根据现状,预测未来的走向和发展。

校长要提升前瞻力,就要把握未来——关心形势和预见未来,是为了把握未来,在此基础上,找出学校发展的新契机,确定学校发展的指导思想和办学理念,建立共同愿景,引领学校的发展。

(三)决断力

决断力,即决策判断的能力。培养决断力,主要应做到:

一要胸怀大局,善于把自己的工作和担负的责任放到改革发展的全局中去把握,善于抓重点、抓关键、抓主流、抓主要矛盾,推进学校整体和谐、可持续的发展;

二要审时度势,既要把握时代发展的特征和要求,又要敏锐地了解到社会各方

面发展的趋势,善于运用联系、发展的观点来看待学校的问题和发展;

三要见微知著,就是要保持头脑的敏锐性,增强鉴别力,善于捕捉学校发展的突破口,以小见大,以局部带动整体,以特色统领全校发展;

四要系统思考,彼得·圣吉认为,系统思考是第五项修炼,正是这项修炼把自我超越、心智模式、共同愿景和团队学习整合起来。系统思考,即指既见森林,又见树木,不会出现"碎片化"。要求校长能够敏锐地观察种种关系如何发展变化,新的关系如何形成等,以系统的思考统整各种关系;

五要当机立断,在"万事俱备,只欠决断"的时候要当机立断。但要切记,要的是果断而不是武断。科学的决断,应是建立在民主基础上的。在作出决策前要收集信息,听取民意,充分讨论,切不可只一人"拍脑袋"。

(四)感召力

感召力,即感染和召唤的能力。人的情绪是可以感染他人的,快乐的情绪更能感染他人,带动他人一起快乐。

感召力主要来自于校长的人格魅力。法国作家罗曼·罗兰说,没有伟大的品格,就没有伟大的人,甚至没有伟大的艺术家、伟大的行动者。对学校而言,校长的人格魅力是当好校长的关键所在,有的时候影响着学校的成败。校长的人格魅力是一种活力、合力和凝聚力、向心力,能产生巨大的能量,能激发广大教职员工为人民的教育事业乐于奉献,并生发出事半功倍的奇效。[①]

提升校长的感召力,重在加强其自身人格魅力的修炼。要外塑形象,内炼气质,具体做到:注意形象,仪表整洁,衣着得体;谈吐优雅,表达有力;加强道德修养,以品德树人;培养良好的品质、坚强的意志、乐观的情绪、完善的性格;平等待人,公平公正,以诚待人;全心全意为师生服务,以服务感人;关爱师生,以情感人;工作务实,以业务服人;有责任心,敢于承担责任;敬业爱岗,具有奉献精神等等。校长要自觉地加强自身修养的提升、人格魅力的修炼和自我的磨砺。

(五)执行力

执行,简单地说就是实施、实行,是按照规定的预先安排好的事项去落实。执行力对校长来说,同样非常重要。一个再好的决策,如果没有落实,那也只是一个美丽的躯壳,不会发挥任何作用。作为学校的校长,在加强执行力的时候,必须具有三种意识,即大局意识、责任意识和服务意识。

作为校长,首先要认识到执行力是一个系统的概念,并且要构建执行力的组织

---

① 周成平.魅力校长的修炼[M].南京:江苏人民出版社,2007:1

或系统。其次,自己首先要切实地执行学校的发展决策、规划等。第三,要提供良好的硬件和软件环境来支持目标的执行。第四,要善于协调激励领导团队、中层管理者和教职工以及学生去执行。第五,积极培育执行力文化。

（六）协调力

校长的协调力表现为一种沟通、协调和凝聚的能力,沟通和协调是手段,凝聚是目的。美国卡耐基认为,人生事业成功过程中,20%靠的是知识能力,而80%靠得是人际关系。现代学校处在错综复杂的关系网络中,协调能力已成为促进学校发展的必然要求。从一定意义上讲,管理的水平就是协调的水平,领导的艺术就是协调的艺术。

在协调好人与人之间关系的同时,要协调好人与事之间的关系,致力于形成校内自我协调机制和学校与社会良性互动的机制,使学校全体成员上下在一种和谐、民主、宽松和团结的人际关系中愉快工作,共同努力实现学校的办学目标。

第三节 校长领导力的修炼途径

校长基本素质的提升,包括道德、学识和能力等,是一个长期的学习、实践、反思的过程。在本节中,我们将主要探讨校长领导力的修炼途径。

一、学习

在前文中,我们概括了中小学校长应具有的各方面的学识,包括教育、管理、法律、哲学、艺术、形势政策等,在这一部分,我们主要来谈如何获得这些学识,那就是学习。

（一）自我学习

首先校长要自觉地学习,这不仅是自身专业成长的需要,也是学校发展的需要。

1. 学习的内容

除了前文提到的理论知识外,还有工作中的实践知识,因此学习的内容基本包括两类:理论知识和实践知识。

需要注意的问题:学习理论知识和实践知识并举,并尽可能提炼出实践性理论知识;对于理论知识,博专结合,在专的基础上要博,广泛涉猎,打破行业间的隔阂,扩展阅读的范围和领域;要因校制宜,以本校问题为抓手,融会贯通,避免生搬硬套;学习、实践与反思是一个统一的过程,不能分割,要善于结合运用。

2. 学习的途径

授人以鱼不如授人以渔,方式方法远比内容要重要得多。下面提供一些自我学习的途径供参考。

(1)在读书中学习

读书,是获取先进的前沿知识的最直接的方法。读书,每个校长都知道很重要,但并不是每个校长都能做到保持读书的习惯。读书,在校长的忙碌中,往往处在一种尴尬的境地——说起来重要,做起来次要,忙起来不要。校长可以尝试通过以下几种方法来改善自己的读书状况:制定读书计划,力争养成读书的习惯;寻找时间读书,时间总会有的,校长要不断改进自我管理时间的能力,争取每天有自己可以读书的时间;读书要分轻重,有选择地读书。校长要多读一些经典的教育著作、教育报、关于基础教育改革的书等;读书要有策略,如浏览、粗读、略读、精读、细读、摘读等,选择适合自己的内容细致地研磨钻研。

(2)在工作中学习

学校无小事,每一件事情都可能成为启发新知的载体。校长从走进校园的那一刻开始,就要善于观察,认真体会。多在校园里走动一下,多往教室的课堂走走看看听听。在学校里,是向他人、教职工、学生等学习的过程。对学校的情况,尤其是新校长,要善于调查分析,做 SWOT 分析,把握住制定学校发展规划的契机,全面地了解剖析学校。在开会布置工作的时候,要和教职工沟通,征询他们的意见。在听取专题报告时,注意汲取科学先进的理念和知识。在进行专题研究时,要注意和学校的实际结合起来,做校本的科研,为学校的发展服务。在开家长会的时候,要多听听家长对学校的意见和建议等等。工作中无时无刻都有学习,只要有心,就可以发现许多有益的知识。

(二)培训进修

1. 系统化的正规培训

校长的继续教育非常重要,很多地方都非常重视对校长的培训和提高,经常组织各个学校的校长到一些大学的教育学院、教育管理学院或专门的培训中心学习。如北京师范大学有全国小学校长培训中心,华东师范大学有全国中学校长培训中心等。每年都有很多各地的校长到北京和上海参加培训,进行学习。校长要把握好这样的机会,严格要求自己,与专家多交流对话,争取在理论和实践层面都有所提升。

2. 非组织的沙龙

校长可以利用自己的人际脉络,自行组织,成立沙龙。沙龙一般有几个固定的成员,有固定的时间,每次应该有讨论的主题。对于校长沙龙来说,可以全部是校长参加,也可以邀请其他人士(如教师或社区的人员等)参加。对于沙龙,每次要有一个主持者,可以由校长轮流主持。沙龙的时间可以灵活,但必须保证,不能可有可无。

如上海卢湾区打浦街道有个别开生面的"校长沙龙",其成员是十来所学校的校长,从2001年5月成立以来,街道干部和校长们两个月在这里聚首一次。沙龙虽小却日见红火。第一次的主题是把德育延伸到校外,第二次的主题是双向服务共建社区……在沙龙中,每个校长各抒己见,在思想的交汇与碰撞中,每位校长都能有所提高和进步。

3. 论坛

论坛,是现在一种高水平的交流形式。每年各地都会举办一些校长论坛和年会等,很多学校的校长、学校管理和教育领域的专家都会聚在一起,就学校发展中的突出问题进行交流和讨论。这种形式的论坛对于校长的学习提高很有帮助,这往往是思想的交锋、碰撞和提升。

4. 网络

现代社会,网络已经遍布全国各地,网络世界包容了非常丰富的信息。信息爆炸是现代社会的一个突出特征,校内外的各种信息也影响着学校的内外部环境,信息掌握的能力将成为中小学校长非常重要的能力。中小学校长一般都有自己的电脑,上网不仅成为可能,而且成为必需。校长利用网络可以非常方便地检索到很多关于学校管理的信息,这时候最需要的是校长的检索、搜集信息、分辨信息和掌握信息的能力。并且,网络也给校长们提供了更加便捷的互相交流和沟通的平台。比如博客、校园网、贴吧、网络论坛、MSN、E-mail和QQ等,都为校长的学习和交流提供了很好的平台。

(三)学习的保障措施

1. 建立健全校长学习制度

校长学习制度是指用制度保证校长的学习,它是一系列的制度的总称,包括学历提高进修制度、岗位培训制度、科研奖励制度、读书交流制度、读书评奖制度等。有学者以北京师范大学校长培训学院作为主要调查单位,在广泛调查了涉及全国内地各省份公立中小学的校长的学习情况后发现:部分中小学校长的学习意识比较淡薄,存在着重自我发展、重功利实用、重经验思维、轻理论、轻反思、轻合作、轻校本的倾向,对学习价值的认知比较狭隘。同时,部分校长的综合学习能力不强,学习时间普遍难以保证。因此,为保证校长学习,应该建立校长成长的"导师制"

和"督学制"。①

2.加大资金投入

教育行政部门除了制定一些校长学习交流制度外,其相应的资金保障是非常重要的;同时,学校内部也要重视校长的学习,在学校内部划拨一定的资金保证支持校长的学习;另外,校长本人也要拿出一定的资金来保证自己的学习进步,如购买书籍、订阅报刊、上网交流等。资金投入是物质上的保障,是一种外在激励,而最重要的还是要校长自觉学习。

3.加强对校长的思想教育

学习,最终是要靠校长自己去完成的。因此,加强对校长的思想教育是必要的,要使其意识到学习的重要性。我们往往无意识地用自己的心智模式过滤和加工外界信息,很执著地让结论具有显著的主观色彩。中小学校长的心智模式总体呈现出一种浅层次的及时有用性,大多数校长的经验思维特征比较明显。要加速校长的学习,必须首先促进校长心智模式的改善,促进校长思维导向的"破冰"。②在实践中常使用一些游戏作为训练载体,俗称"破冰"游戏。"破冰"的实质是促进思考模式的改变,这就要求校长培训机构在各种学习活动中强化校长的"破冰"意识,经常帮助他们"刷新"心智模式。

二、实践

除了前文提到的学习外,投身实践也是提高校长领导力的重要方面。管理的本质在于实践。实践出真知,并且实践可以增加管理和领导的经验,进而指导改进工作。

(一)实践的意义

校长的成长离不开实践。校长的成长是实践经验与学校理论紧密结合的过程。校长的成长,是建立在学校管理实践的基础上的。没有学校管理的实践或缺乏丰富的实践经验,校长的成长就是不可能的。③

实际领导工作能开阔校长的眼界,打破认识上的旧框架,突破旧观念,从而促使其洞察力、注意力、想象力、思维能力以及智力品质得到加速提高。

黑龙江省大庆市肇源县头台镇中心学校校长邹继华就是一个亲身实践的校长。他说,有人曾搞了一个调查:发现在职校长中学过管理的不到10%。这一结果意味着我们绝大多数中小学校长需要在"干"中学会当校长。要实现未学管理

---

① 江龙林.校长培训 构建校长学习促进制度[N].2008年9月11日,第11版

② 江龙林.校长培训 构建校长学习促进制度[N].2008－9－11(11)

③ 北京市"十五"期间中小学领导干部培训理论与实践研究课题组.中小学校长成长与成功培训理论研究[M].重庆:重庆大学出版社,2005:103

到会管理的跨越,关键是校长要读懂实践这本无字经,善于在"干中学"。工作中只要结合自身实际,选择恰当"干"法,就能"干"得其所。

(二)实践的活动

中小学校长的实践活动涵盖的范围非常广泛。从发生的地点分,既包括校内的实践活动,又包括校外的实践活动,但以校内的实践活动为主。从实践的内容来分,有管理实践、教学实践、领导实践、对外关系实践等。中小学校长的实践活动主要发生在校园中,在学校各层面的工作中,渗透在学校管理的各个方面。校内的实践活动主要包括:人力资源的开发与建设、新课程改革、课堂教学改革、教育科研开展、学生和教师管理、经费和设施的筹集和经营等。其中,最主要的实践活动是课程与教学改革。课改和教改是当前学校所面临的重大课题,中小学校长要牢牢把握这两个工作的核心,进行好学校的课程改革和教学改革。校长的实践活动要以此为圆心,统筹其他实践活动,为教育教学服务。

(三)实践的途径

首先,校长要深入教学第一线,走进课堂,亲身感悟课堂,了解课堂,进而把握课程改革的实效,熟知教学体系的运行,成为课堂教学的参与者和设计者。美国的中学校长卡罗·J·拉克说:"不要忘记教室是什么样子,做一个永远想当教师的校长。"

其次,大胆进行教育实验。作为中小学的校长,不能畏首畏尾,要敢于实践,勇于探索。翔宇集团的校长卢志文就是一个敢于实践、勇于实践的校长。在他的管理实践中,探索出一条独特的办学之路,使得翔宇集团蜚声全国。当确定办学理念之后,就可以先在学校里进行试点,比如说在某些班里进行,取得成效后再推广到全校。

第三,在挂职锻炼中提升领导力。校长可以参加岗位轮换,以拓展适应能力、应变能力和开拓思维能力。也可以利用培训挂职锻炼之时,提升自己的实践能力。挂职锻炼可以参与到当地的学校管理中,和当地学校的校长以及教师一起探讨,共同交流,吸取先进的办学经验,借以丰富自己的实践经验。

第四,开展实践研究。现代学校管理的突出特点之一,就是校长逐渐把教育管理实践和科学研究结合起来。校长实践研究是一种以学校为基础,在学校具体环境中进行的以校长和行政人员为主体的,为了促进学校发展而进行的校本研究。①具体方法为:调查分析法、观察法、访谈法、反思和归纳法等。

曾任南京师大附中校长的胡百良,1994年退休后又先后担任三所民办学校的校长。做了近30年的校长,在实践中也做了很多的思考和研究。30年间,先后发

---

① 贺小莉,郭景扬.名校长角色定位与素质要求[M].中国青少年发展基金会,2008:127

表了241篇文章,写了8本专著等。可谓是把实践和研究完美结合,并且以研究促实践的校长。

一个办学成功的校长,必然是一个实践家,是一个勇于实践、敢于探索的开拓者。不管是国外著名的中小学校长,还是国内的中小学名校长,他们无异都是从教育教学和教育管理的实践中成长起来的,并且在实践中善于总结、提炼反思,再加以实践。总而言之,实践型的校长敢为他人所不敢,并执著于自己的教育理想。

三、反思

反思是校长专业发展、成功领导和管理学校的重要因素,反思逐渐成为校长检视自我、学校发展的法宝。在管理学校中不断反思,不但可以提高自己的领导水平,增加自己的管理智慧,还可以使学校发展获得新的动力。

(一)校长反思的内涵

反思又称反省,是对自己的思想、道德、行为等进行回顾思考,分析成败得失。反思型的校长应该善于依赖理智的思考和批判的态度与方法,对学校管理的行为、过程、效果以及其中的实际问题进行有目的的自我解剖,对先前的学校管理实践活动和经验进行分析、思考和评价,对自己所做出的行为、决策和由此产生的结果进行审视和分析,并通过自我学习以及与他人合作谈论、学习,制定新的行动方案,并且探求出学校管理规律、改进管理学校的方式和转变思维及行为,从而达到既提高校长自身管理水平,又能提高学校办学水平、办学效益和质量的目的。

(二)反思的内容与方式

1.反思的内容

应该说,校长反思的内容是很广泛的,包括与学校教育相关的各个方面。这里给出的反思内容并非涵盖了学校教育的全部,各个校长应根据自己和学校的实际情况确定自己重点反思的内容:(1)教育思想;(2)教育政策和法规;(3)管理思想和理论;(4)管理策略和方式;(5)领导水平和能力;(6)学校文化形成和氛围;(7)管理的效果;(8)课堂教学改革;(9)课程开发与建设;(10)教师的工作状态和精神;(11)教师的生活质量;(12)教师的道德水平;(13)学生的心理健康;(14)学生的道德水平和培育;(15)自己的人格魅力。

2.反思的方式

反思的方式,主要有两种:自我反思和合作反思。

自我反思是指校长自己根据问题或某一方面,自行收集信息,进行观察和思考,进而改进工作。主要针对的是自己工作的一些问题,对自己言语、行为、决策和决策效果的反思,以便于找到更好地解决问题或者工作的方式方法。

合作反思,包括与个人的合作反思也包括与其他群体的集体反思。一般针对学校的共同问题,与领导班子其他成员、与教师、与学生、与家长、与专家等共同思考,可以是团队形式的,也可以是群体的集体思考。比如,校长和领导班子的其他成员一起反思决策执行力低的问题。

(三)反思的实施与改进

反思要在实践中进行,实践性的反思对学校的发展更有意义。反思遵循一般的获得真知的规律"实践——认知——再实践——再认知"的循环往复过程。反思应贯穿于校长成长的整个过程,一个反思过程的结束是下一个反思过程的开始:决策——实践——反思——调整决策——再实践——再反思……①

许多学校的校长常常抱怨说:"学校越办越差,跟招不到好生源直接相关。生源是制约我校发展的最大瓶颈!"诚然,生源是办好学校的主要因素,但是生源并不能决定一所学校的好坏。各地不断涌现的办学典型,很多学校开始时基础很薄弱,有些学校是乡村农村学校,但是经过校长的改革和带领,学校取得了令人羡慕的成功。这是为什么呢?这就需要校长好好反思一下。

要提高反思的质量,需要克服反思的障碍。通常,校长在进行反思时容易遭遇情感、心理、思维和人际等多方面的障碍②。这就需要校长做到:①注意克服"反思"的情感障碍,做一个闻过则喜,具有开放心态的校长。②注意克服"归罪于外"的心理障碍,归因理论往往使人将成功归于自己,失败归于他人。③注意克服"概括性"的思维障碍,一般情况下,校长习惯于抽象概括,不妨将分析过程放慢,仔细回顾问题发生和发展的整个过程。④注意克服"自我防卫"的人际障碍,校长要做到坦诚待人,主动征求意见,出现矛盾后主动化解。

能力训练目标

当好校长的20条建议

苏霍姆林斯基

1.要为学校和教师集体确立首要信条,即"要尊重学生"!

2.要把教师凝结成为"由热心人组成的友爱集体"。

3.要在师生中营造有创造性思想、好学精神、求知渴望的人文氛围。

4.要用良好的道德经验充实受教育者,创设促进学生的公民积极性、智力积极性、创造积极性发展的环境,使学校成为培养学生具有公民精神、劳动态度、思想道

---

① 周成平.魅力校长的修炼[M].南京:江苏人民出版社,2007:253
② 刘党桦,李金明.做一个善于反思的校长[J].中小学校长,2008(2)

德和审美态度的第一场所。

5.善于作幽默的、生动的、有分析的、鼓励性的讲话,善于进行个别的、亲切友好的、推心置腹的谈话,善于进行工作总结。

6.善于依靠领导集体和教师集体作出民主的、正确的决策,制定新的设计。要始终抓住要领——教育教学,而不是陷入繁忙的事务之中。

7.努力使学校成为先进教育思想的实验室,把教育理论现实化。善于把他人先进的教育教学经验"化为己有",根据本校实际和发展趋势,创造新的经验,决不照搬或搞形式主义。

8.注重对学生进行集体主义、劳动态度和爱国主义精神的培育,进行社会主义道德、理想、信念和个性的培育。

9.能够制定并采用积极的教育体系。

10.能按新的方式提出并解决现代教育最重要的某些问题,有科学深度地揭示教师施加教育影响的种种独出心裁的途径和手段。

11.能够引导学校、教师和学生去考察周围世界,教导他们去研究和解释人所能见的事物,积极地认识和改造生活。

12.坚决要求每个教师、教育者不只是做教育知识的"消费者",还要做一名研究者、创造者和合理化建议者,能够把他们"引上进行研究的幸福之路"。

13.不论教育教学的内容还是方法,都应首先用思想政治标准这面棱镜来考察,再确定加以肯定、纠正或改进的地方。

14.能够把德、智、体、美、劳各育融通起来,以观察、研究和处理学校的一切工作,使道德原则变为师生的道德行为。

15.使普通教育带有一定的职业教育的色彩,以拓宽教育与实践相结合的途径。

16.能够深刻理解教育过程的因果关系,系统地把握教育的任务、内容、组织形式、手段、方法,以及它们的相互依赖性和渗透性。并且致力于建立完整、和谐的施教体系。不使诸多环节中的一个环节遭到破坏,以保持良性运转。

17.要使学校肩负起培训家长、提高父母教育子女素质的任务,从而使学校教育和家庭教育紧密地结合起来。

18.要精通教育学,并使这门科学成为科学地领导教育教学和组织全校师生生活的基础。这意味着,校长要充当好组织者、教育者和教师,否则,他就不可能成为师生的优秀且有威信的指导者。

19.校长应是道德和工作的典范,在情操、智力、机智、意志等方面表现出巨大的人格力量。他有爱心、有思想、有极强的事业心和责任感,能深刻地了解人和理解人,并且严格要求之。这种严格,不是行政式的压服,而是采取民主的、说服的方法,讲究领导艺术。

20.校长要和教导主任一道,指导和培训教师,帮助教师总结教育教学和班主任工作经验,不断完善教育技巧,充满他们的"一桶水"。

（本文原载于《山西教育》2006 年第 6 期）

思考的问题

1.认真琢磨每一条建议,体会里面蕴含的要义。

2.对照上面的 20 条建议,思考一下,自己做到了哪几条,还有哪些没有做到?

后　　记

　　1993 年,《中国教育改革与发展纲要》提出中小学要"办出各自的特色"。随之,"学校特色"、"办学特色"、"特色学校"等词语频繁见诸各类杂志报刊。近些年来,人们对"优质教育"和"品牌学校"的需求也日益迫切。学者专家、教育管理者、中小学校长都开始将目光转向学校的"特色"、"品牌"、"优质"上来。

　　在关注"特色"、"品牌"、"优质"学校的时候,人们发现它们与校长之间的关系非常密切。一所学校能否办出特色、创建品牌、打造优质教育,很大程度上取决于校长——取决于校长的办学思想、办学理念、办学行为等。而随着办学环境的复杂多变、学校之间竞争的日益加剧等因素,中小学校长也面临着前所未有的挑战与机遇。在这样的情况下,中小学校长更需要重新审视自身的角色定位,准确把握所扮演的角色,合理地、高效地运用自身的领导力,来引领学校的和谐、可持续的发展。笔者感到进行校长角色和办学领导力研究的必要性和迫切性,所以带着浓厚的兴趣对此进行了大量的研究。

　　怎样领导? 引往何处? 导向何方? 需要中小学校长慎重考虑。校长要努力将自己的办学思想、办学理念、办学目标、办学行为等融入集体、融入团队、融入学校。那么校长应该怎样定位自己的角色,应该怎么领导学校实现创新性的发展呢? 前人在这方面进行了不少相关的研究,本书正是在这些研究的基础之上,从校长角色的分析切入,指出校长需做好自身的定位,准确把握角色内涵,有效履行角色职责。在此基础上,笔者将校长的办学领导力分解为九个方面,并逐一进行了较为详尽的论述。

　　在本书的写作中,笔者力求做到理论联系实际。因此,在每章之前,都有一个引导性案例,引入本章所要讲述的重点内容。在理论阐释的同时,介绍具体的操作程序与方法,并穿插大量小案例以丰富实践层面的内容。各个章节都努力按照理论、案例和方法相结合的思路来撰写,希望能够给读者以理念的启迪、方法的借鉴、经验的共享。为此,本书的作者既有来自高校的理论工作者,也有来自第一线的中学校长。各章的分工如下:第一章由郭继东执笔,第二章、第六章、第十一章由王利敏执笔,第三章由吕玉、韦艳梅执笔,第四章、第七章、第八章由朱枫执笔,第五章、第九章由赵慧莉执笔,第十章由邵清执笔。全书由郭继东统稿,在统稿过程中,王利敏协助主编做了不少工作。

在书稿即将完成之际,越发感觉到现代校长角色和领导力研究的重要性,并且发现其中还有很多值得进一步探讨的问题。因此,诚挚地希望得到各方学者、专家、校长的指正,希望有更多的同道中人介入这一领域的研究,也希望越来越多的中小学校长能在实践中解读校长角色和践行办学领导力。

在写作中,笔者参阅了大量的资料。对于其中比较重要的,书中尽量都注明了出处,但难免有所疏漏,特向相关作者表示感谢和歉意。

郭继东

2009 年元旦于上海